中国工程建设企业科技创新指数报告 2023—2024

中国施工企业管理协会 ◎ 编著

指导单位：中国科学技术发展战略研究院技术预测与统计分析研究所

科学技术文献出版社
SCIENTIFIC AND TECHNICAL DOCUMENTATION PRESS

·北京·

图书在版编目（CIP）数据

中国工程建设企业科技创新指数报告. 2023—2024 / 中国施工企业管理协会编著. -- 北京：科学技术文献出版社，2025.6 -- ISBN 978-7-5235-2544-9

Ⅰ.F426.9

中国国家版本馆 CIP 数据核字第 2025GR6408 号

中国工程建设企业科技创新指数报告 2023—2024

策划编辑：王 睿	责任编辑：李 鑫	责任校对：张永霞	责任出版：张志平

出 版 者	科学技术文献出版社
地　　 址	北京市复兴路15号　邮编 100038
出 版 部	（010）58882941，58882087（传真）
发 行 部	（010）58882868，58882870（传真）
邮 购 部	（010）58882873
官方网址	www.stdp.com.cn
发 行 者	科学技术文献出版社发行　全国各地新华书店经销
印 刷 者	北京时尚印佳彩色印刷有限公司
版　　 次	2025 年 6 月第 1 版　2025 年 6 月第 1 次印刷
开　　 本	787×1092　1/16
字　　 数	200千
印　　 张	11.5
书　　 号	ISBN 978-7-5235-2544-9
定　　 价	98.00元

版权所有　违法必究

购买本社图书，凡字迹不清、缺页、倒页、脱页者，本社发行部负责调换

编辑委员会

主　　任： 张兆祥

副 主 任： 李清旭

毛志兵　孔　遁　雷升祥　宗敦峰　李醒冬　吴汉明
钱征宇　王思强　栾德成　梁　军　吴明燕　孙洪军
林　滨　刘　辉

委　　员：（按姓氏笔画排序）

马　冀　曲保忠　刘玉山　刘爱循　刘巽全　李　炜
杨　青　杨庆前　张　华　张　维　张文龄　张巧梅
张放明　张彦禄　陈　伟　陈大友　陈春雷　和孙文
孟宝良　侯伟生　施志勇　费瑞林　栾　军　韩　平
曾令文　戴运华

编写人员：（按姓氏笔画排序）

乔国刚　任冬生　刘尚各　江　鸿　孙　鹤　李朝旭
李醒冬　陈利敏　陈虹文　陈培帅　罗　聪　姜永涛
彭　仁　温仕川　谭恺炎

前言

科技是第一生产力、人才是第一资源、创新是第一动力。党的二十大明确提出了新时代新征程中国共产党的使命任务，即到21世纪中叶把我国建成富强、民主、文明、和谐、美丽的社会主义现代化强国。同时指出，"教育、科技、人才是全面建设社会主义现代化国家的基础性、战略性支撑"。新时代新征程新任务，工程建设行业作为传统产业，迫切需要通过科技创新增强核心竞争力、打造发展新动能、实现高质量发展，为全面建成社会主义现代化强国、实现第二个百年奋斗目标，以中国式现代化全面推进中华民族伟大复兴做出更大贡献。

为准确反映工程建设企业科技创新发展趋势，增强企业自主创新内生动力，充分发挥企业的科技创新主体作用，帮助政府和企业更好制定科技创新激励政策，中国施工企业管理协会组织编写了《中国工程建设企业科技创新指数报告（2023—2024）》。

编写组结合行业实际，借鉴《国家创新指数报告》、《中国企业创新能力评价报告》、《全球创新指数报告》及国家统计局"中国创新指数"，从创新资源、创新投入、创新成果、创新绩效4个维度构建了工程建设企业科技创新指数评价指标体系，并选取2016年为基期，动态分析企业的创新活力。报告采用的数据资料主要来自企业自愿填报、《中国科技统计年鉴》、《中国统计年鉴》和国家发展改革委、科技部、工业和信息化部火炬中心等政府部门公开的数据。

《中国工程建设企业科技创新指数报告（2023—2024）》共分为5个部分。第一部分包括第一章，介绍工程建设行业科技创新的基本情况；第二部分包括第二章，根据征集的工程建设企业科技信息，分析了工程建设企业科技创新的基本特征；第三部分包括第三章、第四章，结合工程建设行业自身实际，构建了工程建设企业科技创新指数评价指标体系，计算了工程建设企业科技创新指数；第四部分包括第五章、第六章、第七

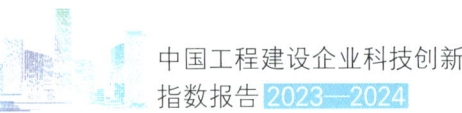

章，从不同类型、不同规模、不同地区等角度对企业科技创新进行分析；第五部分包括第八章，根据指数分析结果，总结了工程建设企业科技创新特点，并对企业科技创新工作提出了建议。本书中的相关数值是以四舍五入前的统计数据计算得出，结果可能与四舍五入后的数据结果存在差异。

本报告的研究编写得到了行业领导及中国科学技术发展战略研究院技术预测与统计分析研究所玄兆辉所长、清华大学经济管理学院创新创业与战略系高旭东教授等专家学者的大力支持与帮助，在此一并表示由衷的感谢！受数据收集渠道、数据核查方式和数据处理方法等客观条件的制约，部分重点企业未能纳入研究范围，研究工作难免存在遗漏和不妥之处，我们将不断改进。

《中国工程建设企业科技创新指数报告（2023—2024）》
编辑委员会

目 录

第一章 工程建设行业科技创新基本情况 1
    一、行业概述 1
    二、政策环境 3
    三、发展现状 7

第二章 工程建设企业科技创新特征分析
    ——基于中国施工企业管理协会第三次企业科技创新问卷调查数据 11
    一、参与调查企业的基本情况 12
    二、企业创新活动开展情况 17
    三、企业知识产权保护情况 22
    四、企业数字化、工业化、绿色低碳创新发展情况 24
    五、企业享受创新政策情况 33
    六、企业家对科技创新的认识 34

第三章 工程建设企业科技创新指数构建 38
    一、基本原则 38
    二、指标选取 38
    三、指标体系 39
    四、指标说明 43
    五、计算方法 47

第四章	工程建设企业科技创新指数计算	49
	一、综合指数	50
	二、分项指数	51

第五章	不同类型工程建设企业科技创新指数分析	64
	一、中央企业、地方国企和民营企业	64
	二、施工总承包特级资质企业	83
	三、工程勘察设计企业	88
	四、国家高新技术企业	94

第六章	不同规模工程建设企业科技创新指数分析	101
	一、特大型企业	102
	二、大型企业	107
	三、中型企业	113
	四、小型企业	118

第七章	不同地区工程建设企业科技创新指数分析	125
	一、东部地区	126
	二、中部地区	131
	三、西部地区	137
	四、东北地区	142
	五、重点区域	148

第八章	结论与建议	154
	一、总体评价	154
	二、存在问题及原因分析	160
	三、发展建议	166

第一章
工程建设行业科技创新基本情况

在党的全面统一领导下，我国科技体制改革持续深化，科技创新体系日益完善，战略性新兴产业和未来产业发展势头强劲，新质生产力正在加快形成。根据《2024年全球创新指数报告》，中国在全球的创新力排名上升至第11位，成为10年来创新力上升最快的经济体之一，拥有26个全球百强科技创新集群，拥有的全球百强科技创新集群数连续两年位居全球第一。这些成绩的取得与中国企业在科技创新方面付出的努力密不可分。

一、行业概述

2023年是全面贯彻落实党的二十大精神的开局之年。在以习近平同志为核心的党中央坚强领导下，我国经济总体回升向好，国内生产总值超过126万亿元，同比增长5.2%，增速居世界主要经济体前列。我国建筑业国民经济支柱产业地位稳固。2023年，全国建筑业总产值达31.6万亿元，同比增长5.77%。全年全社会建筑业实现增加值8.57万亿元，同比增长7.1%（按不变价格算），增速高于国内生产总值1.9个百分点，建筑业增加值占国内生产总值的比例达6.80%。2023年全国共有建筑企业15.91万家，同比增长11.34%；从业人员数为5253.75万人，按建筑业总产值计算的劳动生产率为47.56万元/人。

（一）城乡建设扎实推进

截至2023年底，全国城市建成区面积为6.45万平方公里，同比增长1.24%，我国常住人口城镇化率达到66.16%。城镇人均住房建筑面积超过40平方米，累计建设各类保障性住房和棚改安置住房6400多万套，累计改造城镇老旧小区超过25万个。全国城市供水管道长度达115.31万公里，同比增长4.55%；集中供热面积为115.49亿平方米，同比增长3.81%。全国城市建成区绿地面积为265.41万公顷[①]，同比增长2.88%；绿化覆盖率为43.32%，较上年增加0.36个百分点；人均公园绿地面积为15.65平方米，较上年增加0.36平方米。全国新开工装配式建筑面积达7.6亿平方米，累计面积达31亿平方米。全国智能建造试点城市建设取得积极进展和成效，公布了758个智能建造试点示范工程项目，启动建设了39个智能建造科技创新平台。

（二）交通基础设施建设稳步推进

2023年全年完成交通固定资产投资39 142亿元，同比增长1.5%。全国铁路营业里程达到15.9万公里，较上年增加0.4万公里；全国城市轨道交通运营里程达10 165.7公里，新增250.1公里；全国公路里程达543.7万公里，较上年增加8.2万公里；全国内河航道通航里程为12.8万公里，较上年增加184公里；全国港口生产用码头泊位为22 023个，较上年增加700个；颁证民用航空运输机场为259个，较上年增加5个。

（三）能源和水利基础设施建设迈上新台阶

2023年全国在建和新开工能源重点项目完成投资额约2.8万亿元，同比增速较上年高出1.6个百分点，其中，新能源完成投资额同比增长超过34%。全国可再生能源总装机突破14亿千瓦，占全国发电总装机比重超过50%，历史性超过火电装机。

2023年全国新开工水利项目2.79万项，完成水利建设投资11 996亿元，较首次迈上万亿元大台阶的2022年增长10.1%，再创历史新高。开工建设农村供水工程2.3万处，提升1.1亿农村人口供水保障水平，全国农村自来水普及率达到90%，规模化供水工程覆盖农村人口比例达到60%。

（四）"一带一路"工程项目建设取得显著成效

2023年是共建"一带一路"倡议提出10周年。10年来，我国在共建国家的承包工程年均完成营业额大约1300亿美元，中老铁路、雅万高铁、匈塞铁路、比雷埃夫斯港等一批标志性项目陆续建成并投运，中欧班列开辟了亚欧陆路运输新通道，"丝路海运"国际航线网络遍及全球，"六廊六路多国多港"的互联互通架构基本形成。世界银

---

① 1公顷=10 000平方米。

行研究报告显示，共建"一带一路"倡议实施以来，仅通过基础设施建设，就可使全球贸易成本降低1.8%，使中国—中亚—西亚经济走廊上的贸易成本降低10%，"一带一路"倡议为全球贸易便利化和经济增长做出了重要贡献。

二、政策环境

2023年，党中央深入推进科技体制改革，针对国家战略和创新发展需求，在加强科技创新的顶层设计、强化企业科技创新主体地位、促进科技创新成果转化、激发科技创新人才活力、强化金融对科技创新的支持作用、推动产学研用协同创新、引导企业科技创新发展方向等方面，发布了一系列鼓励激励创新的政策及措施，以全局观念和系统思维构建支持全面创新的体制机制，提升创新体系整体效能。

（一）加强科技创新的顶层设计

为加强党中央对重大工作的集中统一领导，推动党对社会主义现代化建设的领导在机构设置上更加科学、在职能配置上更加优化、在体制机制上更加完善、在运行管理上更加高效，2023年3月，中共中央、国务院印发了《党和国家机构改革方案》，组建了中央科技委员会。加强党中央对科技工作的集中统一领导，统筹推进国家创新体系建设和科技体制改革，重新组建科学技术部，推动健全新型举国体制、优化科技创新全链条管理、促进科技成果转化、促进科技和经济社会发展相结合。

2023年《政府工作报告》指出，要加快建设现代化产业体系。强化科技创新对产业发展的支撑作用。持续开展产业强链补链行动，围绕制造业重点产业链，集中优质资源合力推进关键核心技术攻关，充分激发创新活力。加快传统产业和中小企业数字化转型，着力提升高端化、智能化、绿色化水平。加快前沿技术研发和应用推广，促进科技成果转化。

2023年9月，习近平总书记在黑龙江考察并主持召开新时代推动东北全面振兴座谈会时，首次提出"新质生产力"的概念，要求"积极培育新能源、新材料、先进制造、电子信息等战略性新兴产业，积极培育未来产业，加快形成新质生产力，增强发展新动能"。12月召开的中央经济工作会议对新质生产力进行部署，指出"要以科技创新推动产业创新，特别是以颠覆性技术和前沿技术催生新产业、新模式、新动能，发展新质生产力"。

（二）强化企业科技创新主体地位

企业是原创技术的策源地，是推动创新创造的生力军，在国家创新体系中发挥着十分重要的作用。2023年4月，二十届中央全面深化改革委员会第一次会议审议通过《关于强化企业科技创新主体地位的意见》，强调推动形成以企业为主体、产学研高效协同深度融合的创新体系。7月，中共中央、国务院发布《中共中央 国务院关于促进民营经济发展壮大的意见》，提出支持提升科技创新能力，鼓励民营企业持续加大研发投入，开展关键核心技术攻关，积极承担国家重大科技项目。12月，国务院国资委召开中央企业负责人会议，强调国资央企要围绕增强核心功能、提高核心竞争力，充分发挥科技创新主体作用，在关键核心技术突破、科技创新体系构建、国家科技创新力量重塑等方面勇挑大梁，促进高水平科技自立自强，为全面建设社会主义现代化国家做出新的贡献。

（三）促进科技创新成果转化

科技成果转化是企业实现高质量发展的重要途径，通过加强科技创新和成果转化工作，企业可以不断提升自身的市场竞争力和可持续发展能力。2023年1月，国家知识产权局等17部门联合印发《关于加快推动知识产权服务业高质量发展的意见》，以打通知识产权创造、运用、保护、管理、服务全链条为目标，提出6个方面共27条具体举措，旨在满足创新主体和市场主体服务需求，推动知识产权服务业高质量发展。5月，工业和信息化部、科技部等10部门联合印发《科技成果赋智中小企业专项行动（2023—2025年）》，突出产业链、创新链深度融合，围绕科技成果的产生与汇聚、成果供需双方精准对接、科技成果转化服务等重点环节，以实现"有成果、转得好、持续转"为目的，部署了多项重点任务。10月，国务院办公厅印发《专利转化运用专项行动方案（2023—2025年）》，要求聚焦大力推动专利产业化，做强做优实体经济，有效利用专利的权益纽带和信息链接功能，促进技术、资本、人才等资源要素高效配置和有机聚合。

（四）激发科技人才创新活力

科技人才是企业创新发展的核心要素。2023年1月，中共中央办公厅、国务院办公厅印发的《关于完善科技激励机制的意见》，提出"强化激励勇担国家重大科技任务的制度安排""加强对作出重大贡献人员和团队的奖励"等改革举措。8月，中共中央办公厅、国务院办公厅印发的《关于进一步加强青年科技人才培养和使用的若干措施》提出，坚持党对新时代青年科技人才工作的全面领导，引导支持青年科技人才服务高质量发展，减轻青年科技人才非科研负担，加大力度支持青年科技人才开展国际科技交流合作。11月，国家标准化管理委员会等5部门联合印发的《标准化人才培养专项行动计划（2023—2025年）》提出，要创新标准化人才培养机制，完善标准化人才教育培训体系，优化标准化人才发展环境，完善标准化人才激励机制。2023年党中央、国务院首次开展"国家卓越工程师奖"表彰活动，共有81名个人获得"国家卓越工程师"称号、50个团队获得"国家卓越工程师团队"称号。

（五）强化金融对科技创新的支持作用

科技金融是助力企业加速创新发展的关键举措。2023年10月召开的中央金融工作会议提出，"坚定不移走中国特色金融发展之路，推动我国金融高质量发展"，"做好科技金融、绿色金融、普惠金融、养老金融、数字金融五篇大文章"，强调要把更多金融资源用于促进科技创新、先进制造、绿色发展和中小微企业发展，大力支持实施创新驱动发展战略，加强对新科技、新赛道、新市场的金融支持，加快培育新动能新优势。

2023年5月，科技部等部门印发《深入贯彻落实习近平总书记重要批示精神 加快推动北京国际科技创新中心建设的工作方案》的通知，提出要完善科技金融体系，推动"科技—产业—金融"良性循环，做强北京科技创新基金，大力吸引和集聚天使投资、风险投资，支持商业保险资金等长期资本参与创业企业投资；完善科技型企业发行上市、发债融资、并购重组等支持与服务体系，建设好中关村科创金融改革试验区；更好发挥北京证券交易所在服务科技创新企业中的功能。

（六）推动产学研用协同创新

加强以企业为主导的产学研用深度融合，是激活科技创新资源、提升创新体系效能、增强产业发展接续性和竞争力的有效途径。2023年4月，教育部实施产学合作协同育人项目，推动高校与企业加强产学研合作，最大程度发挥高校作为人才培养主力军和企业作为创新主体的协同效应。6月，国家发展改革委等8部门联合印发的《职业教育产教融合赋能提升行动实施方案（2023—2025年）》，围绕产教融合型城市、产教融合型企业及产教融合互动程度，描绘了三年行动计划的目标蓝图。10月，中共中央办公厅、国务院办公厅发布的《关于加快推动博士研究生教育高质量发展的意见》强调，鼓励高校与企业合作，构建以需求为导向的培养机制，使博士研究生能够参与企业的技术研发项目，并且国家将建立长效合作机制，促进博士研究生与企业互动。12月，国务院国资委召开中央企业负责人会议，会议强调要支持中央企业引领组织高校、科研院所、中小微企业面向国家战略需求，遵循市场经济规则和契约精神组建创新联合体，形成大小企业联合、国企民企互补、产学研深度融合的大创新体系。

（七）引导企业科技创新发展方向

2023年《政府工作报告》提出，加快传统产业和中小企业数字化转型，着力提升高端化、智能化、绿色化水平，加快前沿技术研发和应用推广，为工程建设企业的科技创新发展指明了方向。

2023年1月，工业和信息化部等17部门印发的《"机器人+"应用行动实施方案》提出，推进建筑机器人拓展应用空间，助力智能建造与新型建筑工业化协同发展。10月，住房城乡建设部印发的《关于开展工程建设项目全生命周期数字化管理改革试点工作的通知》决定，在天津等27个地区开展工程建设项目全生命周期数字化管理改革试点工作。11月，住房城乡建设部印发的《发展智能建造可复制经验做法清单（第二批）》在加大政策支持力度、推动建设试点示范工程、创新工程建设监管机制、强化组织领导和宣传交流4个方面提出了发展智能建造可复制经验做法清单。12月，商务部等12部门联合印发的《关于加快生活服务数字化赋能的指导意见》提出，推进智慧城市时空大数据平台和地理信息公共服务平台建设，培育跨领域、跨行业的数字化服务基础平台。

2023年3月，财政部、住房城乡建设部、工业和信息化部印发的《政府采购支持绿色建材促进建筑品质提升政策项目实施指南》明确了政府采购支持绿色建材促进建筑品质提升政策实施工作。8月，国家发展改革委等10部门联合印发的《绿色低碳先进技术示范工程实施方案》提出，围绕碳达峰碳中和"1+N"政策体系确定的目标任务，以能源、工业、建筑、交通等领域为重点，布局建设一批示范项目，全链条推进源头减碳、过程降碳、末端固碳先进适用技术示范应用。10月，国家发展改革委印发的《国家碳达峰试点建设方案》提出，加快城乡建设低碳转型，推行绿色低碳城乡规划设计理念，提高新建建筑节能标准，推进既有建筑节能改造，推广绿色低碳建材和绿色建造方式。

三、发展现状

（一）工作成效

2023年，工程建设企业深入贯彻落实党的二十大精神，大力实施创新驱动发展战略，坚持科技自立自强，不断完善科技创新体系，持续强化科技创新主体地位，加快建设高水平创新平台，创新人才队伍不断壮大，知识产权保护工作稳步推进，高质量创新成果不断涌现，为行业高质量发展提供了有力支撑。

1. 国家高新技术企业和专精特新企业数量稳步增长

国家高新技术企业是发展高新技术产业的重要基础。根据国家统计局数据，2023年，我国高新技术企业总数达46.3万家。经编写组统计，工程建设高新技术企业由2022年的1.3万余家增加至2023年的1.7万余家，同比增长29.7%，工程建设高新技术企业占国家高新技术企业的比重较上年提升0.39个百分点。工程建设行业国家高新技术企业数量稳步增长，对行业科技进步、产业转型升级具有重要推动作用。

近年来，在国家政策的支持引导下，专精特新企业迅速发展，逐步形成了颇具规模的专精特新及创新型中小企业集群。2019年7月工业和信息化部公布了第一批专精特新"小巨人"入选企业名单，到2023年专精特新"小巨人"企业数量累计已达到1.29万家。其中，第五批国家级专精特新"小巨人"企业共3761家，49家工程建设企业入选。2023年，北京、上海、湖北、广东共认定创新型中小企业4848家，其中工程建设企业425家。优质中小企业的不断发展，引领着行业内广大中小企业坚持走专精特新发展道路，实现高质量发展。

2. 国家级和省级企业技术中心平稳发展

企业技术中心作为集聚创新要素的重要平台，在企业提升技术研发实力中发挥着关键作用。2023年，第30批新认定的国家企业技术中心共有123家，其中工程建设企业有5家。工程建设企业拥有的国家企业技术中心数量累计达151家。省级企业技术中心建设持续推进，根据各省（自治区、直辖市）工业和信息化部门公开数据统计，工程建设企业拥有的省级企业技术中心从2022年的1900余家增长至2023年的2200余家，增长了14.7%。工程建设企业加快技术中心建设，有力推动了企业技术进步。

3. 科技研发机构体系日益健全

全国重点实验室重组进度加快，截至 2023 年 6 月，超 1/4 的国家重点实验室完成重组、改名。截至 2023 年底，纳入新序列管理的国家工程研究中心共 207 个，较 2022 年增加 16 个。2023 年，各省（自治区、直辖市）纷纷加快新型研发机构的建设。编写组根据公开信息统计，全国 22 个省份开展了新型研发机构认定工作，共认定了 426 家，其中工程建设企业 27 家。从国家到地方的全方位、多层次、立体化研发机构体系日益完善，为行业企业科技创新提供了坚实保障。

4. 科技创新人才队伍逐渐壮大

工程建设行业人才队伍正在进一步壮大，人才队伍质量显著提升、结构进一步优化。截至 2023 年底，中国工程院土木、水利与建筑工程学部院士共 109 人，2023 年新增选院士 8 人。全国工程勘察设计大师共 471 人。"大国工匠年度人物"活动共选出 5 届 50 位大国工匠，其中工程建设行业有 4 人入选。全国有资质的建筑业企业工程技术人员达 678 万人。

2023 年，为强化国家战略人才力量建设，激励动员广大工程师奋进新时代、建功新征程，党中央、国务院开展了"国家工程师奖"表彰活动，授予 81 名个人"国家卓越工程师"称号，50 个团队"国家卓越工程师团队"称号，其中工程建设行业 8 人、团队 5 个。

5. 知识产权保护工作扎实推进

2023 年，我国知识产权审批登记数量保持增长。全年授权发明专利 92.1 万件，实用新型专利 209 万件，外观设计专利 63.8 万件。我国（不含港澳台数据）高价值发明专利拥有量达 166.5 万件，同比增长 25.7%，每万人口高价值发明专利拥有量达 11.8 件。根据国家知识产权局《2023 年知识产权统计年报》，IPC 大类中 E 部（固定建筑物）专利授权数量（发明专利和实用新型专利）由 2022 年的 31.91 万件提升至 2023 年的 33.03 万件，同比增长 3.5%。纳入统计计算的企业中，万人拥有有效专利数量从 2022 年的 996.23 件提升至 2023 年的 1184.98 件，同比增长 18.9%。工程建设企业知识产权保护工作持续向好发展。

根据国家版权局计算机软件著作权登记信息统计，2023 年全国共完成计算机软件著作权登记 249.5 万件，同比增长 35.95%，登记数量和增速均创近 5 年新高。纳入统计计算的企业中，万人拥有软件著作权数量从 2022 年的 108.96 件提升至 2023 年的 134.97 件，同比增长 23.9%。

第一章 工程建设行业科技创新基本情况

6. 高质量科技创新成果收获颇丰

随着科技创新能力不断提升，工程建设企业在高等级科技奖励竞争中取得突破。2023 年度国家科学技术奖获奖项目中，工程建设企业共获得技术发明奖 2 项、科学技术进步奖 16 项。第二十五届中国专利奖获奖专利中，工程建设企业获奖 32 项，较 2022 年增长 14.3%。

从 2024 年工程建设科学技术奖评选过程和结果来看，行业科技创新成果质量进一步提升，获奖项目中科技鉴定结论达到国际先进及以上的占比达 92.0%，较上年提高了 4.9 个百分点，其中达到国际领先的占 33.6%，较上年提高了 5.7 个百分点。行业"工业化、数字化、绿色化"发展成效明显，获奖项目中"三化"成果占 33.6%，较上年提高了 6.5 个百分点。行业青年科技人才培养效果显著，获奖项目第一完成人的平均年龄为 44.3 岁，较上年降低了 0.7 岁；第一完成人年龄在 35 岁及以下的占 11.1%，较上年提高了 3.2 个百分点，越来越多的青年人才承担起科技创新的重任。

（二）重大建设成果

科技创新是培育和发展新质生产力的核心要素，是行业转型升级发展的关键驱动。工程建设企业始终以科技创新引领行业发展，坚持科技自立自强，聚焦关键核心技术攻关，原创性、颠覆性科技创新成果不断涌现，有力支撑了重大工程项目的建设与运行。

1. 建筑工程

中国锦屏地下实验室二期极深地下极低辐射本底前沿物理实验设施土建公用工程顺利完工并具备实验条件，这标志着世界最深、最大的极深地下实验室正式投入运行。国内首个全装配式"摩天工厂"——深圳坪山新能源汽车产业园一期竣工交付。国内最大规模装配式公共住房——深圳公共住房交付入住，据世界高层建筑与都市人居学会（CTBUH）数据，2023 年是高层建筑竣工量破纪录的一年，共有 177 座 200 米及以上高度的建筑竣工，其中中国有 96 座，占总量的 54.24%。2023 年全国实施城市更新项目 6.6 万个，完成投资约 2.6 万亿元，城市更新行动取得明显成效。

2. 交通基础设施项目

世界最大规模钢壳混凝土沉管隧道——深中通道海底隧道全幅贯通，这是在世界范围内首次将北斗系统引入沉管隧道施工领域、首创沉管整体预制水下推出式最终接头新工艺，推动外海沉管隧道施工进入智能化时代。世界最大跨径悬浇拱桥——古金高速水落河特大桥主拱圈合龙，其跨径超越美国胡佛水坝大桥 323 米的跨径，通车后将为川南地区融入"一带一路"建设和长江经济带发展提供重要的交通支撑。中国和印度尼西亚共建"一带一路"重大标志性成果——雅万高铁正式开通运营，标志着印尼交通运输体系迈入了一个全新的时代，彰显了中国高铁技术的领先地位。中企投资建设运营的西非最大现代化深水港——尼日利亚莱基港建成运营，成为推动尼日利亚经济发展的一个新引擎。

3. 能源、水利工程

我国具有完全自主知识产权的国家科技重大专项——华能山东石岛湾高温气冷堆核电站示范工程完成 168 小时持续运行考核，成功投入商业运行，标志着我国在第四代核电技术研发和应用领域达到世界领先水平。全球首台 16 兆瓦海上风电机组在福建北部海域顺利完成并网发电。世界海拔最高的光伏项目——华能纳古光伏电站一期项目在云南迪庆并网发电。广东目标网架主体工程实现投产。国内在建装机容量最大的金沙江旭龙水电站成功截流。中国海油海上亿吨级油田开发项目——垦利 6-1 油田钻井开发项目全部完成。我国西部地区首台"华龙一号"核电机组——中国广核集团广西防城港核电站 3 号机组正式具备商业运行条件。国家重大水利工程引汉济渭工程成功实现先期通水。

4. 重大工程装备

国产首台超大型盾构机用主轴承"破壁者"通过专家组评审，打通了超大型盾构机全国产化的"最后一公里"。世界首台大倾角下坡掘进矿用 TBM"中铁 1285 号"下线，进一步巩固了我国在盾构装备制造领域的国际领先地位。世界首台铁路桥梁换运架一体机"太行号"正式投用，成功在 4 小时"天窗期"内完成了预应力混凝土 T 梁的"换、运、架"全部作业。全球最大江海两用半潜驳——4.5 万吨宽扁浅吃水半潜驳"四航永兴"号交付使用，填补了我国浅港和河口水域作业的超大重载船舶空白。全球首台 3500 千焦 8.88 米液压打桩锤替打系统顺利交付，突破了海上大兆瓦风机基础高效安装的装备瓶颈。

工程建设企业全面贯彻落实党中央决策部署，完整准确全面贯彻新发展理念，深入实施创新驱动发展战略，主动服务和融入新发展格局，聚焦关键核心技术攻关，加强科技成果转化，以科技创新引领产业升级，推动行业向高质量发展迈进。

第二章

工程建设企业科技创新特征分析

——基于中国施工企业管理协会第三次企业科技创新问卷调查数据

为全面了解我国工程建设企业科技创新情况，研究企业科技管理工作发展规律，增强企业自主创新内生动力，参考国家统计局全国企业创新调查工作形式，中国施工企业管理协会2024年在行业范围内开展了第三次企业科技创新信息征集工作，以问卷的形式对企业创新活动特征进行定性调查，一是企业科技工作机构设置和制度建设情况；二是企业科技创新活动基本情况，包括活动类别、创新模式、外部合作、创新资金、信息来源；三是企业知识产权保护及被侵权情况；四是企业工业化、数字化、绿色低碳创新发展情况；五是企业享受政策情况；六是企业对新质生产力的研究与探索；七是企业家对科技创新的认识。调查报告期为2023年。

参与本次问卷调查的企业共有1141家。从调查结果看，我国工程建设企业科技创新活跃度高、覆盖面广、影响力强。企业科技创新发展更加全面，科技创新活动形式日益丰富，组织和制度不断健全，创新投入持续加大，产学研合作不断深入，知识产权保护不断加强，科技创新政策受惠效果愈加明显，工业化、数字化、绿色化转型与发展取得成效，企业家高度认同科技创新对企业发展的积极作用。

一、参与调查企业的基本情况

（一）企业性质、类别及地区分布

从企业的性质看，中央企业占比58.4%，地方国企占比22.5%，民营企业占比18.8%，外资企业占比0.3%。从企业的地区分布看，东部地区企业占比56.4%，中部地区企业占比21.5%，西部地区企业占比19.5%，东北地区企业占比2.6%（图2-1-1）。

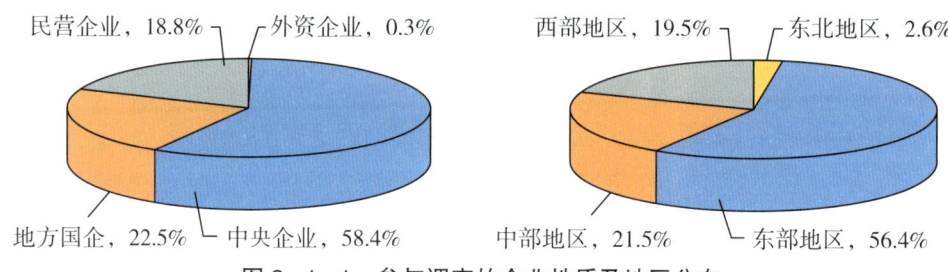

图2-1-1　参与调查的企业性质及地区分布

从企业的类型看，工程施工企业792家，占比69.4%；工程勘察设计企业146家，占比12.8%；建设、咨询、检测等企业148家，占比13.0%；装备制造企业55家，占比4.8%。其中，国家高新技术企业790家，占比69.2%（图2-1-2）。

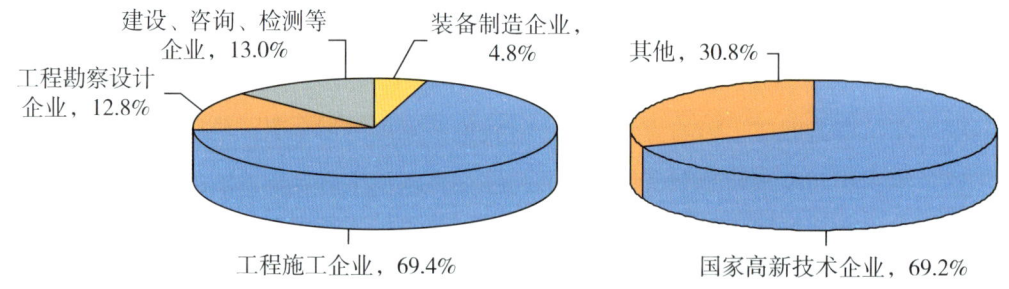

图2-1-2　参与信息征集的企业类别及国家高新技术企业占比

（二）企业科技工作机构设置

1. 科技管理职能部门

调查显示，有82.3%的企业设立专职部门负责科技管理工作；14.9%的企业科技管理与其他业务工作部门合署办公；2.8%的企业无负责科技管理工作的部门（图2-1-3）。

工程建设企业科技创新特征分析——基于中国施工企业管理协会第三次企业科技创新问卷调查数据

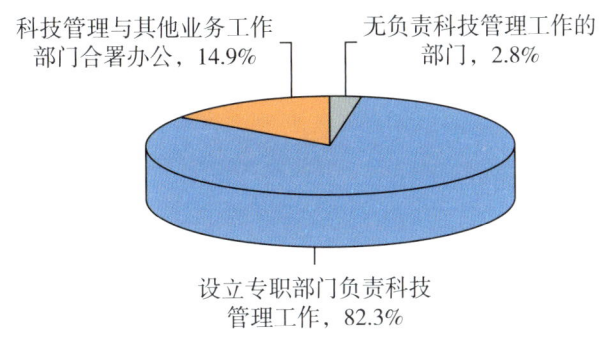

图 2-1-3 科技管理工作由专职部门负责的企业占比情况

从企业负责科技管理工作的具体职能部门（机构）看，53.5% 的企业设置了科技部（技术部）；39.2% 的企业设置了技术中心；20.6% 的企业设置了技术质量部；16.4% 的企业设置了科技与信息化（数字化）部；13.5% 的企业设置了工程技术部（科技与工程管理部）；3.4% 的企业设置了其他部门（机构）（图 2-1-4）。

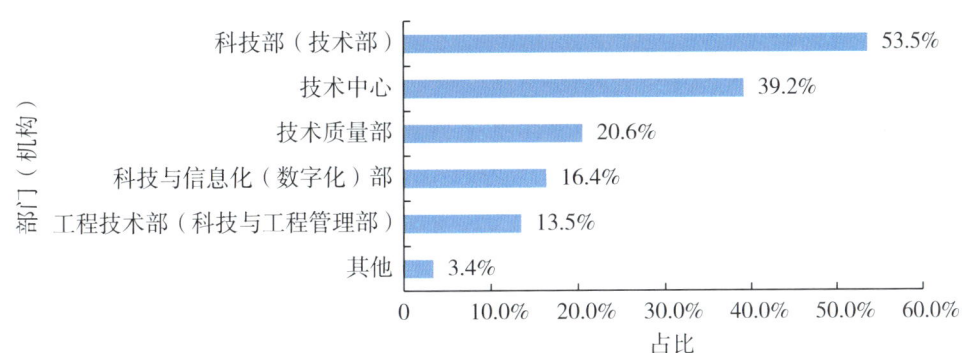

图 2-1-4 企业负责科技管理工作的具体职能部门（机构）设置情况（调查选项为多选）

从科技管理职能部门（机构）工作人员数量看，1～5 人的占 54.1%，6～10 人的占 24.7%，11～20 人的占 11.4%，20 人以上的占 9.8%（图 2-1-5）。

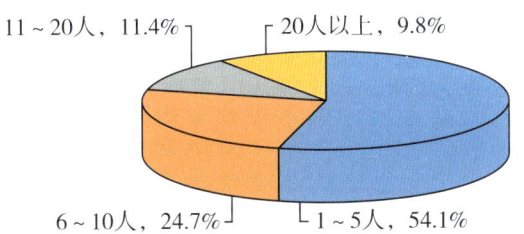

图 2-1-5 科技管理职能部门（机构）工作人员数量情况

2. 科技研发部门

调查显示，74.6%的企业设立专职部门负责科技研发工作；20.3%的企业科技研发与其他业务工作部门合署办公；5.1%的企业无负责科技研发工作的部门（图2-1-6）。

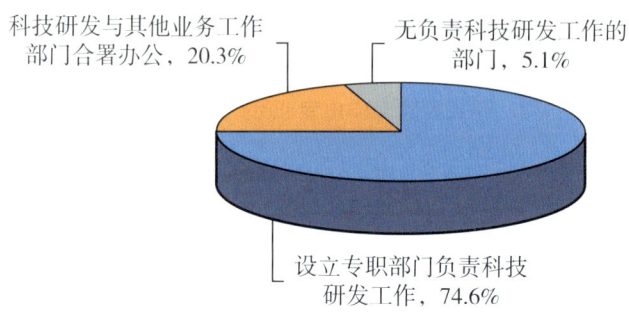

图2-1-6　企业科技研发的部门设立情况

从企业负责科技研发工作的具体部门（机构）看，45.8%的企业设立了科技部（技术部）；41.9%的企业设立了技术中心；15.2%的企业设立了技术质量部；14.2%的企业设立了研究院；13.6%的企业设立了工程技术部（科技与工程管理部）；10.8%的企业设立了科技与信息化（数字化）部；6.0%的企业设立了其他部门（机构）（图2-1-7）。

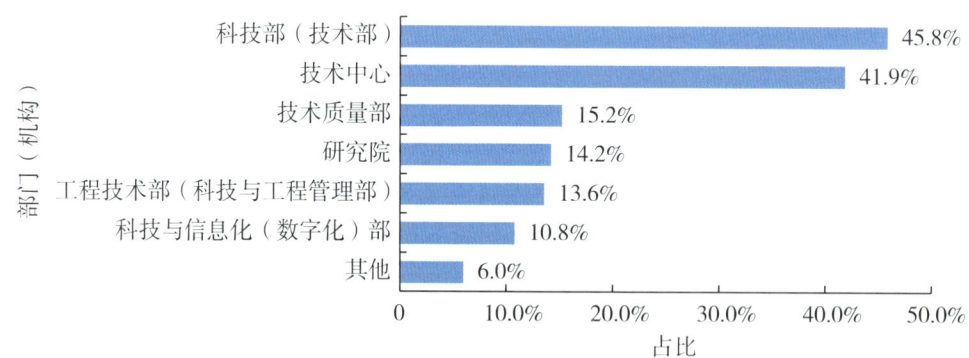

图2-1-7　企业负责科技研发工作的部门（机构）设立情况（调查选项为多选）

从科技研发部门（机构）工作人员数量看，1～5人的占39.4%，6～10人的占19.1%，11～20人的占15.0%，20人以上的占26.5%（图2-1-8）。

工程建设企业科技创新特征分析——基于中国施工企业管理协会第三次企业科技创新问卷调查数据

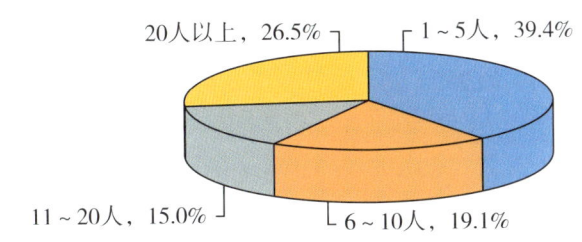

图2-1-8 科技研发部门（机构）工作人员数量分布情况

3. 科技转化机构

调查显示，56.4%的企业设立专职部门（机构）负责科技成果转化工作；30.5%的企业科技成果转化工作与其他业务工作合署办公；13.1%的企业无负责科技成果转化工作的部门（机构）（图2-1-9）。

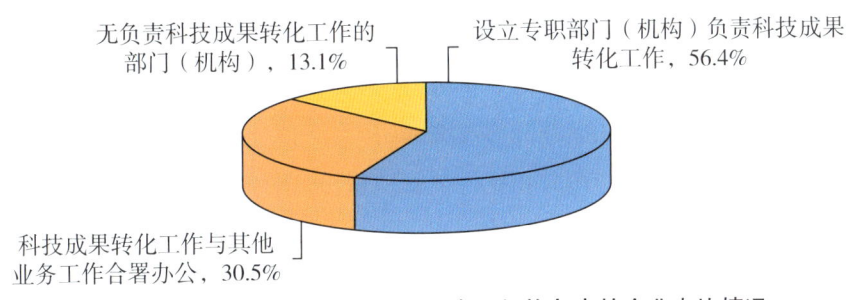

图2-1-9 科技成果转化工作由专职机构负责的企业占比情况

从企业负责科技成果转化工作的具体部门（机构）看，46.9%的企业设置了科技部（技术部）；38.9%的企业设置了技术中心；14.4%的企业设置了技术质量部；12.7%的企业设置了工程技术部（科技与工程管理部）；12.0%的企业设置了科技与信息化（数字化）部；5.5%的企业设立了其他部门（机构）（图2-1-10）。

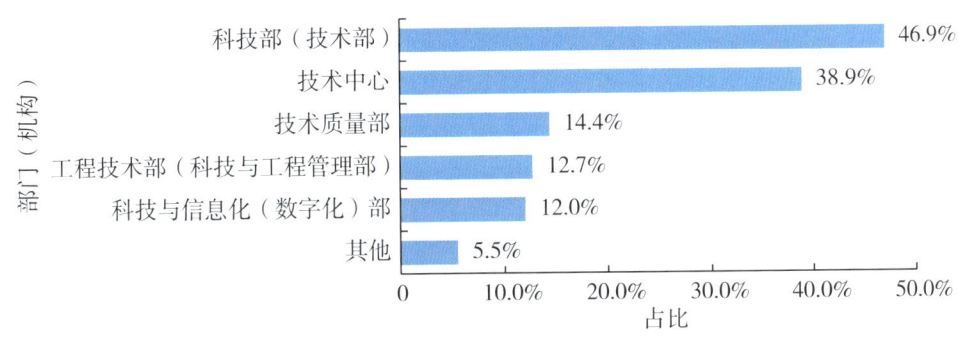

图2-1-10 企业负责科技成果转化工作的机构设置情况（调查选项为多选）

从科技成果转化部门（机构）工作人员数量看，1～5人的占58.2%，6～10人的占16.6%，11～20人的占12.8%，20人以上的占12.4%（图2-1-11）。

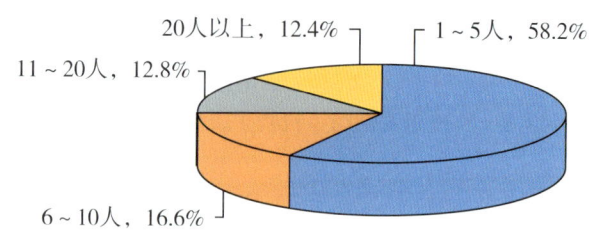

图2-1-11 科技成果转化部门（机构）工作人员数量分布情况

4. 小结

随着工程建设行业的快速发展，企业对科技创新的重视程度日益增强，在科技创新组织建设方面不断进行探索和完善，为行业技术进步和创新发展提供了组织保障。调查显示，大部分企业设置了专职部门（机构）来负责科技管理及研发工作，部分企业根据自身发展情况将科技工作相关部门与其他部门（机构）合署办公，发挥了其在科技工作中资源整合和创新联动的作用。相比科技管理和科技研发的组织建设，企业在科技成果转化方面的组织建设相对薄弱。

（三）企业科技创新制度建设

工程建设企业高度重视科技创新制度体系建设。97.6%的企业制定了科技研发管理制度；96.8%的企业制定了科技创新奖励制度；96.6%的企业制定了知识产权保护制度；93.6%的企业制定了科技人才培养和支持制度；90.7%的企业制定了科技成果转化制度（图2-1-12）。

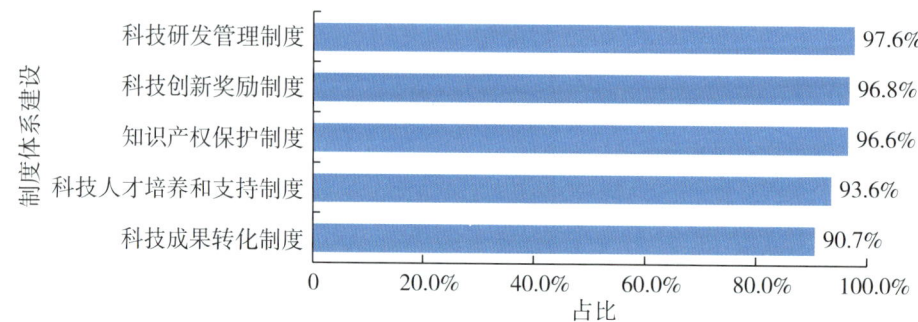

图2-1-12 企业科技创新制度体系建设情况（调查选项为多选）

工程建设企业科技创新特征分析——基于中国施工企业管理协会第三次企业科技创新问卷调查数据

在科技发展规划制定方面，有96.6%的企业制定了中长期科技发展规划。其中，制定10年及以上科技发展规划的企业占7.9%；制定5年科技发展规划的企业占59.4%；制定3年科技发展规划的企业占29.3%（图2-1-13）。

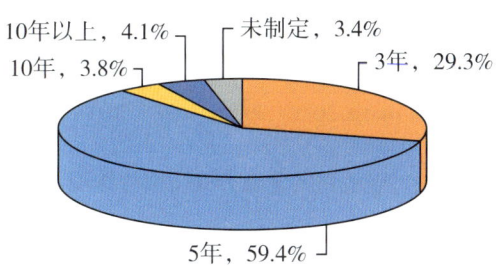

图2-1-13 企业中长期科技发展规划制定情况

二、企业创新活动开展情况

（一）创新类别

科技创新是企业创新的主要内容，85.5%的企业开展了科技创新；59.0%的企业开展了管理创新；53.0%的企业开展了制度创新；38.1%的企业开展了成果转化方式创新；37.9%的企业开展了组织创新；26.0%的企业开展了模式创新（图2-2-1）。

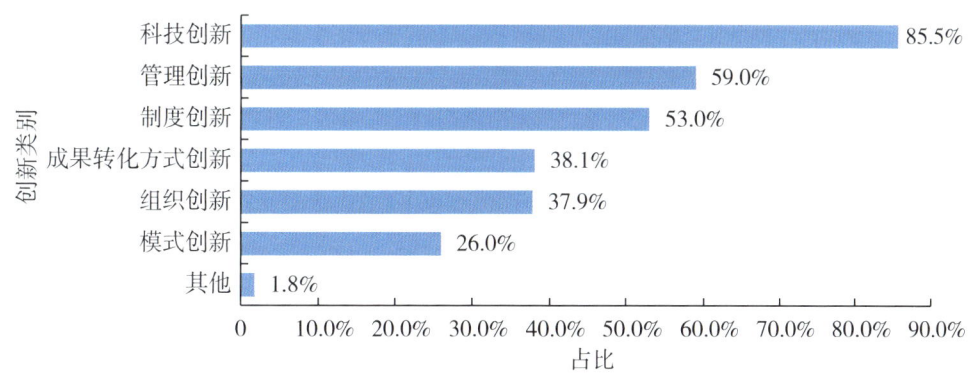

图2-2-1 企业创新类别（调查选项为多选）

调查显示，在开展科技创新的企业中，80.8%的企业采用产学研联合创新方式；59.3%的企业采用原始创新方式；58.5%的企业采用引进消化吸收再创新方式；3.5%的企业采用其他创新方式（图2-2-2）。

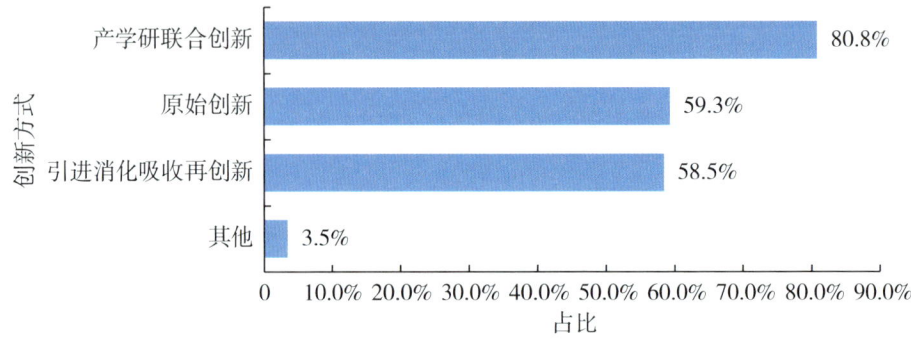

图 2-2-2　企业科技创新方式（调查选项为多选）

（二）创新模式

企业选择了多种创新模式，86.7% 的企业选择独立开发；82.7% 的企业选择与境内高校合作；分别有 54.0% 和 38.4% 的企业选择与境内其他企业合作和与境内研究机构合作；42.0% 的企业选择与集团内企业合作；19.0% 的企业选择委托其他机构或企业；16.0% 的企业选择在合作开发的基础上调整改进；6.0% 的企业选择与境外企业或机构合作；1.1% 的企业选择其他创新模式（图 2-2-3）。

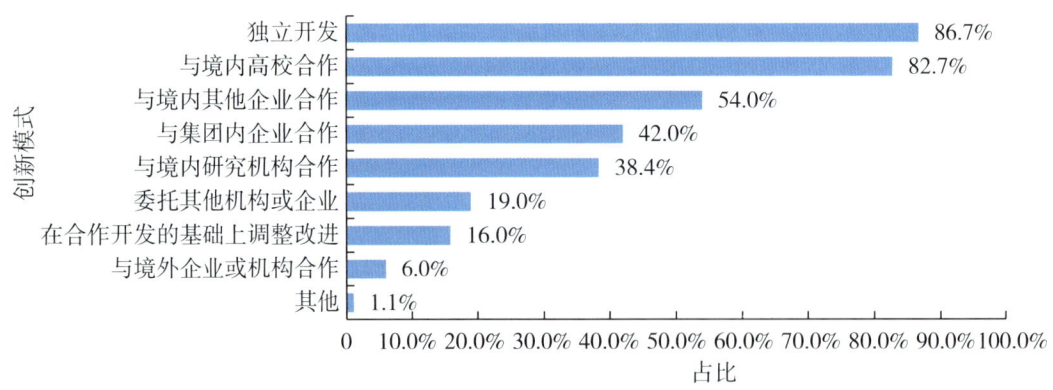

图 2-2-3　企业创新模式（调查选项为多选）

（三）外部合作

企业与外部单位的研发合作方式多样。在企业与外部单位的研发合作中，86.4% 的企业选择合作进行技术开发；分别有 49.1% 和 38.1% 的企业选择直接转化技术成果和聘请专家为顾问；27.3% 的企业选择利用院校仪器设备；2.8% 的企业选择其他合作方式（图 2-2-4）。

工程建设企业科技创新特征分析——基于中国施工企业管理协会第三次企业科技创新问卷调查数据

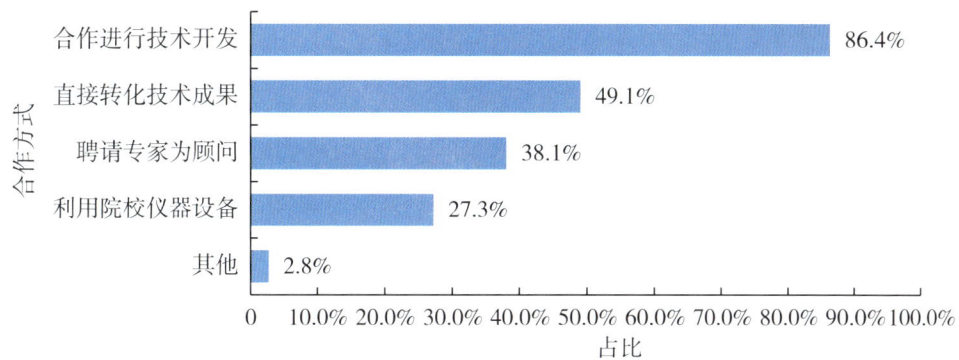

图 2-2-4 企业与外部单位的研发合作方式（调查选项为多选）

在合作进行技术开发的企业中，93.7%的企业与外部单位开展了课题研发合作。从课题数量看，多数企业合作数量在 10 项以下，占比 67.7%；10～29 项的企业占比 20.0%；30 项及以上的企业占比 5.6%（图 2-2-5）。

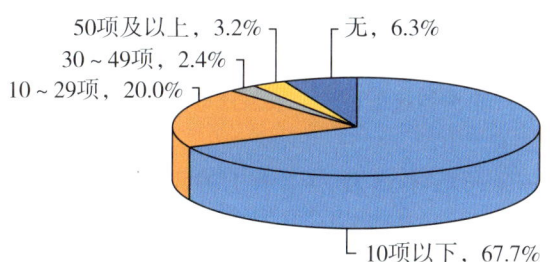

图 2-2-5 企业与外部单位开展课题研发合作情况

企业与高校或科研院所联合建立的研发机构设在企业的占 81.7%，设在高校或科研院所的占 34.4%（图 2-2-6）。

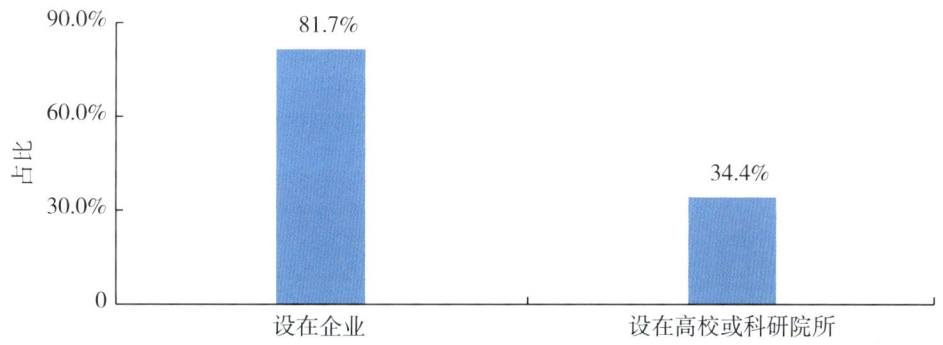

图 2-2-6 企业与高校或科研院所联合建立的研发机构情况（调查选项为多选）

（四）创新资金

1. 资金来源

自有资金是企业科技创新资金最主要的来源，政府财政资金是企业科技创新资金的第二大来源。银行贷款和风险投资占企业科技创新资金来源的比例相对较少，分别为 1.00% 和 0.40%（图 2-2-7）。另有 13.20% 的企业未进行创新资金的投入。

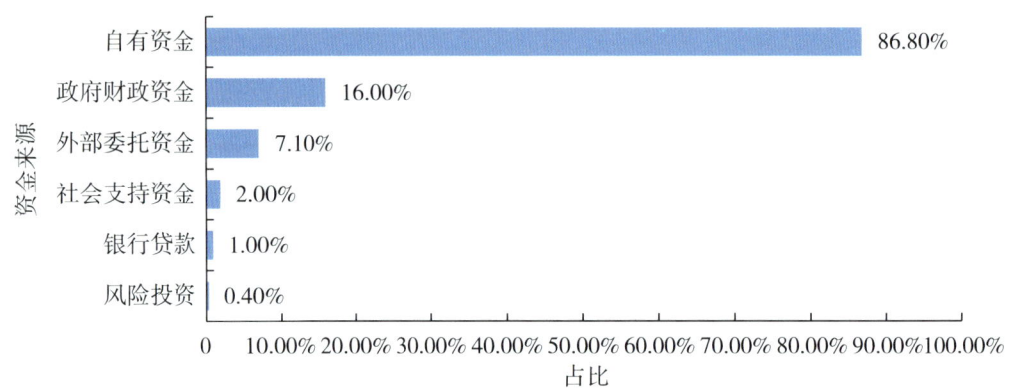

图 2-2-7　企业科技创新资金来源分布情况（调查选项为多选）

从企业的创新资金来源渠道看，仅有 1 种渠道的占 67.7%，有 2 种渠道的占 14.5%，有 3 种渠道的占 3.9%，有 4 种及以上渠道的占 0.8%（图 2-2-8）。

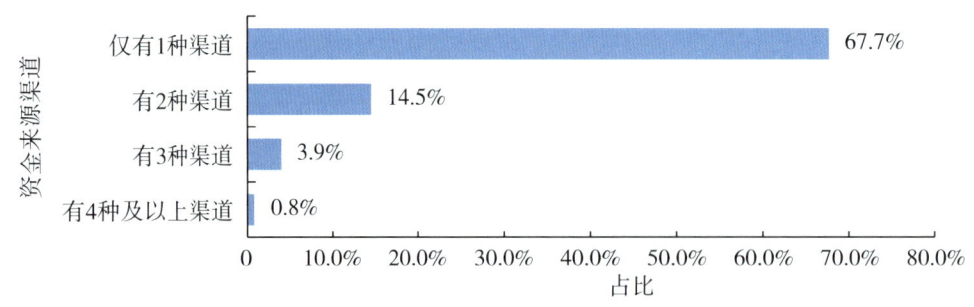

图 2-2-8　企业科技创新资金来源渠道情况

2. 资金用途

企业科技创新资金绝大部分用于内部研发，占 97.2%。有 2.0% 的资金用于机器设备和软件经费支出；0.6% 的资金用于外部研发；0.2% 的资金用于从外部获取相关技术（图 2-2-9）。

工程建设企业科技创新特征分析——基于中国施工企业管理协会第三次企业科技创新问卷调查数据

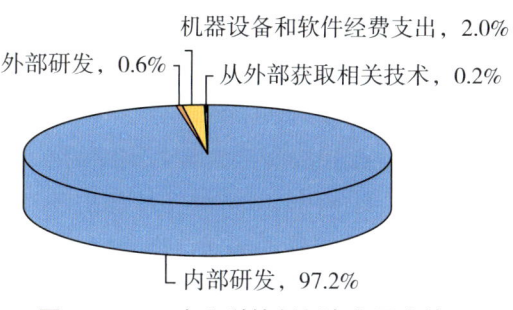

图 2-2-9 企业科技创新资金用途情况

（五）信息来源

企业科技创新信息来源渠道众多。企业内部是科技创新信息来源最主要的渠道（占 81.7%）。行业协会或学会，文献、期刊，高等院校，客户也是企业科技创新信息的重要来源。从竞争对手或同行企业、政府部门、研究机构和互联网等公开渠道获取信息的企业分别有 38.5%、37.2%、34.4% 和 31.7%。从展会、供应商、咨询机构获取信息的企业分别有 23.7%、17.9%、14.2%，因此，展会、供应商、咨询机构也是企业获取科技信息的有效渠道（图 2-2-10）。

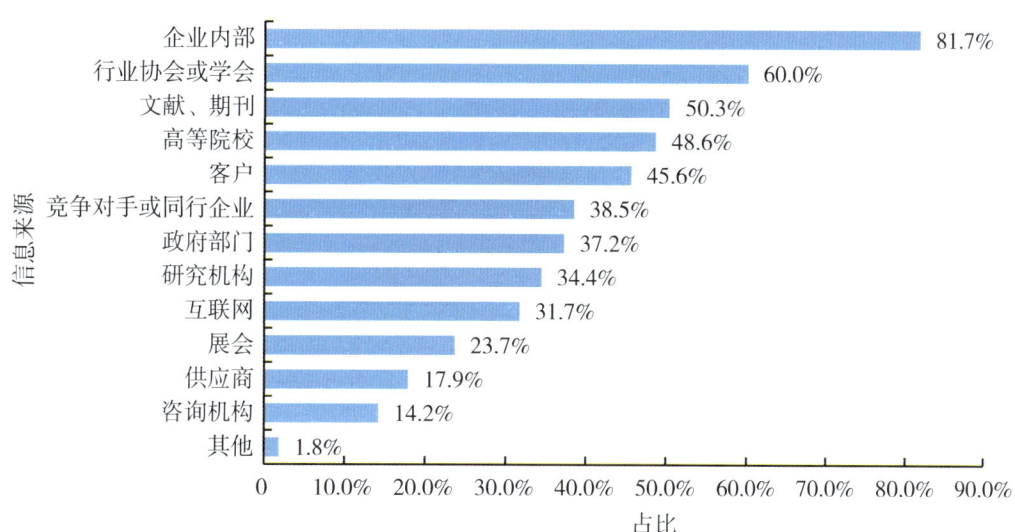

图 2-2-10 企业科技创新信息来源（调查选项为多选）

三、企业知识产权保护情况

（一）企业知识产权保护基本情况

随着我国知识产权强国战略的提出，企业越来越重视知识产权保护工作。从机构设置看，64.1%的企业设置了知识产权管理部门，35.9%的企业未设置知识产权管理部门（图2-3-1）。

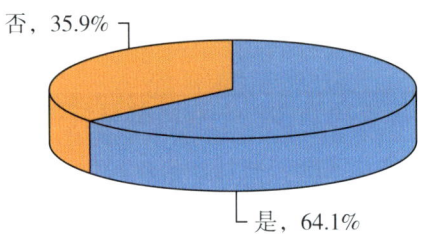

图2-3-1　企业知识产权管理部门设置情况

从企业知识产权保护投入经费看，20万元以内的占43.8%，20万～<50万元的占22.4%，50万～<100万元的占12.2%，100万～<200万元的占9.9%，200万元及以上的占11.7%（图2-3-2）。

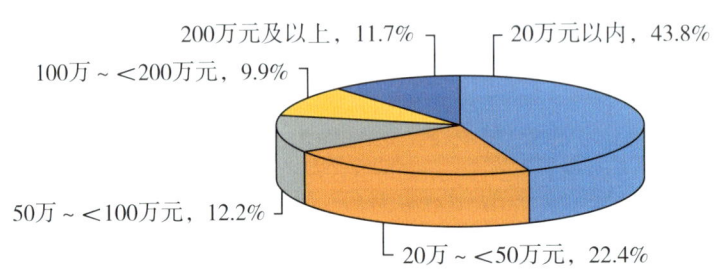

图2-3-2　企业知识产权保护经费投入情况

从企业知识产权保护措施看，申请专利是最主要的手段。有85.5%的企业申请了发明专利，84.5%的企业申请了实用新型专利、外观设计专利；63.9%的企业进行了软件著作权登记；50.5%的企业对技术秘密进行了内部保护；41.4%的企业形成了各级技术标准；40.8%的企业发挥了时间上的先发优势；21.8%的企业申请了注册商标（图2-3-3）。

工程建设企业科技创新特征分析——基于中国施工企业管理协会第三次企业科技创新问卷调查数据

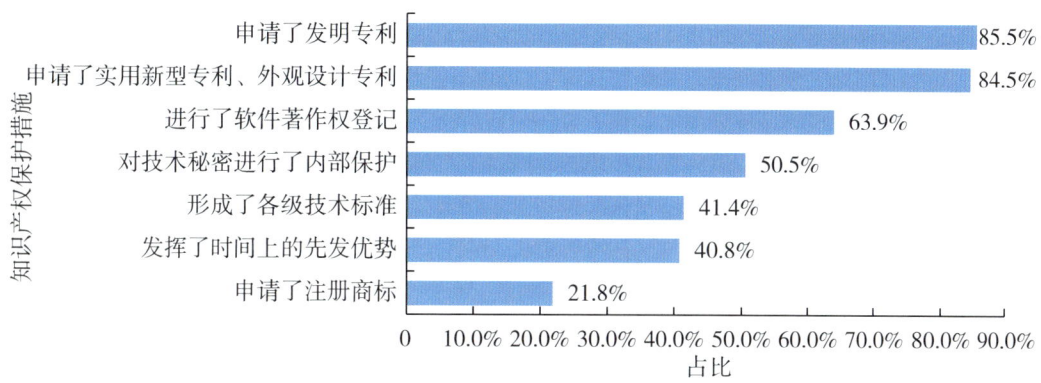

图 2-3-3 企业采取的知识产权保护措施（调查选项为多选）

（二）企业知识产权被侵权情况

89.5% 的企业未发生过知识产权或自有技术被侵权的法律纠纷，10.5% 的企业发生过知识产权或自有技术被侵权的法律纠纷（图 2-3-4）。

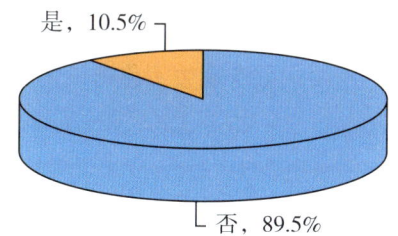

图 2-3-4 企业知识产权或自有技术被侵权情况

企业采取多种方法进行知识产权维权。在企业知识产权被侵权时，有 53.4% 的企业通过发出要求停止侵权的律师函来维权；47.1% 的企业通过仲裁、调解方式解决；41.9% 的企业向法院提起诉讼；38.5% 的企业自行与侵权方协商解决；20.1% 的企业向法院提请诉前责令停止侵权行为；11.5% 的企业请求行政处理；14.3% 的企业采取了其他维权措施（图 2-3-5）。

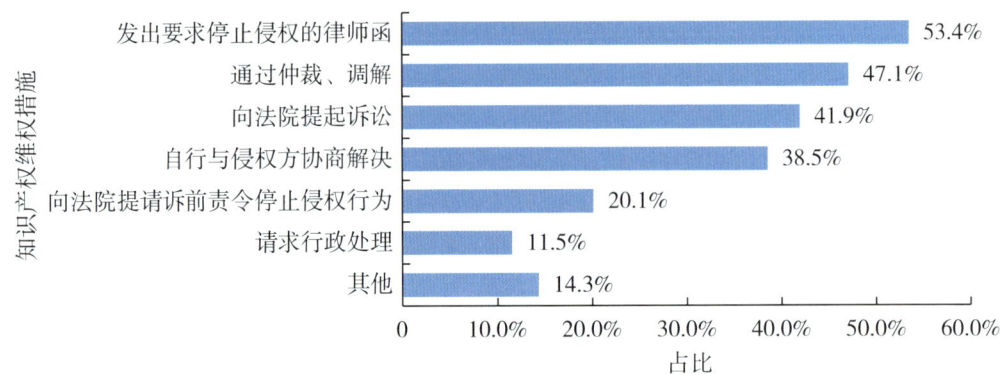

图2-3-5　企业知识产权维权措施（调查选项为多选）

四、企业数字化、工业化、绿色低碳创新发展情况

（一）数字化建设

1.机构设置

调查显示，有72.1%的企业设立了专职数字化建设机构，17.9%的企业未设立专职数字化建设机构（图2-4-1）。

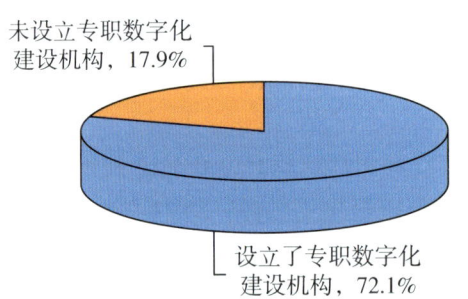

图2-4-1　企业专职数字化建设机构设置情况

在设立了专职数字化建设机构的企业中，有57.8%的企业设置了数字化管理部门；22.8%的企业设置了数字化管理中心；9.4%的企业设置了负责数字化建设或转型的下属企业；10.0%的企业设置了其他机构（图2-4-2）。

工程建设企业科技创新特征分析——基于中国施工企业管理协会第三次企业科技创新问卷调查数据

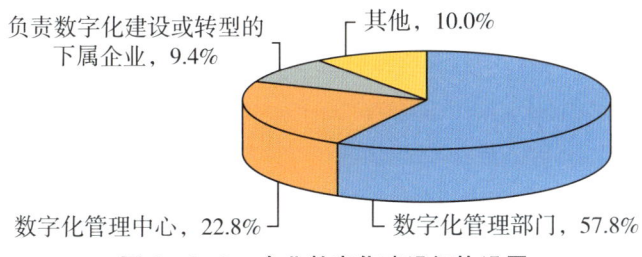

图 2-4-2　企业数字化建设机构设置

2. 建设内容

工程项目管理是企业目前主要进行的数字化建设内容。82.8% 的企业正在进行工程项目管理方面的数字化建设；63.3% 的企业正在进行企业经营管理方面的数字化建设；6.0% 的企业正在进行其他方面的数字化建设（图 2-4-3）。

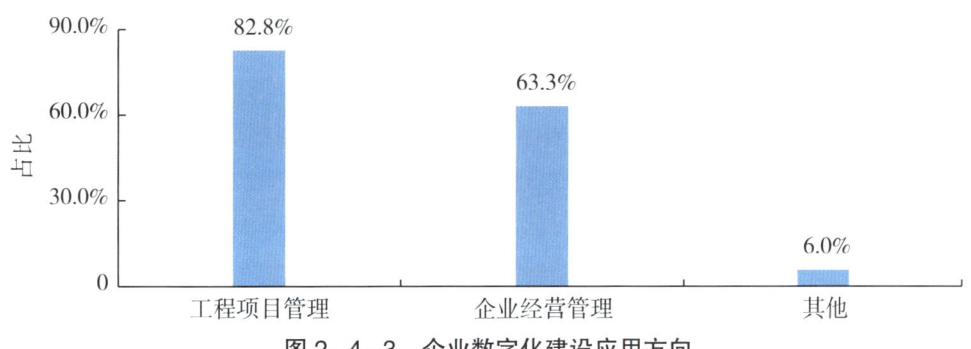

图 2-4-3　企业数字化建设应用方向

3. 资源投入

从数字化建设的人员投入看，有 44.3% 的企业人员投入占职工总数的 0.5% 以下；29.8% 的企业人员投入占职工总数的 0.5%～<2.0%；18.4% 的企业人员投入占职工总数的 2.0% 及以上；7.5% 的企业无相关人员投入（图 2-4-4）。

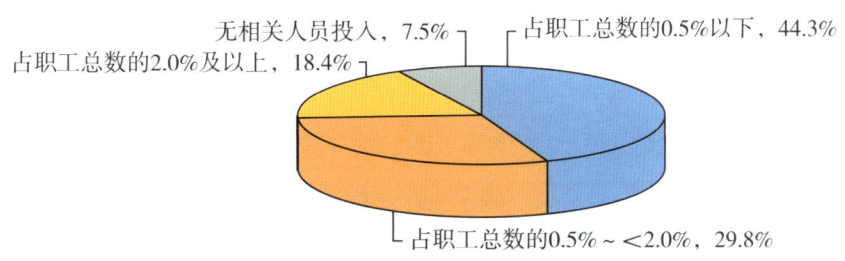

图 2-4-4　企业数字化建设人员投入情况

从企业数字化建设的经费投入看，41.0%的企业经费投入占总产值的0.1%以下；30.6%的企业经费投入占总产值的0.1%~<1.0%；20.2%的企业经费投入占总产值的1%及以上；8.2%的企业无相关经费投入（图2-4-5）。

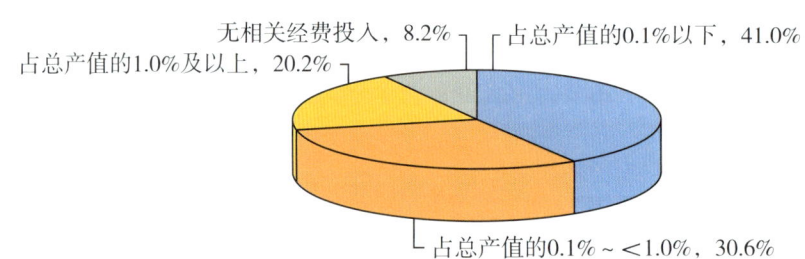

图2-4-5 企业数字化建设经费投入情况

4. 推进措施

提高数字化技术手段覆盖范围是企业加快推进数字化建设的最主要措施（占81.2%）。75.3%的企业引进先进的数字化技术；64.8%的企业增加和提高数字化人才数量和质量；55.7%的企业加强信息安全保障；46.3%的企业制定更严格的数字化管理流程；2.7%的企业采用了其他数字化建设措施（图2-4-6）。

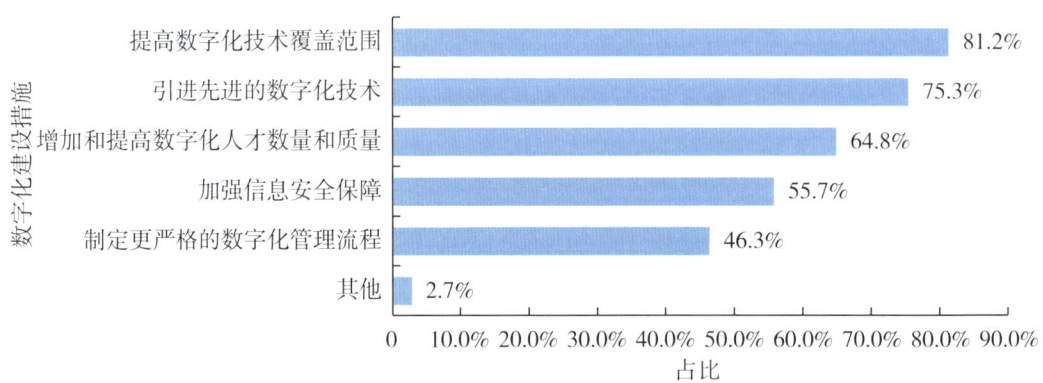

图2-4-6 企业数字化建设推进措施（调查选项为多选）

5. 取得效益

通过推进数字化建设，89.8%的企业提高了工作效率；77.0%的企业提升了工程管理水平；69.8%的企业降低了成本；56.2%的企业提高了工程品质；56.0%的企业改善了项目进度控制；4.1%的企业取得了其他效益（图2-4-7）。

工程建设企业科技创新特征分析——基于中国施工企业管理协会第三次企业科技创新问卷调查数据

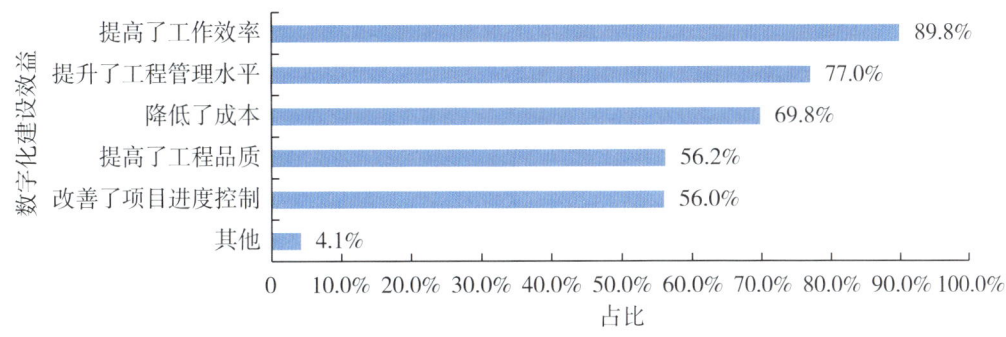

图 2-4-7　企业数字化建设取得效益情况（调查选项为多选）

6. 小结

工程建设企业高度重视数字化建设与应用，在组织机构、人才队伍和资金保障等方面采取了一系列有效措施，有效提高了企业工作效率和工程项目管理水平。调查显示，大部分企业有专职部门（机构）负责数字化建设工作，部分企业根据自身实际将数字化建设工作委托下属科技公司开展。但是，仍有不少企业无专职部门（机构）负责数字化建设工作。

（二）工业化升级

1. 装备研发、引进及应用情况

调查显示，79.1%的企业研发、引进或应用了工业化装备，20.9%的企业未研发、引进或应用工业化装备（图2-4-8）。

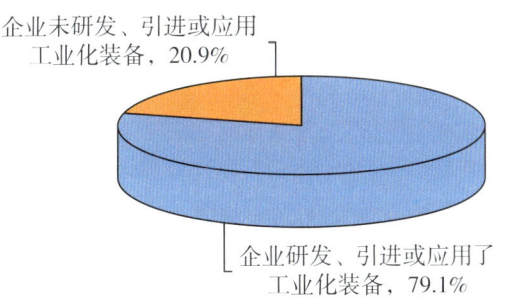

图 2-4-8　企业工业化装备总体情况

在研发、引进或应用工业化装备的企业中，31.6%的企业合作研发了工业化装备；28.1%的企业独立研发了具有自主知识产权的工业化装备；25.2%的企业引进并使用了工业化装备；25.2%的企业引进再创新了工业化装备；6.0%的企业采取其他措施进行工业化装备研发、引进及应用（图2-4-9）。

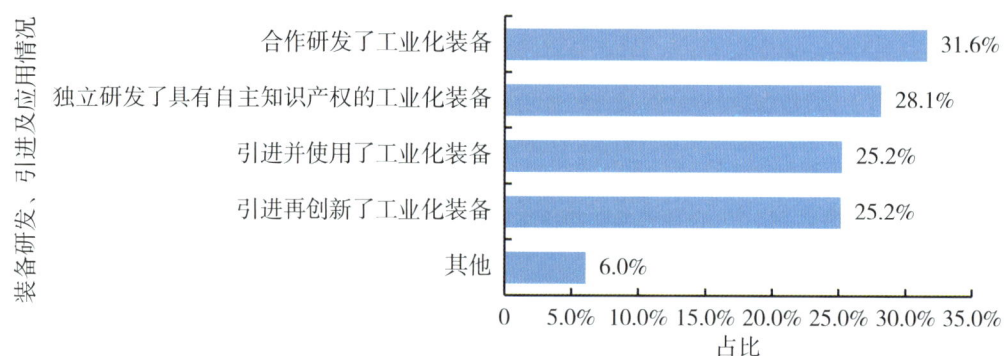

图2-4-9　企业工业化装备研发、引进及应用情况

2. 资源投入

从企业工业化升级人员投入看，38.5%的企业占职工总数的0.5%以下，24.5%的企业占职工总数的0.5%~<2.0%，17.0%的企业占职工总数的2.0%及以上；20.0%的企业无相关人员投入（图2-4-10）。

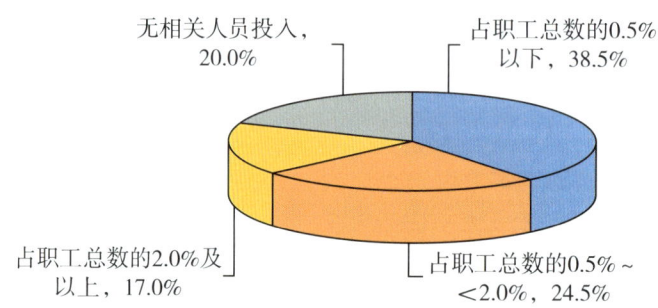

图2-4-10　企业工业化建设人员投入情况

从企业工业化升级经费投入看，36.8%的企业占总产值的0.1%以下；23.7%的企业占总产值的0.1%~<1.0%；19.5%的企业占总产值的1.0%及以上；20.0%的企业无相关经费投入（图2-4-11）。

工程建设企业科技创新特征分析——基于中国施工企业管理协会第三次企业科技创新问卷调查数据

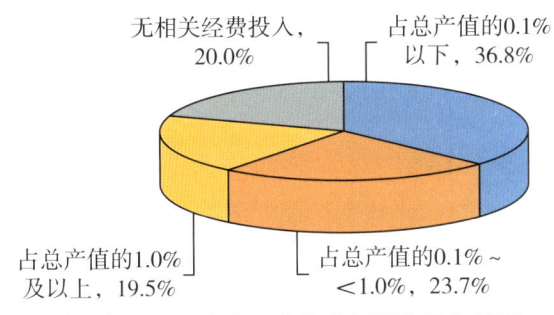

图 2-4-11　企业工业化升级经费投入情况

3. 推进措施

企业采取多种措施推进工业化升级。61.4% 的企业通过培养相关人才；59.5% 的企业加强体系与制度建设；57.8% 的企业引进相关技术和设备；40.6% 的企业改进施工流程；37.5% 的企业加强上下游产业合作；12.2% 的企业采取了其他措施（图 2-4-12）。

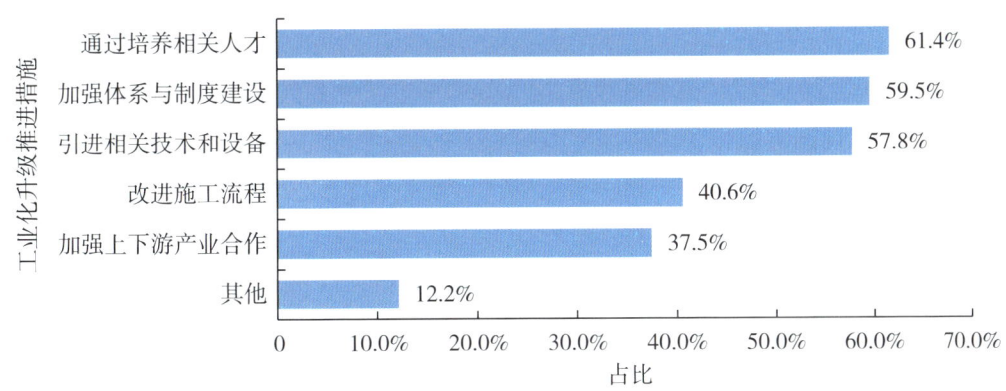

图 2-4-12　企业工业化升级推进措施（调查选项为多选）

4. 阻碍因素

49.4% 的企业认为缺乏专业管理和技术人才是其工业化升级的阻碍因素；45.6% 的企业认为缺乏资金支持是其工业化升级的阻碍因素；36.8% 的企业认为缺乏高素质的产业工人队伍是其工业化升级的阻碍因素；34.4% 的企业认为技术和设备不支持是其工业化升级的阻碍因素；14.2% 的企业受其他因素阻碍（图 2-4-13）。

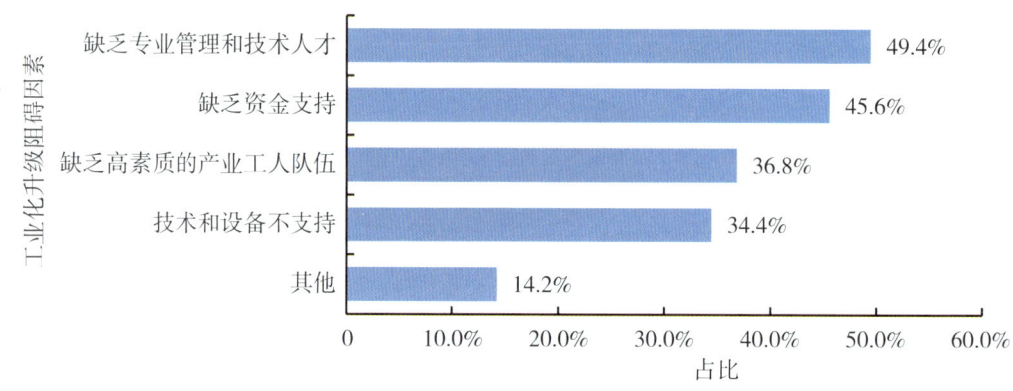

图2-4-13 企业工业化升级阻碍因素（调查选项为多选）

5. 小结

工程建设企业高度重视工业化升级，采取了多种措施，积极推进企业工业化升级的进程。调查显示，大部分企业建立了推进工业化升级的相关制度，投入了专项经费和相关人员，研发、引进及应用了工业装备，提高了生产效率，改善了作业环境，促进了行业技术进步。从总体情况看，行业企业工业化升级之路仍面临诸多困难和挑战。

（三）绿色低碳发展

1. 绿色低碳科技创新情况

调查显示，89.0%的企业进行了绿色低碳科技创新，11.0%的企业未进行绿色低碳科技创新（图2-4-14）。

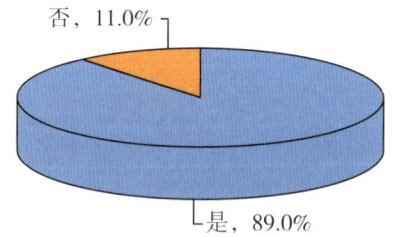

图2-4-14 企业开展绿色低碳科技创新情况

从企业绿色低碳科技创新方向看，85.4%的企业进行了技术创新；54.5%的企业进行了材料创新；44.7%的企业进行了装备创新；5.3%的企业进行了其他方向的创新（图2-4-15）。

工程建设企业科技创新特征分析——基于中国施工企业管理协会第三次企业科技创新问卷调查数据

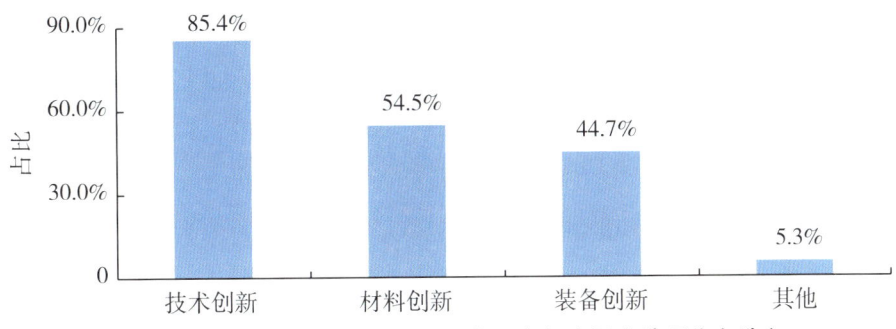

图 2-4-15 企业绿色低碳创新发展方向（调查选项为多选）

2. 资源投入

从企业绿色低碳科技创新人员投入看，50.0% 的企业绿色低碳科技创新人员占职工总数的 0.5% 以下；26.7% 的企业绿色低碳科技创新人员占职工总数的 0.5%～<2.0%；15.3% 的企业绿色低碳科技创新人员占职工总数的 2.0% 及以上；8.0% 的企业无相关人员投入（图 2-4-16）。

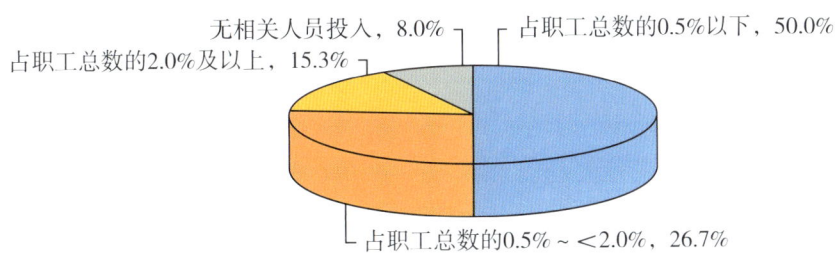

图 2-4-16 企业绿色低碳科技创新人员投入情况

从企业绿色低碳科技创新经费投入看，48.2% 的企业创新经费投入占总产值的 0.1% 以下；27.4% 的企业创新经费投入占总产值的 0.1%～<1.0%；16.2% 的企业创新经费投入占总产值的 1.0% 及以上；8.2% 的企业无相关经费投入（图 2-4-17）。

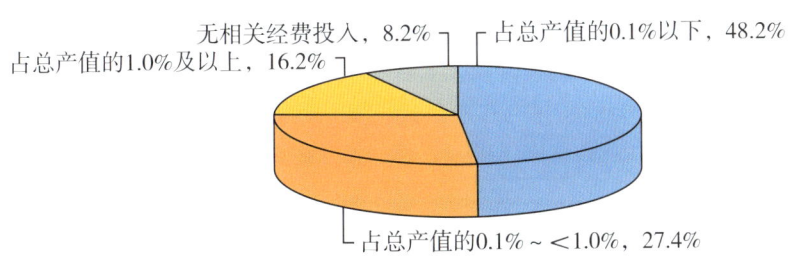

图 2-4-17 企业绿色低碳创新经费投入情况

3. 推进措施

企业采取多种措施促进绿色低碳创新发展。74.6%的企业加大对技术研发和产品推广的投入；58.7%的企业建立健全的绿色低碳管理制度和标准；57.7%的企业增强员工的绿色低碳意识和培训；57.1%的企业加强研究合作，共同推动绿色低碳技术的应用；49.0%的企业积极推进行业标准和政策的制定和完善；4.2%的企业采取了其他措施（图2-4-18）。

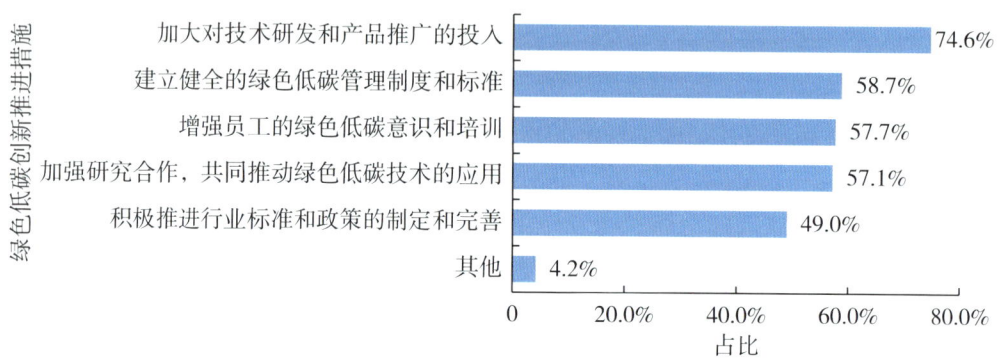

图2-4-18　企业绿色低碳发展推进措施（调查选项为多选）

4. 阻碍因素

从阻碍企业绿色低碳发展的因素看，63.5%的企业认为是缺乏专业人才和技术支持；46.3%的企业认为是对绿色低碳理念的认知不足；43.9%的企业认为是绿色低碳方面投入不足；43.5%的企业认为是行业标准和制度不够完善；4.6%的企业认为是其他阻碍因素（图2-4-19）。

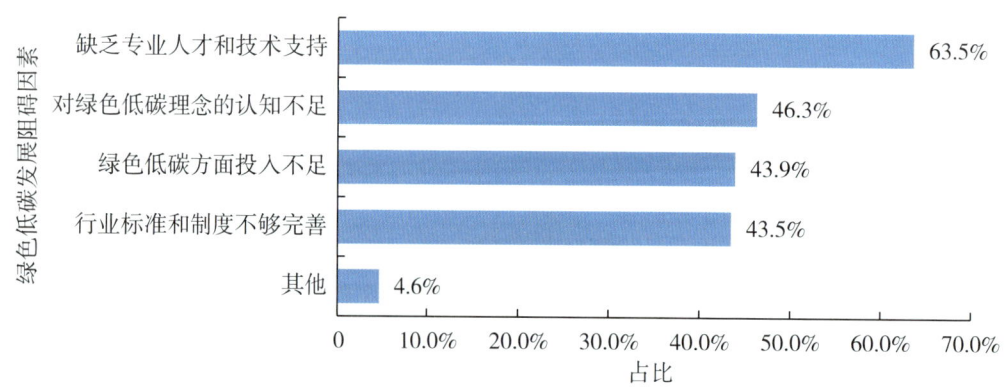

图2-4-19　企业绿色低碳发展阻碍因素（调查选项为多选）

工程建设企业科技创新特征分析——基于中国施工企业管理协会第三次企业科技创新问卷调查数据

5. 小结

工程建设企业积极践行绿色发展理念，深入贯彻落实党和国家有关政策，高度重视绿色低碳发展，不断加大制度建设、经费投入、科技创新力度，取得了积极成效。调查显示，大部分企业加大了绿色低碳技术研发和产品推广的投入，建立了绿色低碳管理制度，加强了绿色低碳技术培训，为企业绿色低碳发展奠定了基础。但企业在绿色低碳发展方面也面临专业人才缺乏、技术基础薄弱等阻碍。

五、企业享受创新政策情况

（一）企业享受到的主要政策

税收减免是企业享受到的最主要政策，其次是知识产权保护政策。行业学、协会平台支持，人才保障和政府平台支持等也均是企业享受到的主要鼓励政策，分别占企业享受创新政策的33.7%、29.6%和26.4%（图2-5-1）。

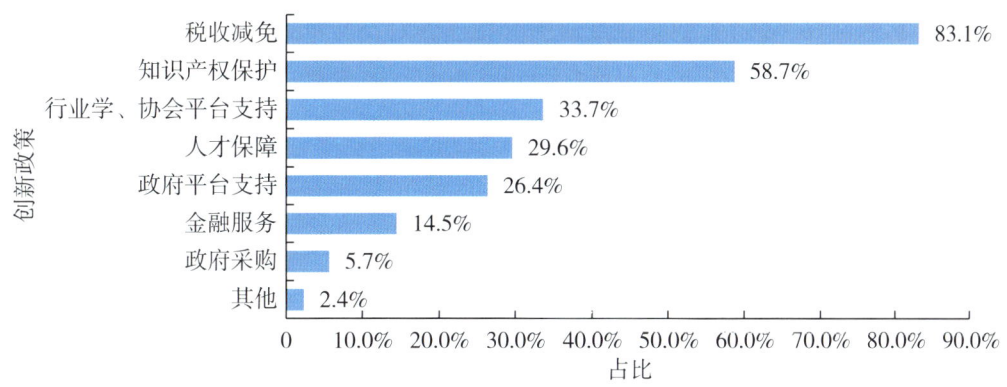

图2-5-1 企业享受创新政策情况（调查选项为多选）

（二）影响企业创新政策落实的主要因素

在未享受到相关政策的企业中，有45.9%的企业认为不满足享受政策的条件是影响企业创新政策落实的最主要因素。分别有29.7%、26.7%、25.8%和24.7%的企业认为政策吸引力不足、不知道有相关政策、政策执行力度不够和政策办理手续烦琐，有9.2%的企业认为是其他原因影响企业创新政策落实（图2-5-2）。

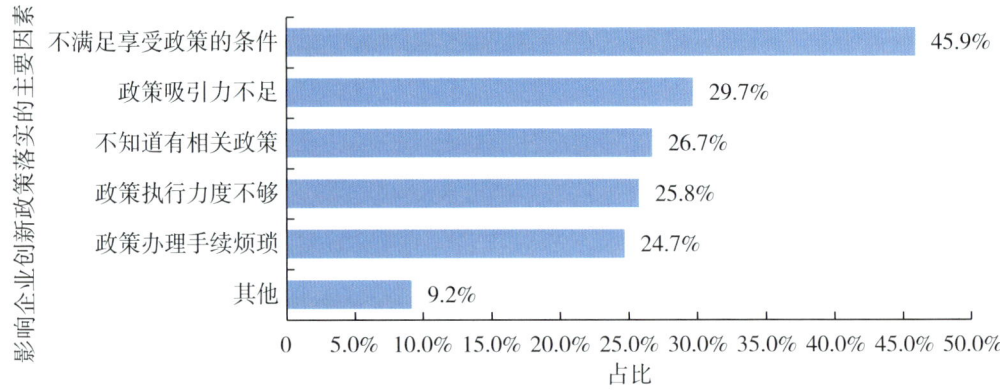

图 2-5-2　影响企业创新政策落实的主要因素（调查选项为多选）

六、企业家对科技创新的认识

（一）科技创新对企业非常重要

绝大部分企业家（占比 81.3%）认为科技创新对企业的发展非常重要，是引领企业发展的必然选择。15.7% 的企业家认为科技创新对企业重要，是企业发展的重要组成部分。仅有 2.4% 的企业家认为科技创新对企业一般重要，需要在工作中加以关注（图 2-6-1）。

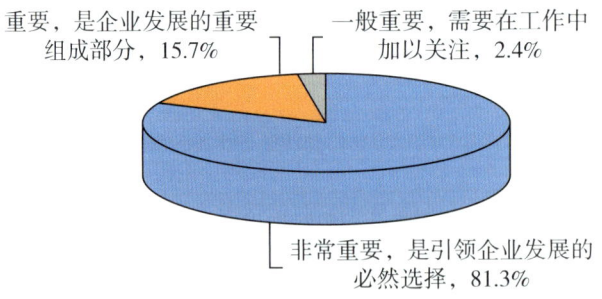

图 2-6-1　企业家对创新的总体认识

（二）科技创新提高了生产效率

92.2%的企业家认为科技创新提高了生产效率。分别有68.3%和62.2%的企业家认为科技创新降低了人员成本和能源消耗。分别有59.6%、57.8%、57.1%和57.0%的企业家认为科技创新提高了生产灵活性、减少了环境污染、开拓了新市场和节约了生产材料；分别有42.1%、39.5%和31.3%的企业家认为科技创新扩大了市场份额、取代了过时技术和改善了生活条件（图2-6-2）。从调查结果看，企业家十分认同科技创新在企业发展中的重要作用。

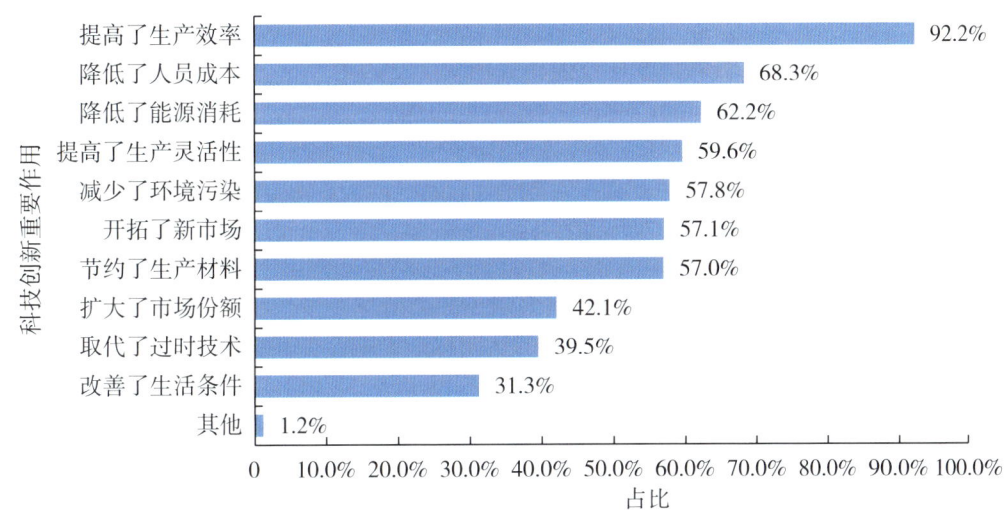

图2-6-2 企业家对科技创新的重要作用的认识（调查选项为多选）

（三）提高核心竞争力是科技创新的主要战略目标

有92.4%的企业家将提高企业核心竞争力作为科技创新的主要战略目标；有59.4%的企业家将赶超同行业国内领先企业作为科技创新的主要战略目标；50.4%的企业家将促进行业科技水平提升作为科技创新的主要战略目标；38.7%的企业家将促进行业健康发展作为科技创新的主要战略目标；28.0%的企业家将赶超同行业国际领先企业作为科技创新的主要战略目标；17.5%的企业家将保持现有技术水平和生产经营状况作为科技创新的主要战略目标（图2-6-3）。

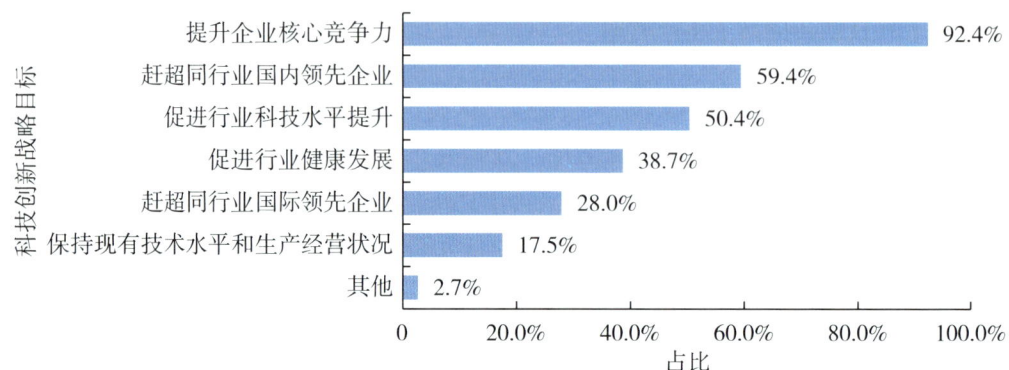

图 2-6-3 企业科技创新战略目标分布（调查选项为多选）

（四）经费和政策是影响企业科技创新成功的主要因素

大多数企业家认为充足的经费支持（占比 78.2%）、优惠政策的扶持（占比 76.4%）是影响企业科技创新成功的主要因素。分别有 64.3%、63.5% 和 60.1% 的企业家认为高素质人才队伍、有效的技术战略和企业领导的支持力度是影响企业科技创新成功的重要因素。分别有 49.3%、39.9%、31.3% 和 29.8% 的企业家认为企业内部激励措施、畅通的信息渠道、可信赖的合作伙伴和员工对企业的认同感是影响企业科技创新成功的重要因素（图 2-6-4）。

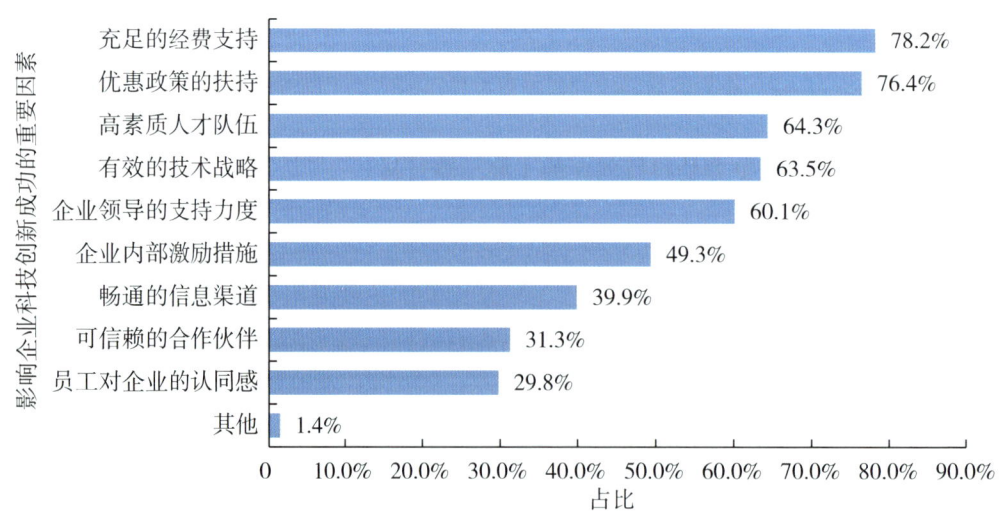

图 2-6-4 企业家对影响企业科技创新重要因素的认识（调查选项为多选）

87.4% 的企业家认为企业研发费用加计扣除税收优惠政策效果突出。70.8% 的企业家认为高新技术企业所得税减免政策效果显著,分别有 54.4%、51.2% 和 42.9% 的企业家认为创造和保护知识产权的相关政策、鼓励企业吸引和培养人才的相关政策、促进科技成果转化的相关政策效果显著(图 2-6-5)。

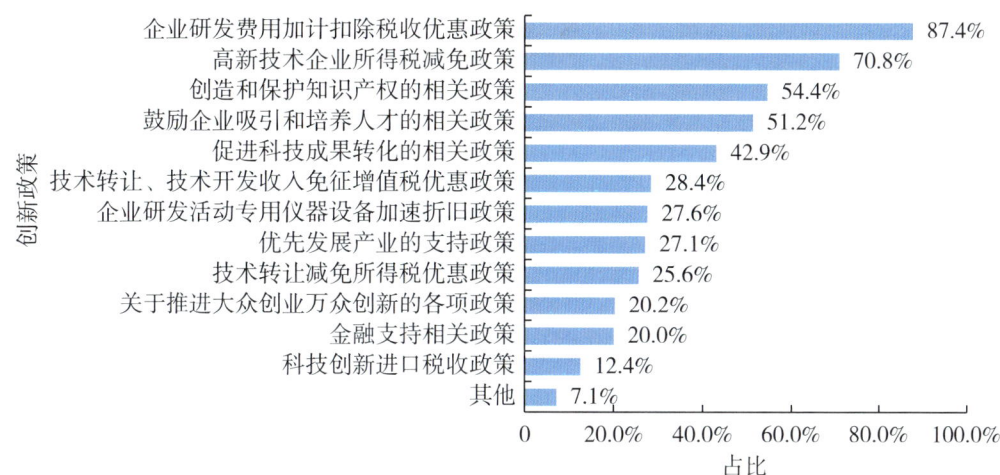

图 2-6-5 企业家对科技创新政策成效的评价(调查选项为多选)

79.4% 的企业家认为增加工资或发放奖金是非常有效的创新激励措施。分别有 74.9%、65.5% 的企业家认为岗位提升或调整、提供培训或深造机会对创新激励效果显著;有 39.3% 的企业家认为物质奖励的激励效果显著;25.4% 的企业家认为股权或期权奖励是有效的激励措施(图 2-6-6)。

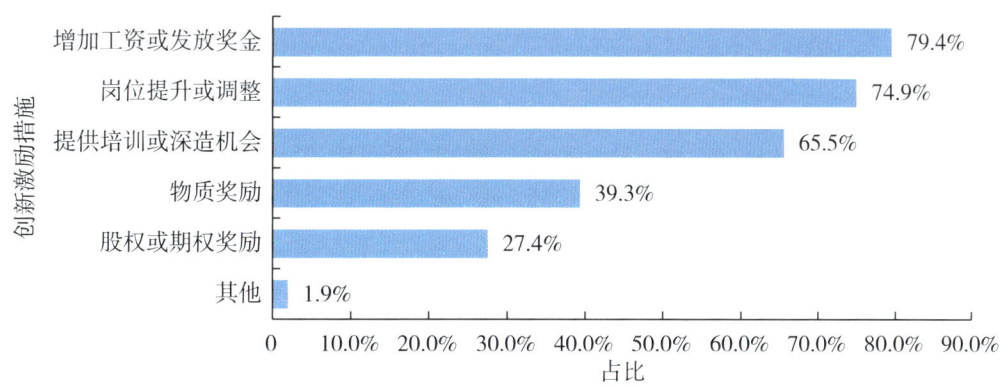

图 2-6-6 企业家对科技创新激励措施效果的评价(调查选项为多选)

第三章

工程建设企业科技创新指数构建

为贯彻落实创新驱动发展战略，准确测度和反映工程建设行业科技创新发展的变化和趋势，引导企业进一步加强科技管理、增强创新能力、提高发展质量，中国施工企业管理协会（以下简称"协会"）联合企业开展了工程建设企业科技创新指数研究工作。

一、基本原则

一是构建的指标体系能够全面、系统地反映行业科技创新发展的变化和趋势；二是构建的指标体系具有扩展性，可根据行业科技创新的发展需求，进行适当调整和补充；三是确保指标数据的权威性、完整性和连续性，以及统计口径的一致性和可对比性，生成评价指标的基础数据均为企业自愿填写数据、公开出版物及政府部门发布数据。

二、指标选取

一是相对独立，综合反映创新方面的优势和劣势、投入和产出、能力和活力；二是均采用相对指标，兼顾大中小企业的平衡；三是均采用定量统计指标，客观反映行业科技创新发展情况；四是体现行业特色，能够反映行业科技创新发展实际。

三、指标体系

协会基于工程建设企业科技创新活动的基本特征，并充分参考国内外关于创新指数的相关研究成果，构建了"工程建设企业科技创新指数评价指标体系"，该体系包括创新资源、创新投入、创新成果和创新绩效 4 个一级指标、16 个二级指标和 32 个三级指标。在前两期的指数研究工作基础上，结合行业发展实际，对部分指标进行了调整和优化。

1. 创新资源

创新资源指标反映企业科技创新活动的物质基础与政策环境，主要从人力资源、创新平台、国家高新技术企业、创新基础 4 个方面来反映，包括 4 个二级指标和 8 个三级指标。

其中，人力资源指标包括万人大专及以上学历人数、万人研究生学历人数 2 个三级指标，分别反映行业总体学历结构及高学历人才吸纳情况；创新平台指标包括万人省部级及以上研发和认证平台数量、万人省级及以上企业技术中心数量 2 个三级指标，反映工程建设行业企业高水平研发和认证平台及企业技术中心的建设情况；国家高新技术企业指标包括万人国家高新技术企业数量、国家高新技术企业中工程建设企业占比 2 个三级指标，反映工程建设行业国家高新技术企业发展情况；创新基础指标包括行业人均固定资产投资额、人均企业技术开发仪器设备原值 2 个三级指标，分别反映行业固定资产投资及技术开发仪器设备的配置情况。

2. 创新投入

创新投入指标反映企业对科技创新活动直接投入的力度和开展科技创新活动的活跃程度，主要从创新经费、创新人才、科研课题、对外合作 4 个方面来反映，包括 4 个二级指标和 8 个三级指标。

其中，创新经费指标包括 R&D 经费支出占主营业务收入的比重、人均 R&D 经费 2 个三级指标，分别反映创新经费投入总量及投入强度；创新人才指标包括高级工程师及以上职称人员占比、R&D 人员占比 2 个三级指标，分别反映企业在科技创新活动中高素质人才及专职研发人员的投入情况；科研课题指标包括万人在研研发项目数量、在研省部级及以上项目占比 2 个三级指标，分别反映企业科技创新积极性及高水平科研项目的投入情况；对外合作指标包括万人产学研合作项目数量、开展产学研合作的企业占比 2 个三级指标，分别反映企业在产学研合作中的活跃程度和合作意愿。

3. 创新成果

创新成果指标反映企业在科技研发活动中形成知识产权和成果的表现，主要从专利创造储备、标准规范、论文和工法、数字化与绿色化成果4个方面来反映，包括4个二级指标和8个三级指标。

其中，专利创造储备指标包括万人拥有有效专利数量、发明专利占比2个三级指标，分别反映专利的产出效率及质量；标准规范指标包括万人主参编标准规范数量、团体标准占比2个三级指标，反映企业参与不同层级标准规范制定的情况；论文和工法指标包括万人当年发表科技论文数量、万人拥有有效省部级及以上工法数量2个三级指标，分别反映企业应用基础研究情况及其技术创新工程实践水平；数字化与绿色化成果指标包括万人拥有软件著作权数量、万人当年绿色化成果数量2个三级指标，分别反映企业数字化建设及绿色低碳创新情况。

4. 创新绩效

创新绩效指标反映企业推动科技成果转化及实现经济效益、社会效益的表现，主要从创新奖项、创新价值实现、技术转移转化、企业经营效益4个方面来反映，包括4个二级指标和8个三级指标。

其中，创新奖项指标包括万人累计获得省部级及以上科技奖数量、万人累计获得省部级及以上专利奖数量2个三级指标，表现企业高水平科技创新成果产出情况；创新价值实现指标包括人均新产品（新技术）销售收入、人均享受科技创新税收优惠金额2个三级指标，分别表现企业新产品（新技术）创收及享受科技创新税收优惠情况；技术转移转化指标包括人均技术合同成交额、万人专利转让（许可）和高新成果转化项目数量2个三级指标，表现企业技术应用推广及科技创新成果转移转化情况；企业经营效益指标包括人均主营业务收入、人均利润2个三级指标，分别反映企业劳动生产率及经济发展质量。工程建设企业科技创新指数指标体系框架如表3-3-1所示。

表 3-3-1　工程建设企业科技创新指数评价指标体系框架

一级指标	二级指标	三级指标
创新资源	1. 人力资源	1.1　万人大专及以上学历人数
		1.2　万人研究生学历人数
	2. 创新平台	2.1　万人省部级及以上研发和认证平台数量
		2.2　万人省级及以上企业技术中心数量
	3. 国家高新技术企业	3.1　万人国家高新技术企业数量
		3.2　国家高新技术企业中工程建设企业占比
创新投入	4. 创新基础	4.1　行业人均固定资产投资额
		4.2　人均企业技术开发仪器设备原值
	5. 创新经费	5.1　R&D 经费支出占主营业务收入的比重
		5.2　人均 R&D 经费
	6. 创新人才	6.1　高级工程师及以上职称人员占比
		6.2　R&D 人员占比
	7. 科研课题	7.1　万人在研研发项目数量
		7.2　在研省部级及以上项目占比
	8. 对外合作	8.1　万人产学研合作项目数量
		8.2　开展产学研合作的企业占比

续表

一级指标	二级指标	三级指标
创新成果	9. 专利创造储备	9.1 万人拥有有效专利数量
		9.2 发明专利占比
	10. 标准规范	10.1 万人主参编标准规范数量
		10.2 团体标准占比
	11. 论文和工法	11.1 万人当年发表科技论文数量
		11.2 万人拥有有效省部级及以上工法数量
	12. 数字化与绿色化成果	12.1 万人拥有软件著作权数量
		12.2 万人当年绿色化成果数量
	13. 创新奖项	13.1 万人累计获得省部级及以上科技奖数量
		13.2 万人累计获得省部级及以上专利奖数量
创新绩效	14. 创新价值实现	14.1 人均新产品（新技术）销售收入
		14.2 人均享受科技创新税收优惠金额
	15. 技术转移转化	15.1 人均技术合同成交额
		15.2 万人专利转让（许可）和高新成果转化项目数量
	16. 企业经营效益	16.1 人均主营业务收入
		16.2 人均利润

四、指标说明

1. 人力资源

（1）万人大专及以上学历人数

该指标反映工程建设企业从业人员总体学历结构。数据采用纳入计算的企业填写的数据。

（2）万人研究生学历人数

该指标反映工程建设企业高学历人才吸纳情况。数据采用纳入计算的企业填写的数据。

2. 创新平台

（1）万人省部级及以上研发和认证平台数量

该指标反映工程建设企业高水平研发和认证平台建设情况。研发平台包括国家级和省部级工程实验室、工程研究中心、工程技术研究中心、重点实验室、国家地方联合工程实验室、国家地方联合工程研究中心等，认证平台包括中国合格评定国家认可委员会、国家认证认可监督管理委员会（CNCA）、其他国家（国际组织）及各省认证认可机构认证的平台。数据采用纳入计算的企业的填写数据。

（2）万人省级及以上企业技术中心数量

该指标反映工程建设企业高水平企业技术中心的建设情况，包括国家级企业技术中心及各省（自治区、直辖市）级企业技术中心。数据采用政府主管部门公布的数据。

3. 国家高新技术企业

（1）万人国家高新技术企业数量

该指标反映工程建设行业国家高新技术企业建设情况，包括当年在有效期内的行业全部国家高新技术企业数量。数据采用政府主管部门公布的数据。

（2）国家高新技术企业中工程建设企业占比

该指标反映工程建设行业国家高新技术企业发展与全国发展对比情况。数据采用政府主管部门公布的数据。

4. 创新基础

（1）行业人均固定资产投资额

该指标反映当年全国固定资产投资（不含农户）投向工程建设项目的情况。数据采用政府主管部门公布的数据。

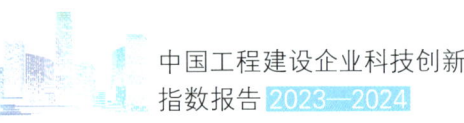

（2）人均企业技术开发仪器设备原值

该指标反映工程建设企业技术开发仪器设备的配置情况。企业技术开发仪器设备原值为年末整个企业用于科研和技术开发的仪器、设备、中间试验设备的原值（账面原值）。数据采用纳入计算的企业填写的数据。

5. 创新经费

（1）R&D 经费支出占主营业务收入的比重

该指标反映工程建设企业创新经费投入情况。数据采用纳入计算的企业填写的数据。

（2）人均 R&D 经费

该指标反映工程建设企业创新经费投入强度。数据采用纳入计算的企业填写的数据。

6. 创新人才

（1）高级工程师及以上职称人员占比

该指标反映工程建设企业科技创新活动中高素质人才的投入情况，包括高级工程师及正高级（教授级、研究员级）工程师。数据采用纳入计算的企业填写的数据。

（2）R&D 人员占比

该指标反映工程建设企业科技创新活动中专职研发人员的投入情况。数据采用纳入计算的企业填写的数据。

7. 科研课题

（1）万人在研研发项目数量

该指标反映工程建设企业开展科技创新活动的积极性。在研项目数量指在报告期末未结题验收的全部研发项目数量。数据采用纳入计算的企业填写的数据。

（2）在研省部级及以上项目占比

该指标反映工程建设企业高水平科研项目的投入情况。省部级及以上在研研发项目包括国家自然科学基金、国家自然科学基金重大培育计划项目等国家级计划项目，以及各部委、各省（自治区、直辖市）、央企总部的计划项目。数据采用纳入计算的企业填写的数据。

8. 对外合作

（1）万人产学研合作项目数量

该指标反映工程建设企业产学研合作的活跃程度，包括产学研合作课题和联合培养等合作项目。数据采用纳入计算的企业填写的数据。

（2）开展产学研合作的企业占比

该指标反映工程建设企业与高校、科研院所开展科技创新合作的意愿。根据企业是否有产学研合作项目或是否签订有关合作协议确定。数据采用纳入计算的企业填写的数据。

9. 专利创造储备

（1）万人拥有有效专利数量

该指标反映工程建设企业的专利产出效率。有效专利数量指报告期末企业作为专利权人拥有的、经国内外知识产权行政部门授权的，并且在有效期内的各类专利件数。数据采用纳入计算的企业填写的数据。

（2）发明专利占比

该指标反映工程建设企业的专利产出质量。数据采用纳入计算的企业填写的数据。

10. 标准规范

（1）万人主参编标准规范数量

该指标反映工程建设企业参与行业标准规范制定的情况，包括现行有效的国际标准、国家标准、行业标准、地方标准、团体标准。数据采用纳入计算的企业填写的数据。

（2）团体标准占比

该指标反映工程建设企业参与团体标准编制的情况。数据采用纳入计算的企业填写的数据。

11. 论文和工法

（1）万人当年发表科技论文数量

该指标反映工程建设企业应用基础研究的情况。数据来源于中国知网。

（2）万人拥有有效省部级及以上工法数量

该指标反映工程建设企业技术创新工程实践水平的情况，包括国家级工法和省部级工法（含央企总部工法）。数据采用纳入计算的企业填写的数据。

12. 数字化与绿色化成果

（1）万人拥有软件著作权数量

该指标反映工程建设企业数字化建设的情况，包括企业研发和购买的软件著作权总数。数据采用纳入计算的企业填写的数据。

（2）万人当年绿色化成果数量

该指标反映工程建设企业绿色低碳创新的情况，包括企业当年获得的省部级及中字头学协会以上绿色（工地、施工）示范工程总数。数据采用纳入计算的企业填写的数据。

13. 创新奖项

（1）万人累计获得省部级及以上科技奖数量

该指标反映工程建设企业高水平科技创新成果产出情况，包括国家科学技术奖、各省（自治区、直辖市）科学技术奖、在国家奖励办备案的社会力量设奖。数据采用纳入计算的企业填写的数据。

（2）万人累计获得省部级及以上专利奖数量

该指标反映工程建设企业高质量知识产权产出情况，包括中国专利奖、各省（自治区、直辖市）专利奖、中国施工企业管理协会"工程建设行业高推广价值专利大赛"。数据采用纳入计算的企业填写的数据。

14. 创新价值实现

（1）人均新产品（新技术）销售收入

该指标反映工程建设企业新产品（新技术）销售收入情况。数据采用纳入计算的企业填写的数据。

（2）人均享受科技创新税收优惠金额

该指标反映工程建设企业享受科技创新税收优惠政策的情况。税收优惠包括高新技术企业减免、研发费用加计扣除、西部大开发税收优惠等。数据采用纳入计算的企业填写的数据。

15. 技术转移转化

（1）人均技术合同成交额

该指标反映工程建设企业技术应用推广情况。技术合同成交额指针对技术开发、技术转让、技术咨询和技术服务类合同的成交总额。数据采用纳入计算的企业填写的数据。

（2）万人专利转让（许可）和高新成果转化项目数量

该指标反映工程建设企业科技创新成果转移转化的活跃度。数据采用纳入计算的企业填写的数据。

16. 企业经营效益

（1）人均主营业务收入

该指标反映工程建设企业劳动生产率情况。数据采用纳入计算的企业填写的数据。

（2）人均利润

该指标反映工程建设企业经济发展质量情况。数据采用纳入计算的企业填写的数据。

五、计算方法

本指数研究主要目的是测算行业科技创新发展变化和趋势，因此采用以某一历史年份作为基期年份，以基期年份指标值为基准来计算指标的增速，从而测定当前年份指标值的发展速度。

1. 基期年份的选取

本报告以2016年为基期年份计算工程建设企业科技创新指数。

2. 指标权重

参考国家统计局社科文司《中国创新指数研究》、中国科学技术发展战略研究院《中国企业创新能力评价报告》的赋权方法，在本次指数研究中采取"逐级等权法"进行权重的分配，即各一级指标的权重均为1/4。各二级指标占对应的一级指标权重的1/4。各三级指标占对应的二级指标权重的1/2。

3. 计算公式

（1）计算三级指标相邻年份增速

$$V_{it} = \left[\frac{X_{it} - X_{it-1}}{X_{it} + X_{it-1}/2}\right] \times 100 \,。 \quad (3-1)$$

其中，X_{it}为三级指标；i为指标序号；t为年份，$t \geq 2017$。由于$|V_{it}| = \left|\frac{X_{it} - X_{it-1}}{X_{it} + X_{it-1}}\right| \times 200$，而$|X_{it} - X_{it-1}| \leq |X_{it}| + |X_{it-1}|$，对于$X_{it} > 0$和$X_{it-1} > 0$有$|V_{it}| \leq 200$。

（2）计算二级指标指数

① 根据三级指标增速加权计算二级指标的增速

$$C_t = \sum_{i=1}^{k} W_i \times V_{it} \,。 \quad (3-2)$$

其中，W_i 为各三级指标对其所属二级指标的权重；k 为该二级指标下的三级指标的个数；t 为年份，$t \geq 2017$。

② 计算定基累计发展二级指标指数

$$E_{t+1} = E_t \times \left(\frac{200 + C_{t+1}}{200 - C_{t+1}} \right) 。 \quad (3-3)$$

其中，t 为年份，$t \geq 2016$，$E_{2016} = 100$。

已知某二级指标增速 C_{t+1} 及上一年度该指标指数 E_t，计算本年度对应指数 E_{t+1}，由 $C_{t+1} = \left[\dfrac{E_{it+1} - E_{it}}{E_{it+1} + E_{it} / 2} \right] \times 100$，可以变换公式得出：

$$E_{t+1} = \left(\frac{2E_t}{1 - \dfrac{C_{t+1}}{200}} \right) - E_t = E_t \times \left(\frac{200 + C_{t+1}}{200 - C_{t+1}} \right) 。 \quad (3-4)$$

（3）计算一级指标指数

$$Y_{t+1} = \sum_{i=1}^{4} b_i E_{t+1} 。 \quad (3-5)$$

其中，t 为年份，$t \geq 2016$；b_i 为各二级指标指数对一级指标指数的权数。

（4）计算总指数

$$Z_{t+1} = \sum_{i=1}^{4} a_i Y_{t+1} 。 \quad (3-6)$$

其中，t 为年份，$t \geq 2016$；a_i 为各一级指标指数对总指数的权数。

说明：由于可能存在某些指标增速过高或过低的情况，指标增速之间不可比（增速过高或过低的一些指标作用掩盖了其他指标作用），从而造成整个指标体系失真的现象。因此，必须对指标体系中各指标增速的范围进行控制。经研究决定将指标增速的基准值设定为该指标的两年平均值，这样计算出来的各项指标增速的范围可以控制在 [−200，200] 的区间内。

第四章
工程建设企业科技创新指数计算

从本章开始基于对企业科技创新投入、活动、产出的定量调查所获得的数据进行分析研究。2024年科技信息征集活动共有1127家企业填写了信息。经核实与整理，最终有948家企业的数据被用于指数计算与分析。2023年新注册、生产经营规模过小、近3年未开展科技创新活动，以及数据不完整、真实性与准确性存疑的企业未纳入本年度指数研究范围。

从企业类别看，工程施工企业700家、工程勘察设计企业129家、装备制造企业41家、其他类型企业78家。从企业性质看，中央企业583家、地方国企217家、民营企业145家、外资企业3家。从企业地区分布看，东部地区521家，中部地区216家，西部地区183家，东北地区28家，注册地涉及除宁夏、香港、澳门、台湾外的30个省（自治区、直辖市）。748家企业设立了企业技术中心，698家企业被认定为国家高新技术企业。纳入指数计算与分析的企业基本涵盖了投资、勘察、设计、施工、装备、材料等工程建设全产业链（图4-0-1）。

纳入计算与分析的948家工程建设企业中，700家施工总承包企业的主营业务收入合计10.13万亿元，占建筑业主营业务收入总量的37.8%（2023年全国建筑企业主营业务收入26.80万亿元）。纳入指数计算与分析的企业数据基本能反映我国工程建设企业科技创新的总体特征。

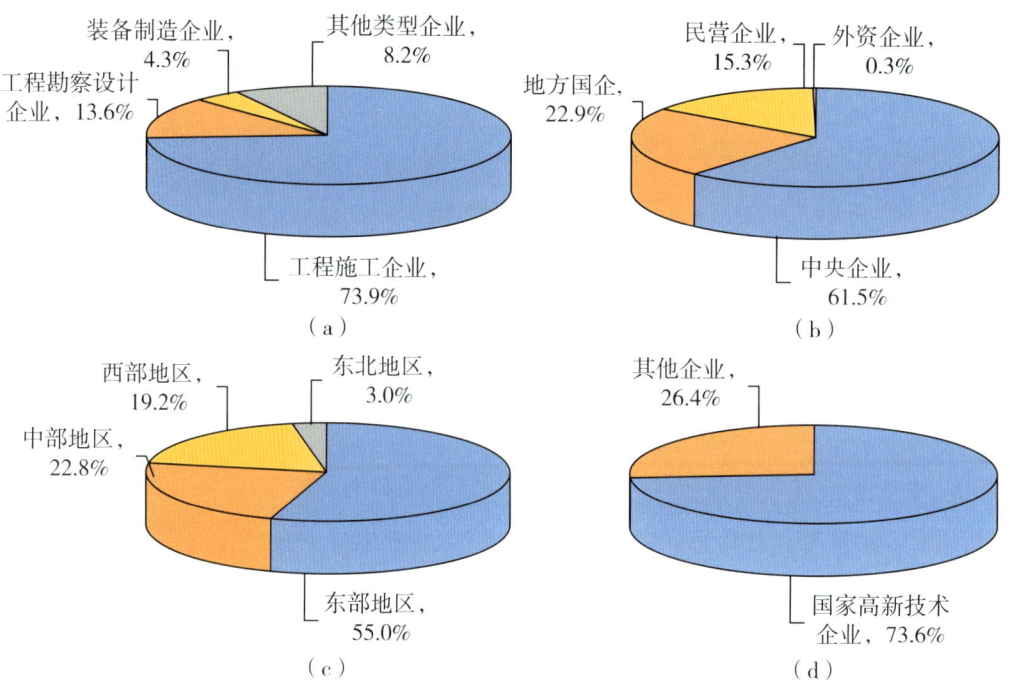

图 4-0-1 参与指数计算的企业组成和分类

一、综合指数

2023 年工程建设企业科技创新指数为 250.7，较上年增长了 15.4%，较 2016 年增长了 150.7%，2016 年以来年均增长 14.0%（图 4-1-1）。工程建设企业科技创新指数逐年稳步提升，科技创新能力呈稳步增强态势。

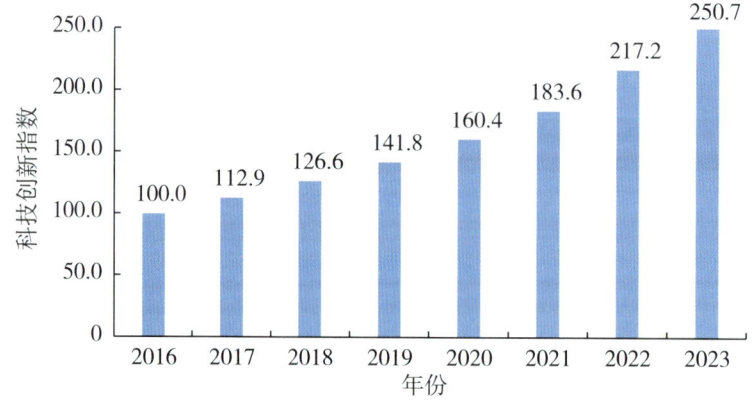

图 4-1-1 工程建设企业科技创新总指数（2016—2023 年）

工程建设企业高度重视科技创新工作，创新资源持续优化，创新投入力度稳步加大，创新成果产出快速提升，创新绩效逐步显现，行业科技创新工作加快推进。2016年以来，各项创新指数稳步提升，其中，创新成果指数增长速度最快，2023年较2016年增长了208.2%（图4-1-2）；第二是创新绩效指数，2023年较2016年增长了184.0%；第三是创新资源指数，2023年较2016年增长了122.8%；创新投入指数增长相对平缓，2023年较2016年增长了87.9%。

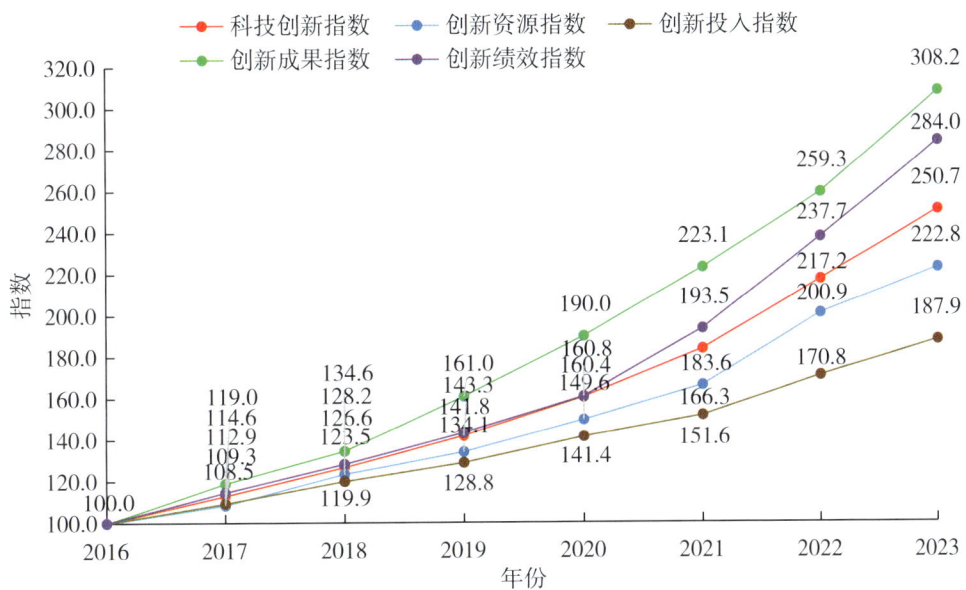

图4-1-2　工程建设企业科技创新指数及各分项指数（2016—2023年）

二、分项指数

（一）创新资源

2016—2023年，创新资源指数快速增长，总体增长了122.8%。其中，国家高新技术企业指数增长最为突出，2021—2023年增速加快，2023年较2016年增长了321.2%；其次是创新平台指数，2023年较2016年增长了104.5%；人力资源指数及创新基础指数增长相对平缓，2023年较2016年分别增长了35.4%和30.1%（图4-2-1）。

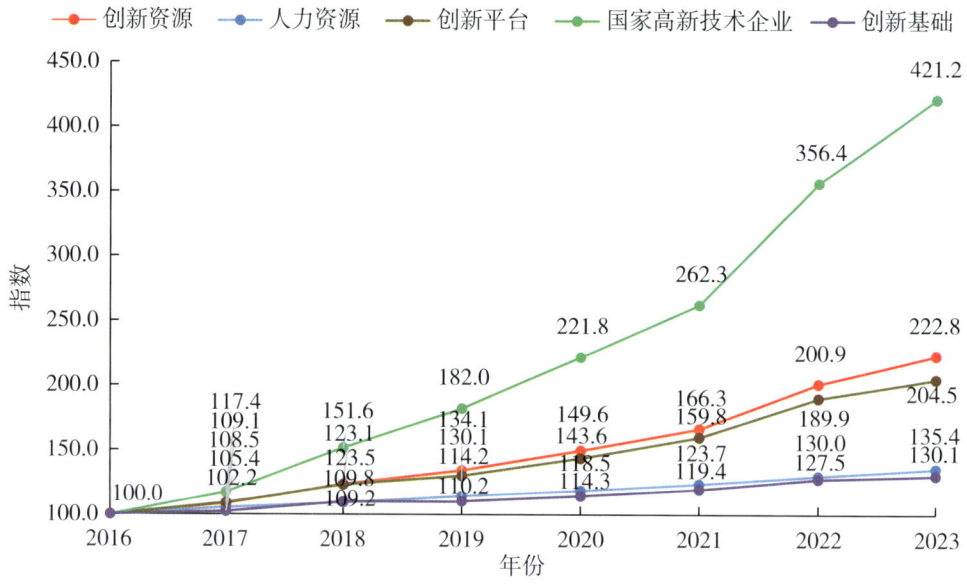

图 4-2-1　工程建设企业创新资源指数及各分项指数（2016—2023年）

1. 人力资源

工程建设企业万人大专及以上学历人数由2016年的6700人上升到2023年的7902人，增长了17.9%，万人研究生学历人数由2016年的410人上升到2023年的638人，增长了55.6%（图4-2-2）。

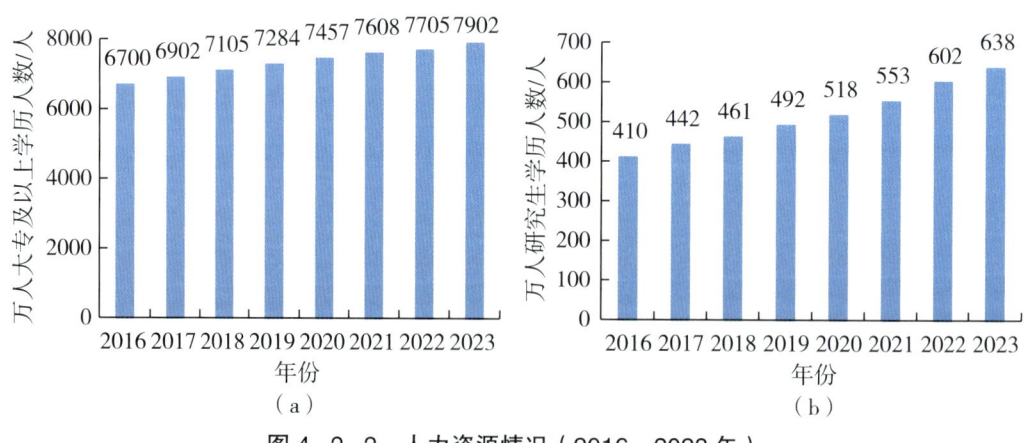

图 4-2-2　人力资源情况（2016—2023年）

2. 创新平台

工程建设企业万人省部级及以上研发和认证平台数量稳步增长，2023年较2016年增长了 57.8%。万人省级及以上企业技术中心数量快速增长，2022 年增幅较大，2023 年较 2016 年增长了 155.6%（图 4-2-3）。

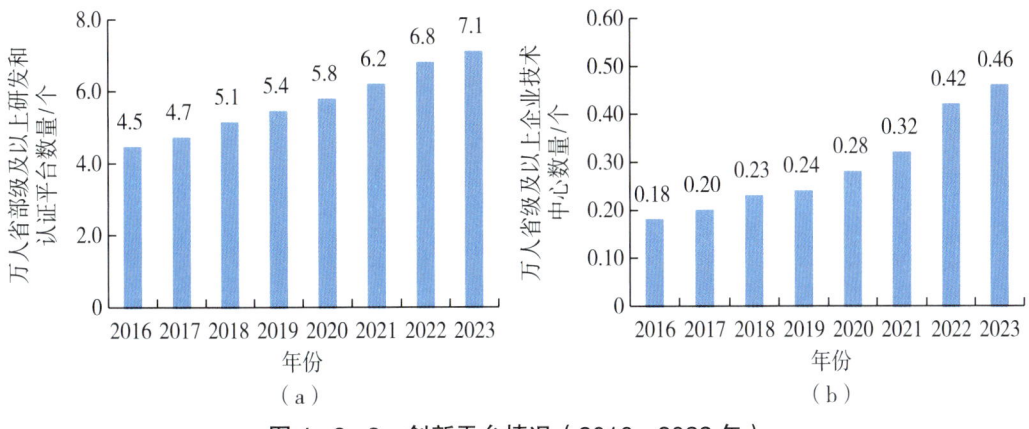

图 4-2-3 创新平台情况（2016—2023 年）

3. 国家高新技术企业

工程建设行业万人国家高新技术企业数量高速增长，2023 年较 2016 年增长了 725.0%。国家高新技术企业中工程建设企业占比稳步提升，2023 年较 2016 年提高了 1.9 个百分点，达到 4.1%。两项指标均在 2022 年开始大幅增长（图 4-2-4）。

图 4-2-4 国家高新技术企业情况（2016—2023 年）

4. 创新基础

工程建设行业人均固定资产投资额 2023 年较 2016 年增长了 42.8%，人均企业技术开发仪器设备原值平缓增长，2023 年较 2016 年增长了 18.4%（图 4-2-5）。根据国家统计局数据，固定资产投资逐年增长，为工程建设企业科技创新提供强大物质基础。

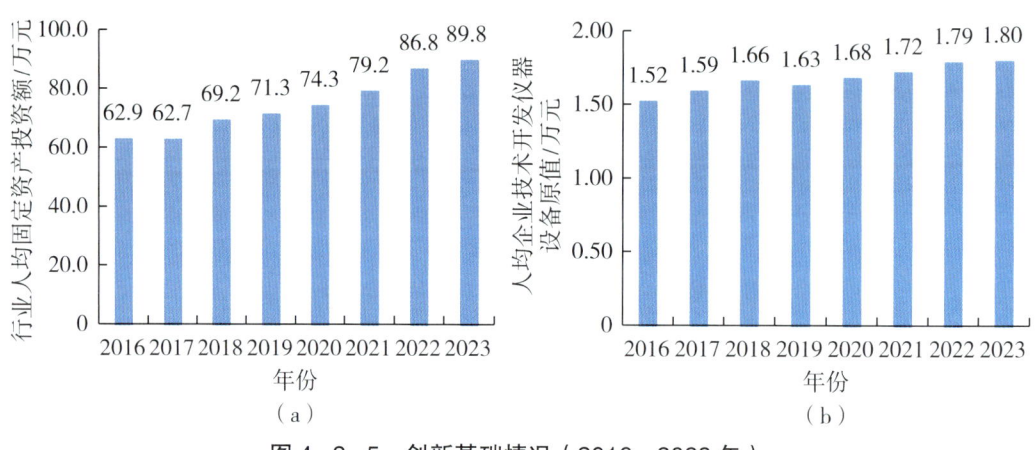

图 4-2-5　创新基础情况（2016—2023 年）

（二）创新投入

2016—2023 年，创新投入指数逐年上升，2023 年较 2016 年增长了 87.9%。其中，对外合作指数高速增长，2022 年开始增速加快，2023 年较 2016 年增长了 234.2%；创新经费指数及科研课题指数逐年增加，2023 年较 2016 年分别增长了 46.4% 和 45.8%；创新人才指数增长较为平缓，增长了 25.2%（图 4-2-6）。

1. 创新经费

工程建设企业人均 R&D 经费稳步增长，2023 年较 2016 年增长了 80.6%。R&D 经费支出占主营业务收入的比重在 2016—2020 年稳步上升，2021 年开始增速放缓，2023 年较 2016 年提高了 0.46 个百分点，达到 2.92%（图 4-2-7）。本次计算结果显示行业 R&D 经费支出占比较高，主要是由于纳入统计的企业中国家高新技术企业的占比较大。

图 4-2-6 创新投入指数及各分项指数（2016—2023 年）

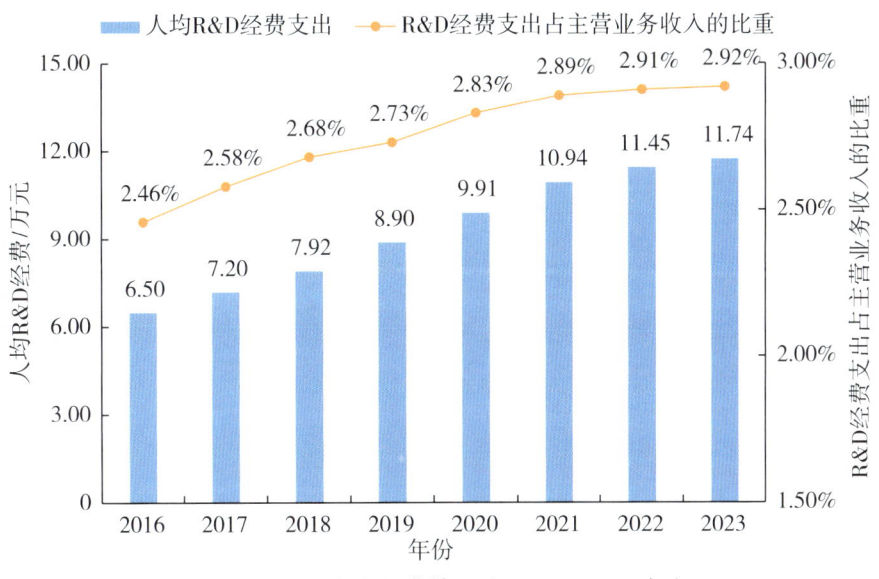

图 4-2-7 创新经费情况（2016—2023 年）

2. 创新人才

工程建设企业高级工程师及以上职称人员占比和 R&D 人员占比逐年增长，2023 年较 2016 年分别提升了 3.1 个百分点和 2.3 个百分点（图 4-2-8）。以高级工程师为代表的高水平人才队伍的不断扩大，为企业研发工作提供了有力的人才支撑。

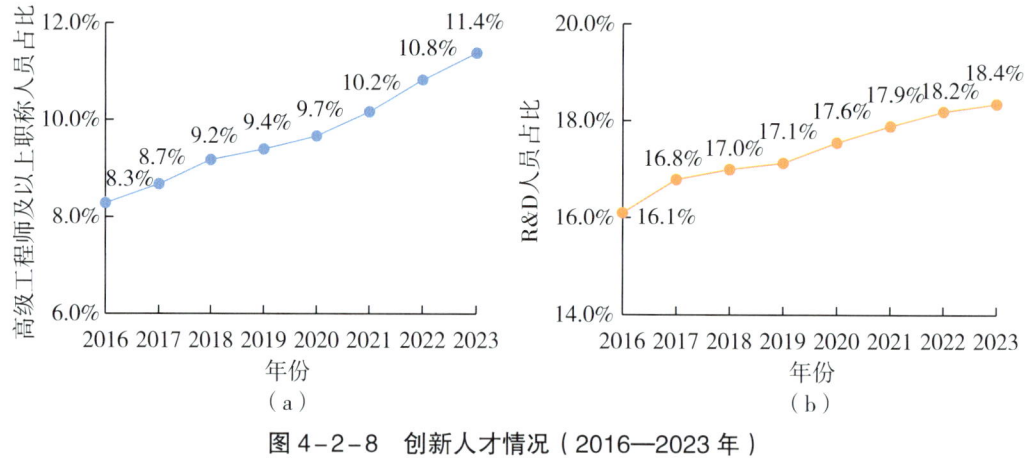

图 4-2-8　创新人才情况（2016—2023 年）

3. 科研课题

工程建设企业万人在研研发项目数量呈快速增长趋势，2023 年较 2016 年增长了 77.5%。在研省部级及以上项目占比平稳增长，2023 年较 2016 年提高了 1.4 个百分点，但在 2019—2021 年出现波动（图 4-2-9）。科研课题数量的快速增长表明工程建设企业科技研发活动处于活跃状态。

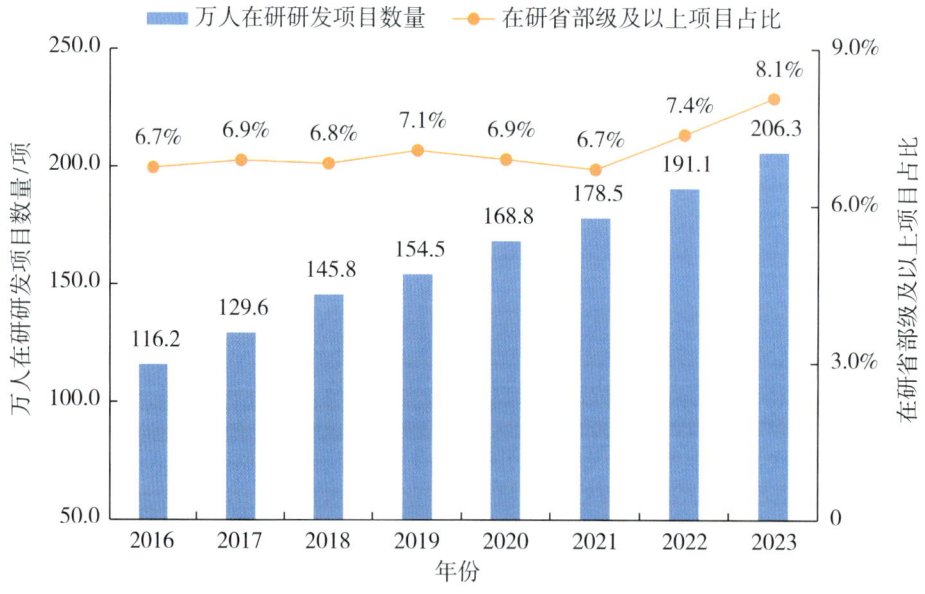

图 4-2-9　科研课题情况（2016—2023 年）

4. 对外合作

工程建设企业万人产学研合作项目数量高速增长，2023年较2016年增长了440.0%。开展产学研合作的企业占比稳步提升，2023年较2016年上升了26.0个百分点（图4-2-10）。指标显示工程建设企业开放创新程度逐步提高，资源整合能力不断增强。

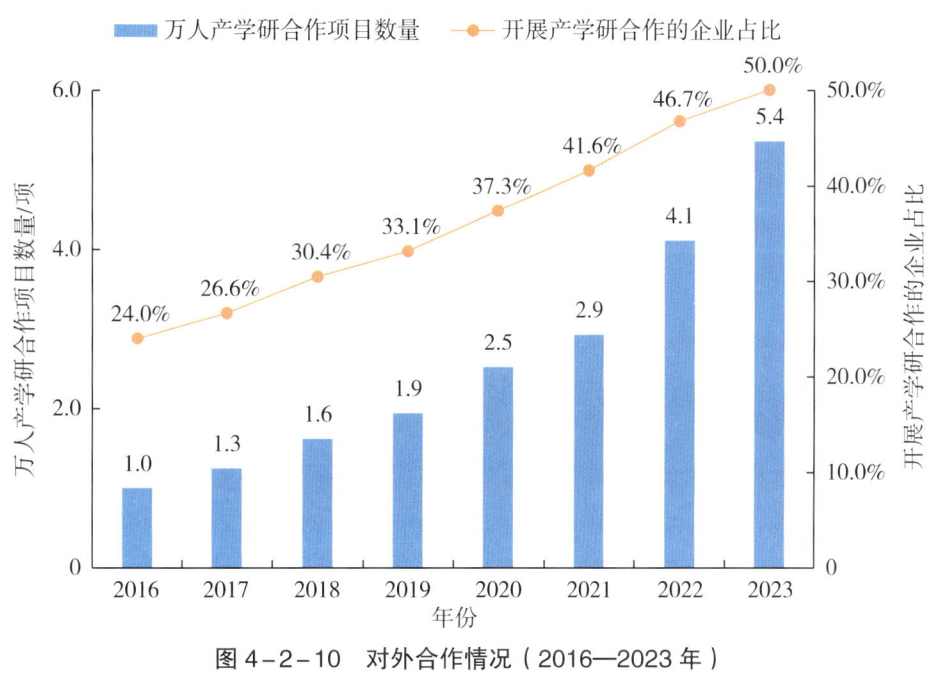

图4-2-10 对外合作情况（2016—2023年）

（三）创新成果

2016—2023年，创新成果指数稳定增长，总体增长了208.2%。其中，数字化与绿色化成果指数增长最快，2023年较2016年增长了356.3%；其次为标准规范指数，2023年较2016年增长了280.9%；论文和工法指数及专利创造储备指数稳步增长，2023年较2016年分别增长了98.7%和96.7%（图4-2-11）。

图 4-2-11 创新成果指数及各分项指数（2016—2023年）

1. 专利创造储备

工程建设企业万人拥有有效专利数量高速增长，2023年较2016年增长了408.4%。发明专利占比在2016—2021年有下降，2022年开始回升（图4-2-12）。发明专利占比下降的主要原因是2017年国家知识产权局修订了《关于规范专利申请行为的若干规定》，加大了专利审查力度。工程建设企业发明专利占比近年来开始回升，表明工程建设企业响应国家政策，加强对高质量专利的挖掘。

2. 标准规范

工程建设企业万人主参编标准规范数量快速增长，2023年较2016年增长了270.5%。团体标准占比自2019年起快速提升，2023年较2016年提高了17.8个百分点（图4-2-13）。2019年，国家标准化管理委员会、民政部印发了《团体标准管理规定》，加快培育发展团体标准，工程建设企业认真贯彻落实文件精神，积极参与团体标准编制工作，团体标准占比快速提升。

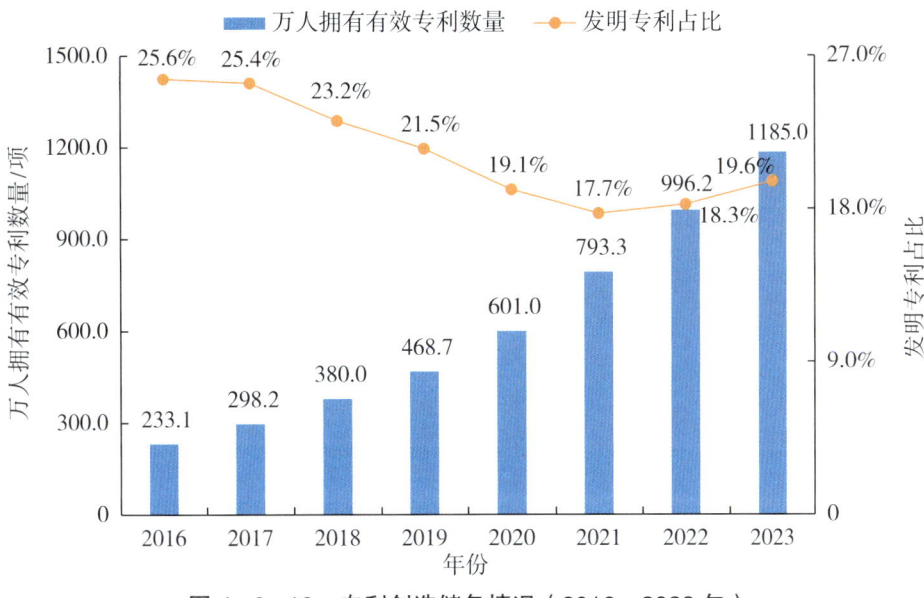

图4-2-12 专利创造储备情况（2016—2023年）

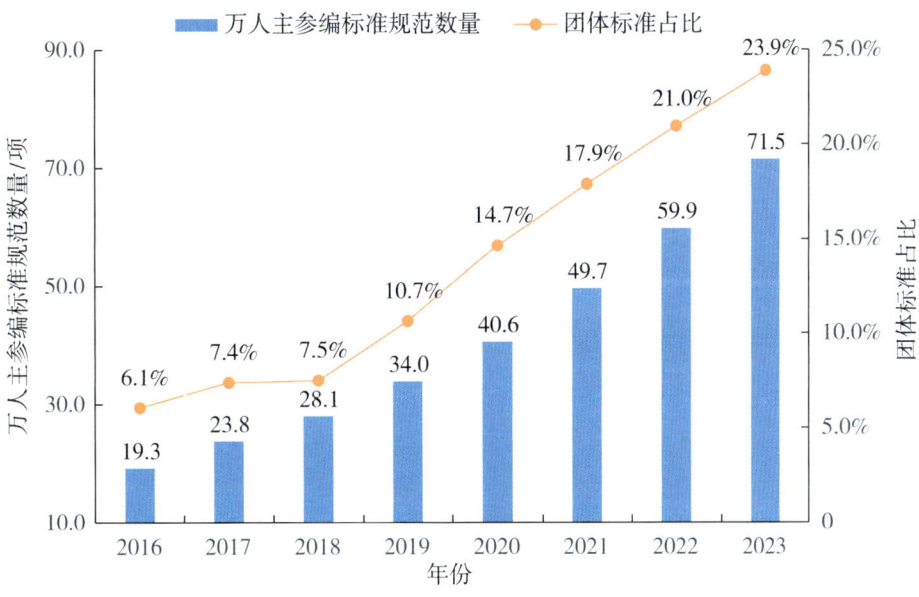

图4-2-13 标准规范情况（2016—2023年）

3. 论文和工法

工程建设企业万人当年发表科技论文数量在2016—2019年稳定增长，2020年后有小幅下降，2023年较2016年增长了32.5%。万人拥有有效省部级及以上工法数量快速增长，2023年较2016年增长了198.3%（图4-2-14）。2021年6月，中央宣传部、教育部、科技部印发《关于推动学术期刊繁荣发展的意见》，明确要求提升学术引领能力、规范学术期刊出版秩序、完善学术期刊相关评价体系，着力提高我国学术期刊质量，对企业科技工作者发表科技论文提出了更高要求。

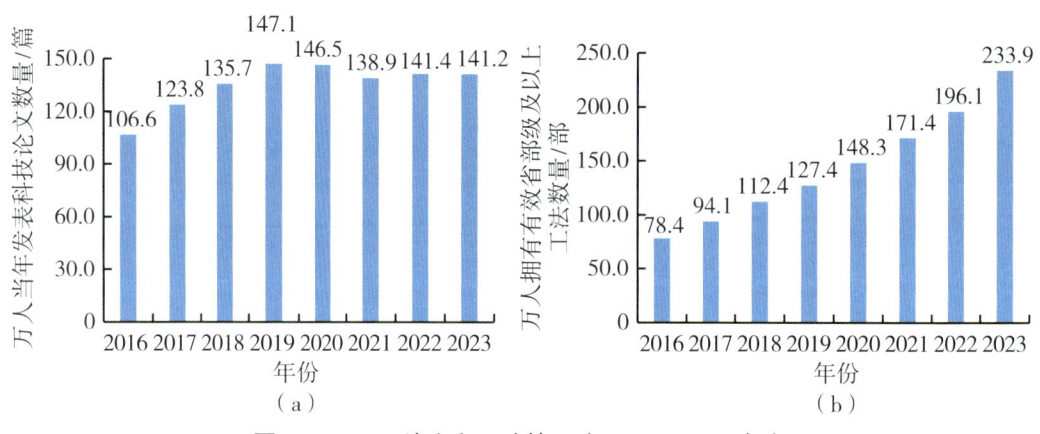

图4-2-14　论文和工法情况（2016—2023年）

4. 数字化与绿色化成果

工程建设企业万人拥有软件著作权数量呈高速增长趋势，2023年较2016年增长了474.5%。万人当年绿色化成果数量快速增长，2023年较2016年增长了254.5%（图4-2-15）。数据表明工程建设企业认真贯彻落实党中央决策部署，在数字化与绿色化方向持续发力，创新成果加速产出，取得显著成效。

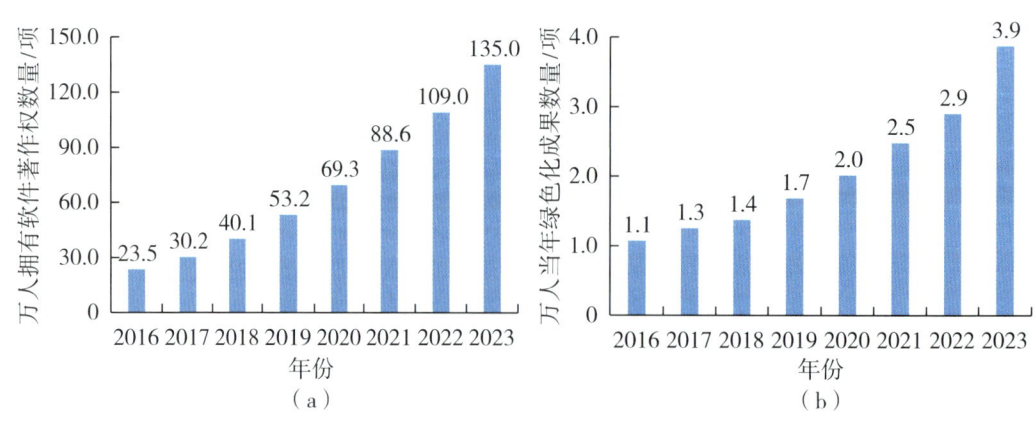

图4-2-15　数字化与绿色化成果情况（2016—2023年）

（四）创新绩效

2016—2023 年，创新绩效指数呈快速增长趋势，总体增长了 184.0%。其中，创新奖项指数增长最快，2021 年开始大幅增长，2023 年较 2016 年增长了 446.3%；其次为技术转移转化指数，2023 年较 2016 年增长了 144.0%；创新价值实现指数稳步增长，2023 年较 2016 年增长了 94.5%；企业经营效益指数增长相对平缓，2023 年较 2016 年增长了 51.1%（图 4-2-16）。

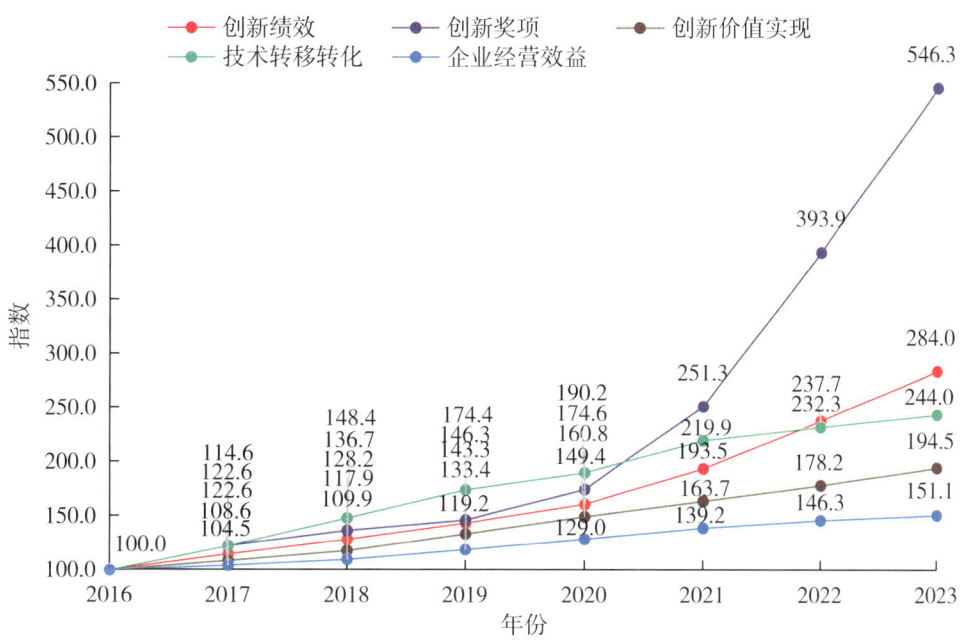

图 4-2-16　创新绩效指数及各分项指数（2016—2023 年）

1. 创新奖项

工程建设企业万人累计获得省部级及以上科技奖数量稳步增长，2023 年较 2016 年增长了 125.1%。万人累计获得省部级及以上专利奖数量自 2021 年开始大幅提升，2023 年较 2016 年增长了 1257.1%（图 4-2-17）。企业对高价值专利产出高度重视，近年来省部级专利奖陆续设立和全国性行业专利大赛开始举办，使得专利奖数量出现爆发式增长。

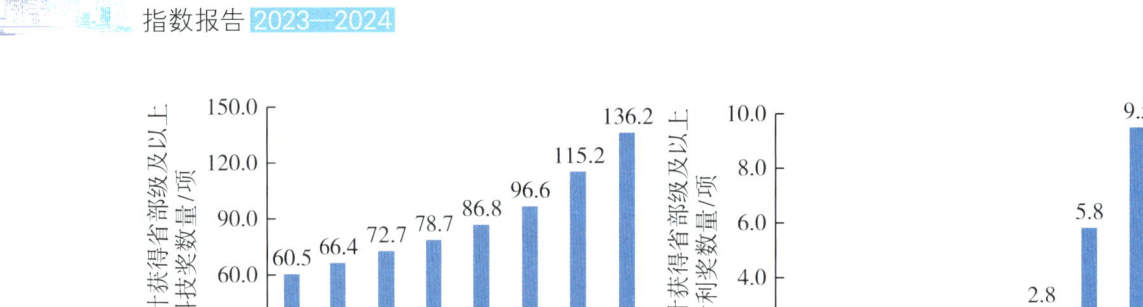

图 4-2-17 创新奖项情况（2016—2023 年）

2. 创新价值实现

工程建设企业人均新产品（新技术）销售收入稳步增长，2023 年较 2016 年增长了 65.4%。人均享受科技创新税收优惠金额快速上升，2023 年较 2016 年增长了 129.8%（图 4-2-18）。

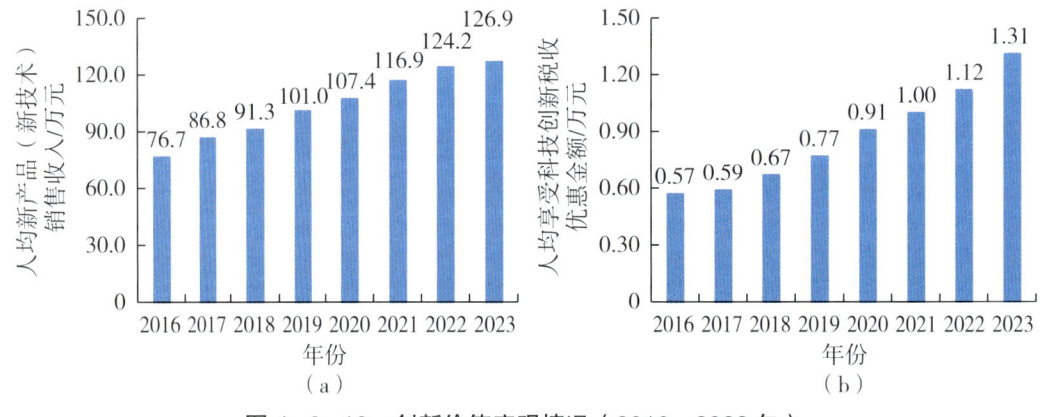

图 4-2-18 创新价值实现情况（2016—2023 年）

3. 技术转移转化

工程建设企业人均技术合同成交额快速增长，2023 年较 2016 年增长了 188.9%。万人专利转让（许可）和高新成果转化项目数量在 2021 年之前稳步上升，自 2022 年开始增速放缓，总体增长了 104.3%（图 4-2-19）。

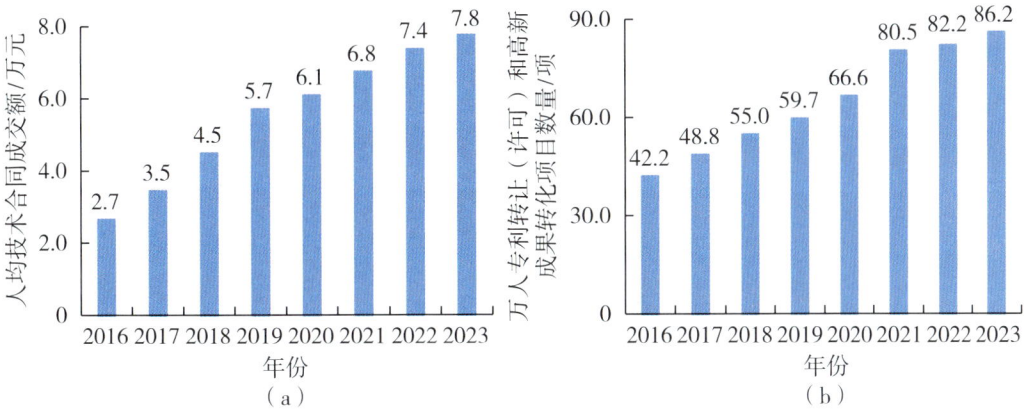

图 4-2-19 技术转移转化情况（2016—2023 年）

4. 企业经营效益

工程建设企业人均主营业务收入、人均利润均稳步提升，2023 年较 2016 年分别增长了 52.3%、50.6%（图 4-2-20）。

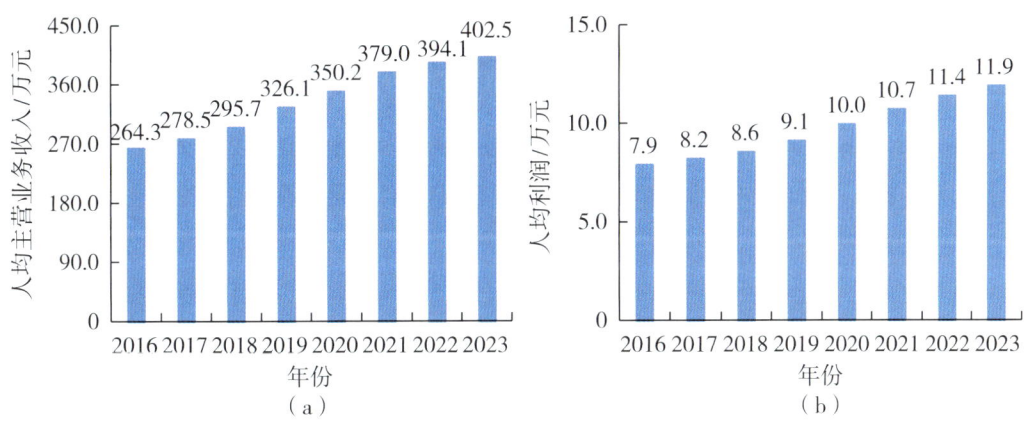

图 4-2-20 企业经营效益情况（2016—2023 年）

第五章

不同类型工程建设企业科技创新指数分析

本章对不同类型工程建设企业的科技创新情况进行分析。将中央企业、地方国企、民营企业、施工总承包特级资质企业、工程勘察设计企业、国家高新技术企业的科技创新情况与行业平均水平进行对比,以反映该类型企业的创新水平。同时,选取了部分具有代表性的指标进行展示。

一、中央企业、地方国企和民营企业

本节分析了中央企业、地方国企、民营企业的科技创新情况。纳入计算与分析的企业共945家,其中中央企业583家、地方国企217家和民营企业145家,占比分别为61.7%、23.0%和15.3%(图5-1-1)。

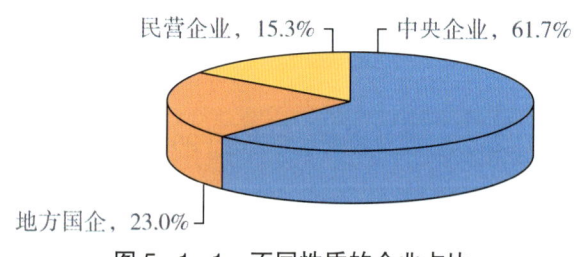

图5-1-1 不同性质的企业占比

第五章 不同类型工程建设企业科技创新指数分析

（一）中央企业

本部分分析了中央企业的科技创新情况。参与分析的中央企业共有 583 家，从企业类别看，工程施工企业 469 家、工程勘察设计企业 69 家和其他 45 家，占比分别为 80.5%、11.8% 和 7.7%（图 5-1-2）。

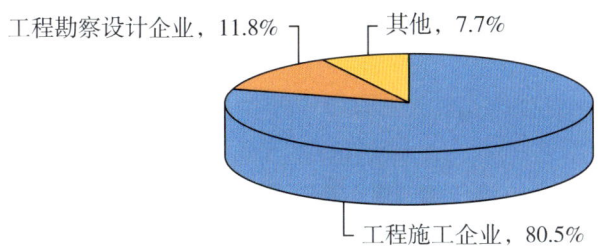

图 5-1-2 参与分析的不同类别企业占比

2016—2023 年，中央企业科技创新总指数快速增长，总体增长了 151.2%。各分项指数也呈增长态势，其中创新成果指数增长最快，2023 年较 2016 年增长了 253.0%；其次为创新绩效指数，2023 年较 2016 年增长了 194.8%；再次为创新投入指数，2023 年较 2016 年增长了 98.9%；另外，创新资源指数稳步增长，2023 年较 2016 年增长了 58.2%（图 5-1-3）。

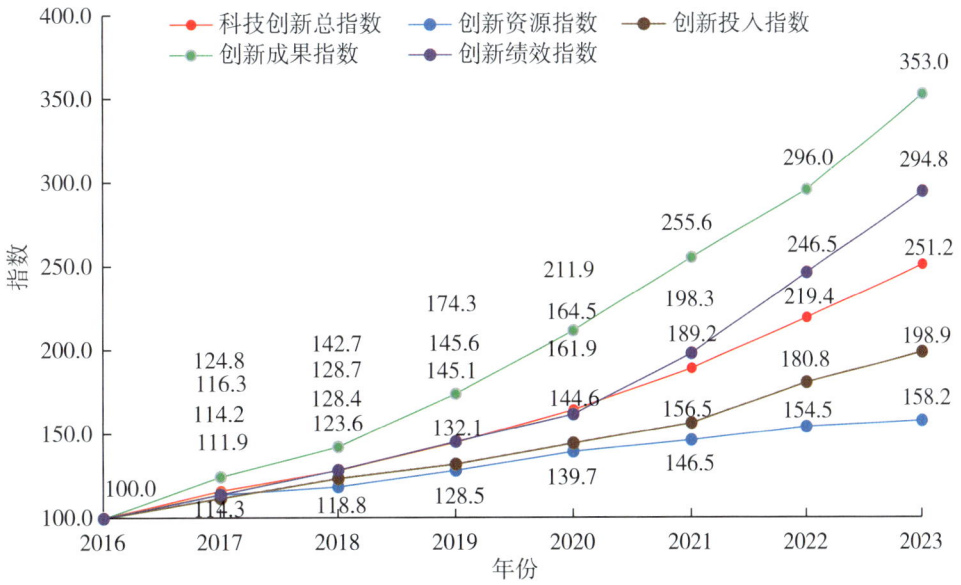

图 5-1-3 中央企业科技创新总指数及各分项指数（2016—2023 年）

1. 创新资源

（1）人力资源

中央企业万人大专及以上学历人数平缓增长，2023年较2016年增长19.1%，2018年开始略高于行业平均水平。万人研究生学历人数稳步增长，2023年较2016年增长67.9%，其历年值均低于行业平均水平，但与行业间的差距逐年缩小（图5-1-4），表明近年来中央企业加大了对高学历人才的引进力度。

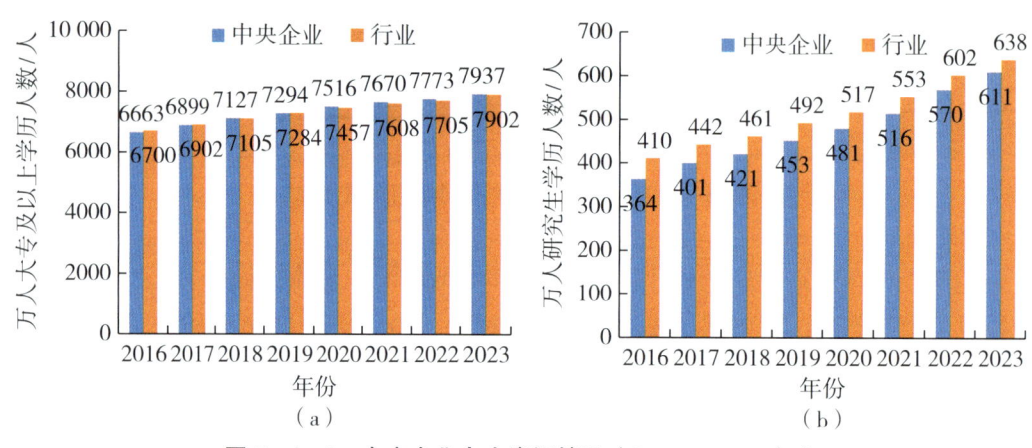

图5-1-4 中央企业人力资源情况（2016—2023年）

（2）创新平台和创新基础

中央企业万人省部级及以上研发和认证平台数量稳步增长，2023年较2016年增长了64.9%，其历年值均低于行业平均水平。但从总量上看，中央企业省部级及以上研发和认证平台数增长率高于行业（表5-1-1）。中央企业人均企业技术开发仪器设备原值整体呈增长趋势，2023年较2016年增长了14.7%，其历年值均高于行业平均水平（图5-1-5）。表明中央企业在科技创新硬件设施投入方面具备优势，并加大了对科技创新平台的建设力度。

表5-1-1 企业省部级及以上研发和认证平台数　　　　　　单位：个

企业性质	年份		增长率
	2016	2023	
中央企业	535	1059	97.9%
行业平均	817	1613	97.4%

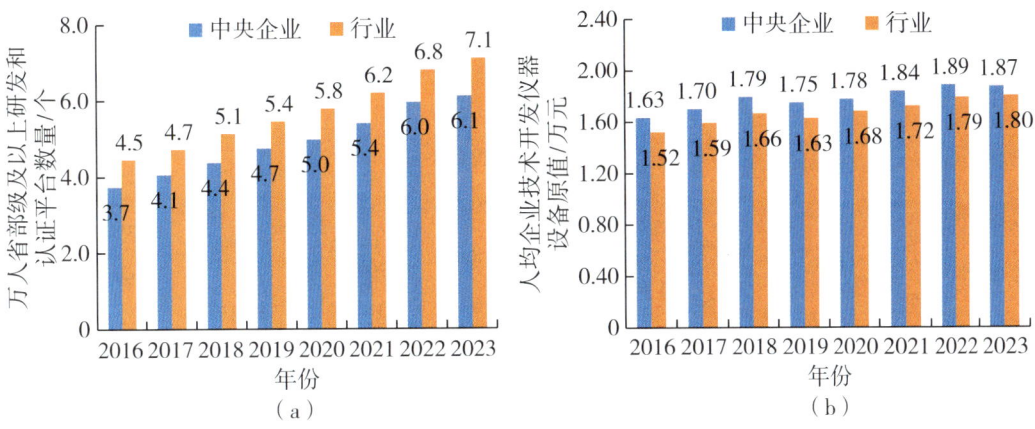

图 5-1-5 中央企业创新平台和创新基础情况（2016—2023 年）

2. 创新投入

（1）创新经费

中央企业 R&D 经费支出占主营业务收入的比重平稳增长，2023 年较 2016 年提高了 0.37 个百分点；中央企业人均 R&D 经费稳步增长，2023 年较 2016 年增长了 72.9%，两项指标历年数据均高于行业平均水平（图 5-1-6）。表明中央企业对科技创新的投入力度不断加大。

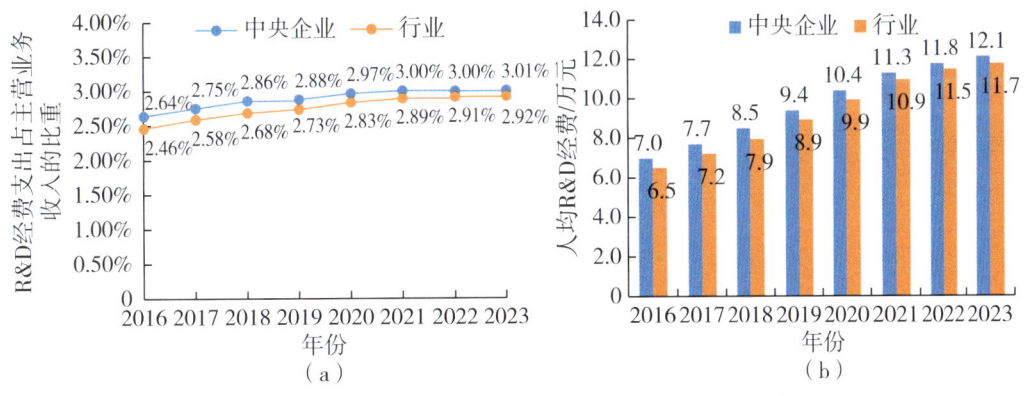

图 5-1-6 中央企业创新经费情况（2016—2023 年）

（2）创新人才

中央企业高级工程师及以上职称人员占比、R&D 人员占比逐年增长，2023 年较 2016 年分别提高了 3.5 个百分点和 2.2 个百分点，两项指标历年数据均高于行业平均水平（图5-1-7）。表明中央企业注重高水平工程技术人员、科技研发人员的引进和培养，在科技人力资源方面具备优势。

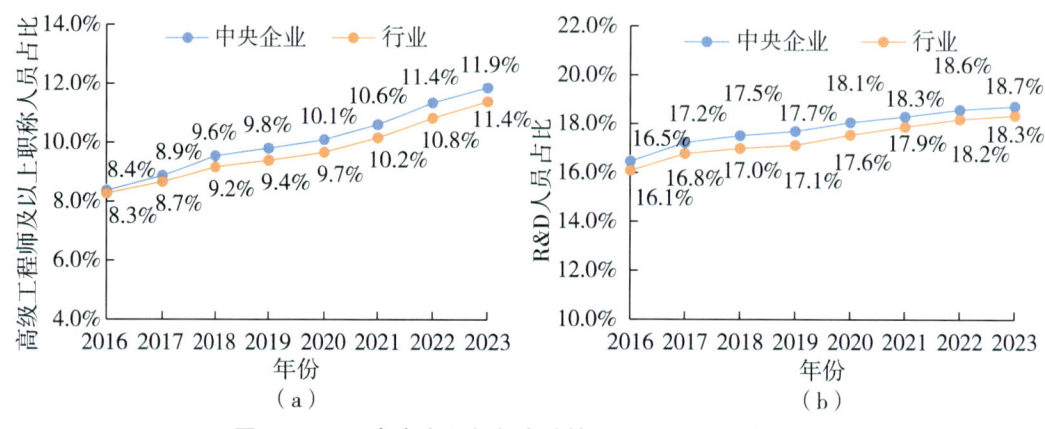

图5-1-7　中央企业创新人才情况（2016—2023年）

3. 创新成果

（1）专利创造储备

中央企业万人拥有有效专利数量高速增长，2023年较2016年增长416.6%，历年值均高于行业平均水平。表明中央企业注重技术发明创造，在专利知识产权保护方面取得成效。发明专利占比变化趋势与行业平均水平变化趋势相近，近两年开始有所增长（图5-1-8）。

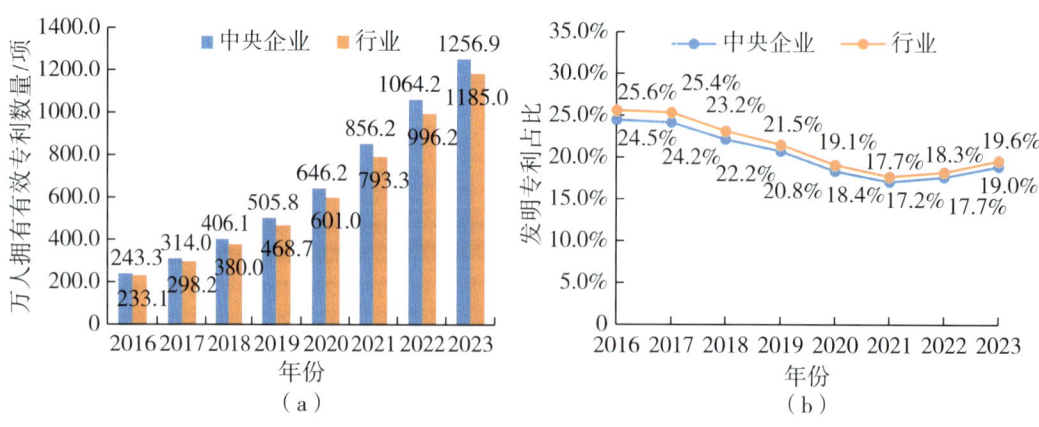

图5-1-8　中央企业专利创造储备情况（2016—2023年）

第五章 不同类型工程建设企业科技创新指数分析

（2）数字化与绿色化成果

中央企业万人拥有软件著作权数量高速增长，2023年较2016年增长527.8%，除2023年外，历年均低于行业平均水平。万人当年绿色化成果数量高速增长，2023年较2016年增长472.7%，除2021年、2022年外均低于行业水平（图5-1-9）。表明中央企业在数字化转型和绿色发展方面的积极投入取得成效。

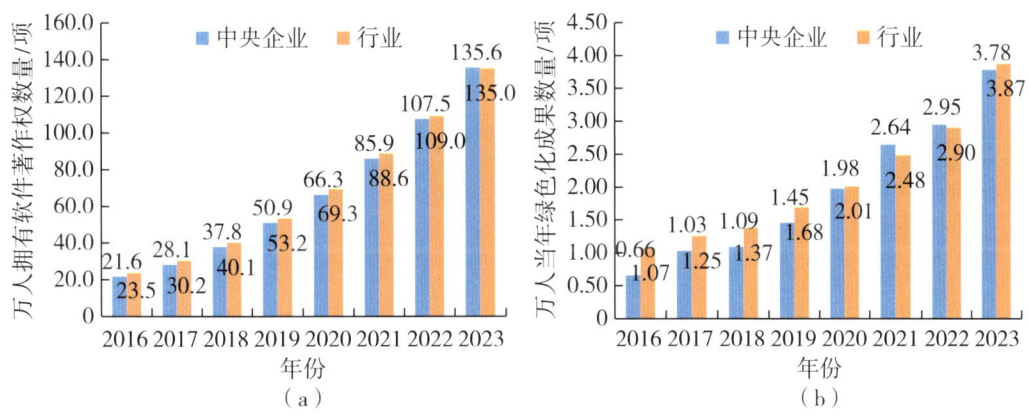

图5-1-9 中央企业数字化与绿色化成果情况（2016—2023年）

4. 创新绩效

（1）创新奖项

中央企业万人累计获得省部级及以上科技奖数量快速增长，2023年较2016年增长134.5%，历年值均高于行业平均水平。万人累计获得省部级及以上专利奖数量高速增长，2023年较2016年增长1529.5%，该指标自2021年起高于行业平均水平（图5-1-10）。表明中央企业科技创新能力显著提升，持续引领行业科技发展。

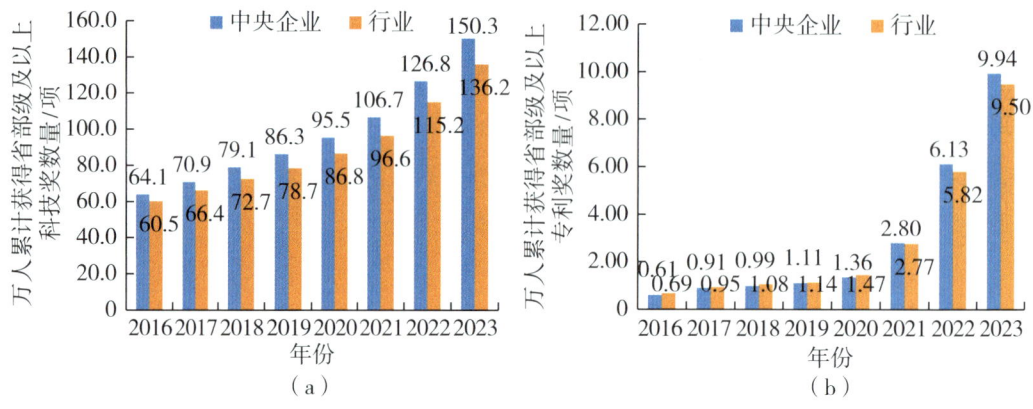

图 5-1-10 中央企业创新奖项情况（2016—2023 年）

（2）创新价值实现

中央企业人均新产品（新技术）销售收入稳步增长，2023 年较 2016 年增长 62.6%。人均享受科技创新税收优惠金额快速增长，2023 年较 2016 年增长 106.3%。两项指标历年数据均高于行业平均水平（图 5-1-11）。数据表明中央企业科技创新成果创造了显著的直接和间接经济效益。

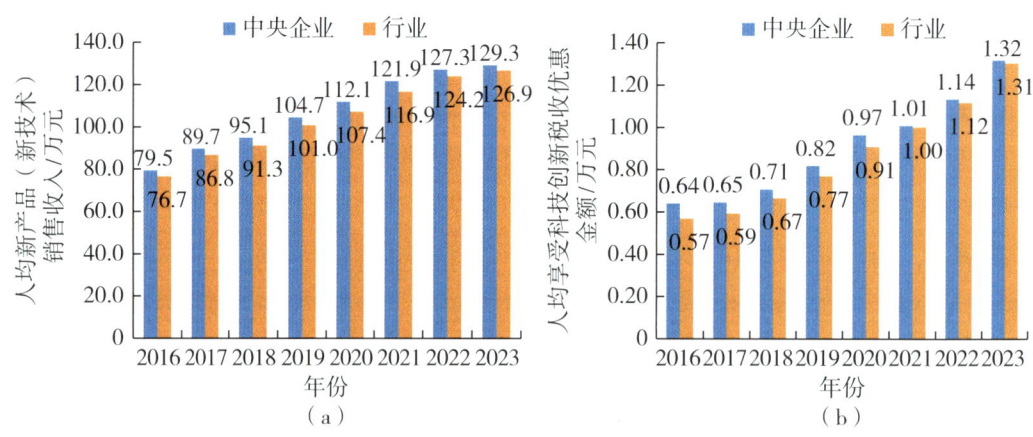

图 5-1-11 中央企业创新价值实现情况（2016—2023 年）

5. 小结

2023 年，国务院国资委下发了《关于支持鼓励"科改企业""双百企业"进一步加大改革创新力度有关事项的通知》《关于做好 2023 年中央企业投资管理进一步扩大有效投资有关事项的通知》，对中央企业科技创新工作提出了明确要求。中央企业坚持科技引领与产业升级相结合，将科技创新作为提升企业核心竞争力的关键。通过加强顶层设计、深化科技体制改革、加大研发经费投入强度、强化科技人才队伍建设，中央企业在多个领域取得了重大突破，创造了一批具有自主知识产权和国际竞争力的重大创新成果，持续推动技术创新和产业升级，不仅提升了企业的核心竞争力，也为国家的产业升级和经济发展注入了新的活力。

作为科技创新的国家队和主力军，中央企业应主动引领行业科技创新发展，持续深化科技体制改革，进一步完善科研项目管理模式，努力打造原创技术策源地，加强前瞻性、颠覆性技术的创新与应用，培育壮大新兴产业，提前布局未来产业，提高企业科技创新体系的整体效能。

（二）地方国企

本部分分析了地方国企的科技创新情况。参与分析的地方企业共有217家，从企业类别看，工程施工企业146家、工程勘察设计企业44家和其他27家，占比分别为67.3%、20.3%和12.4%（图5-1-12）。

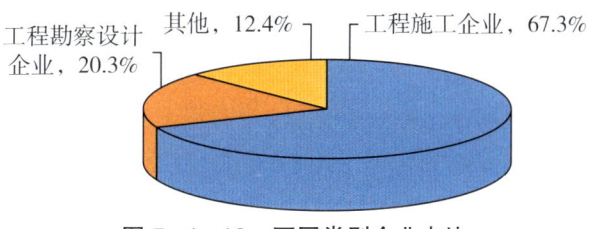

图5-1-12 不同类别企业占比

2016—2023年，地方国企科技创新总指数快速增长，总体增长了130.2%。各分项指数也呈增长态势，其中创新绩效指数增长最快，2023年较2016年增长了187.5%；其次为创新成果指数，2023年较2016年增长了158.0%；再次为创新资源指数，2023年较2016年增长了98.2%；另外，创新投入指数稳步增长，2023年较2016年增长了76.9%（图5-1-13）。

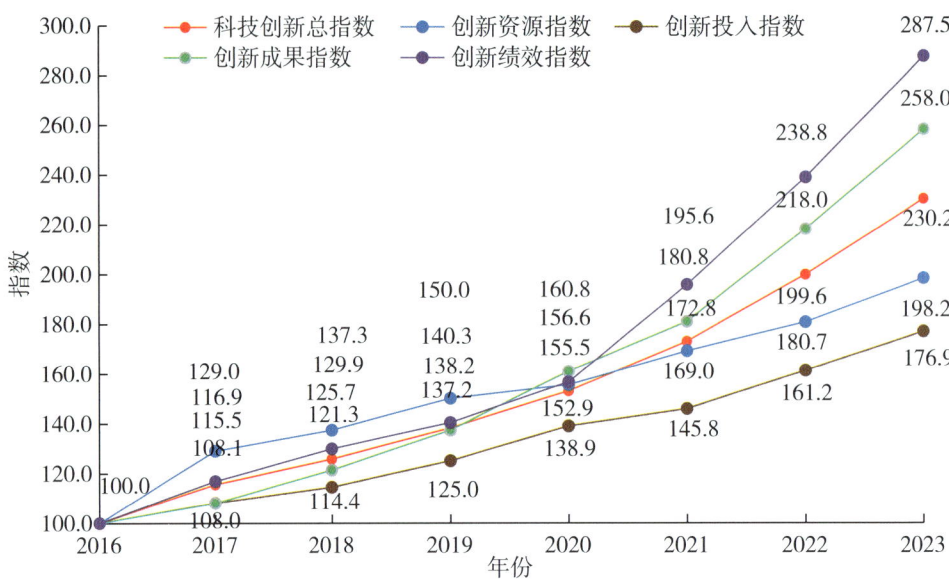

图 5-1-13 地方国企科技创新总指数及各分项指数（2016—2023 年）

1. 创新资源

（1）人力资源

地方国企万人大专及以上学历人数平缓增长，2023 年较 2016 年增长 15.7%，从 2017 年开始低于行业平均水平。万人研究生学历人数平稳增长，2023 年较 2016 年增长 22.2%，其历年值均高于行业平均水平（图 5-1-14）。表明地方国企在高学历人才引进方面采取了积极的措施，为企业的科技创新提供了坚实的人才保障。

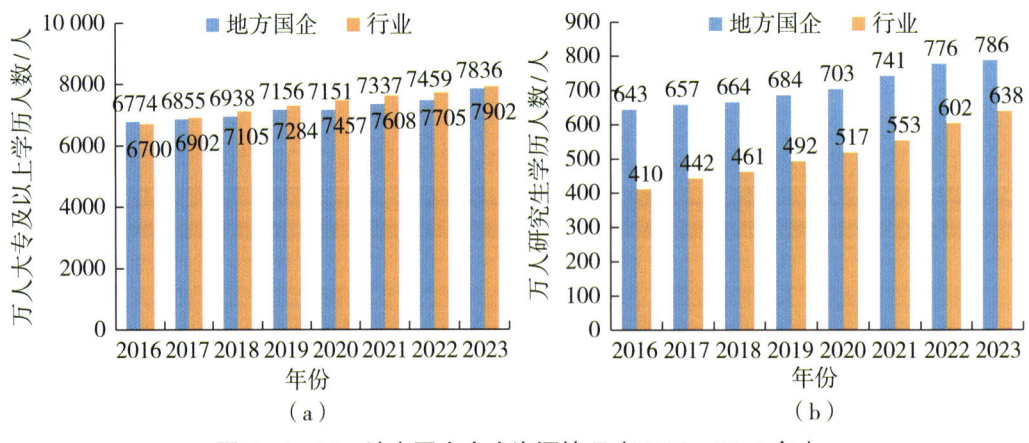

图 5-1-14 地方国企人力资源情况（2016—2023 年）

（2）创新平台和创新基础

地方国企万人省部级及以上研发和认证平台数量平稳增长，2023年较2016年增长40.8%，历年数据均高于行业平均水平。表明地方国企充分利用地方政策资源，在科技创新平台建设方面取得显著成效。人均企业技术开发仪器设备原值整体呈增长趋势，2023年较2016年增长29.2%（图5-1-15）。

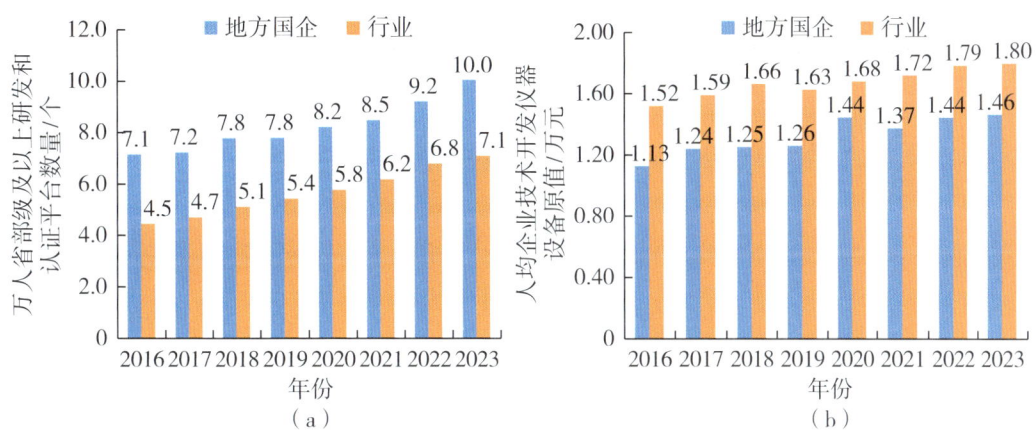

图5-1-15 地方国企创新平台和创新基础情况（2016—2023年）

2. 创新投入

（1）创新经费

地方国企R&D经费支出占主营业务收入的比重平稳增长，2023年较2016年增长0.85个百分点。地方国企人均R&D经费呈快速增长趋势，2023年较2016年增长135.4%。两项指标历年数据均低于行业平均水平（图5-1-16）。表明地方国企对科技创新经费投入的重视程度和投入力度均在逐步加强，但应进一步加强。

（2）创新人才

地方国企高级工程师及以上职称人员占比稳步增长，2023年较2016年增长2.4个百分点，其数值2018年开始低于行业平均水平。R&D人员占比平稳增长，2023年较2016年增长2.6个百分点，历年数据均低于行业平均水平，但差距正逐步缩小（图5-1-17）。表明地方国企对工程技术人才及科技研发人才的培养正逐步取得成效。

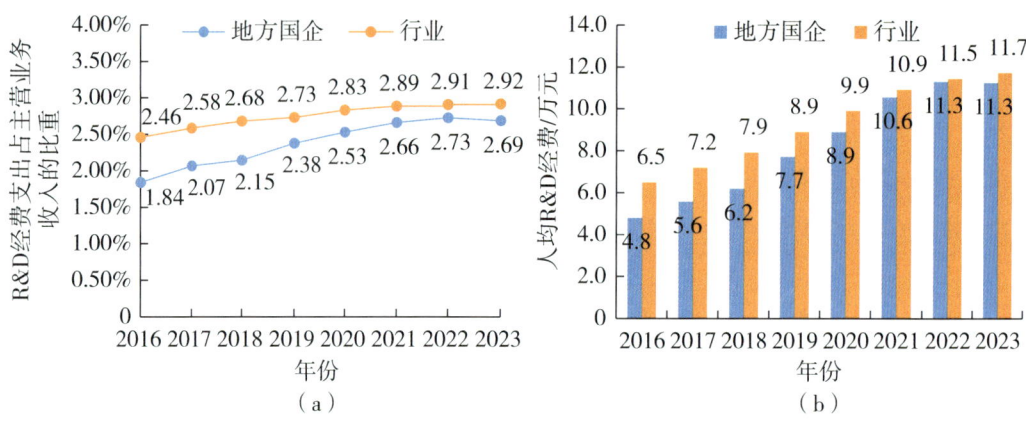

图 5-1-16 地方国企创新经费情况（2016—2023 年）

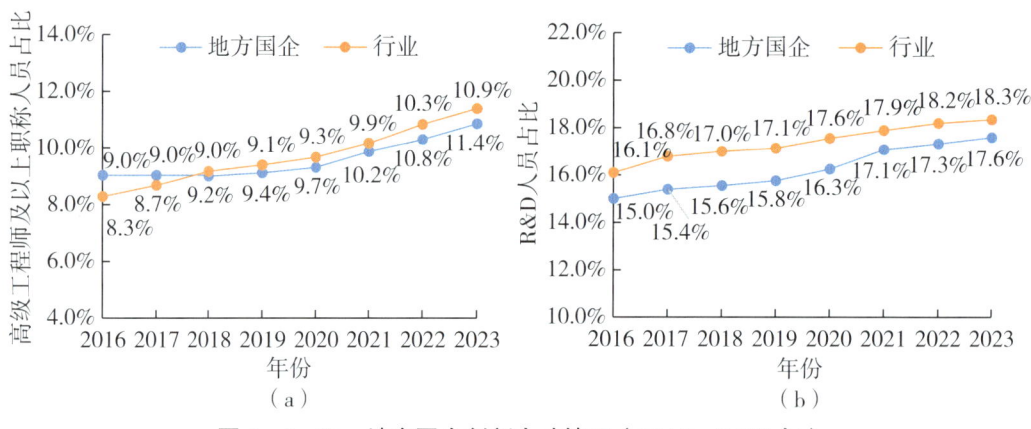

图 5-1-17 地方国企创新人才情况（2016—2023 年）

3. 创新成果

（1）专利创造储备

地方国企万人拥有有效专利数量高速增长，2023 年较 2016 年增长 473.4%，历年均低于行业平均水平。发明专利占比变化趋势与行业平均水平变化趋势相近，其历年值均高于行业平均水平（图 5-1-18）。表明地方国企注重发明专利的研发与保护，但在专利创新及专利申请的规模上仍需加强。

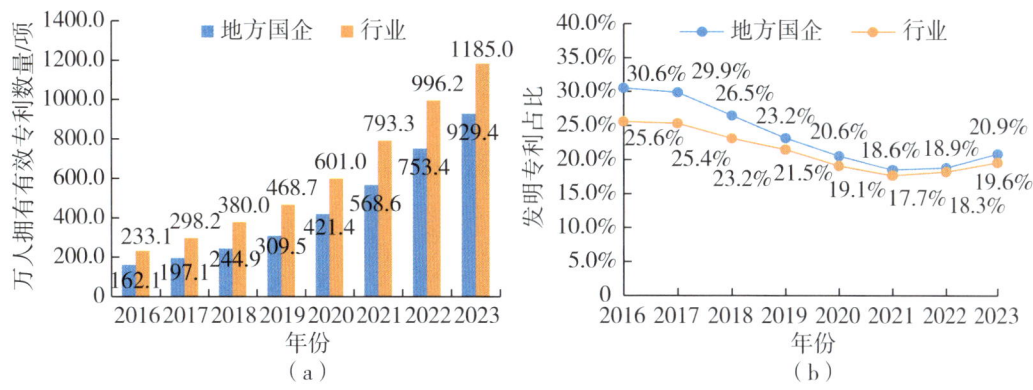

图 5-1-18 地方国企专利创造储备情况（2016—2023 年）

（2）标准规范

地方国企万人主参编标准规范数量快速增长，2023 年较 2016 年增长 185.2%，历年数据均高于行业平均水平。团体标准占比变化趋势与行业平均水平变化趋势相近，2023 年较 2016 年增长 16.8 个百分点，历年数据均低于行业平均水平（图 5-1-19）。表明地方国企重视标准化工作，较好发挥了在地方标准参编方面的优势，在提升团体标准制定和参与度方面正持续努力，并取得了一定的成效。

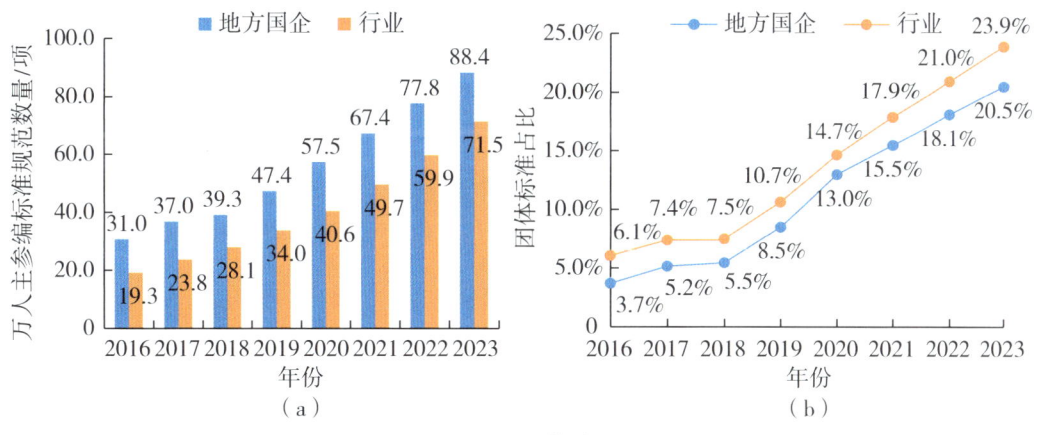

图 5-1-19 地方国企标准规范情况（2016—2023 年）

4. 创新绩效

（1）创新价值实现

地方国企人均新产品（新技术）销售收入稳定增长，2023 年较 2016 年增长 86.9%，自 2022 年超过行业平均水平。人均享受科技创新税收优惠金额高速增长，2023

年较 2016 年增长 331.2%，自 2021 年起高于行业平均水平（图 5-1-20）。表明地方国企将创新成果转化为销售收入的能力得到了有效提升，近年来在利用科技创新税收优惠政策方面取得了明显成效。

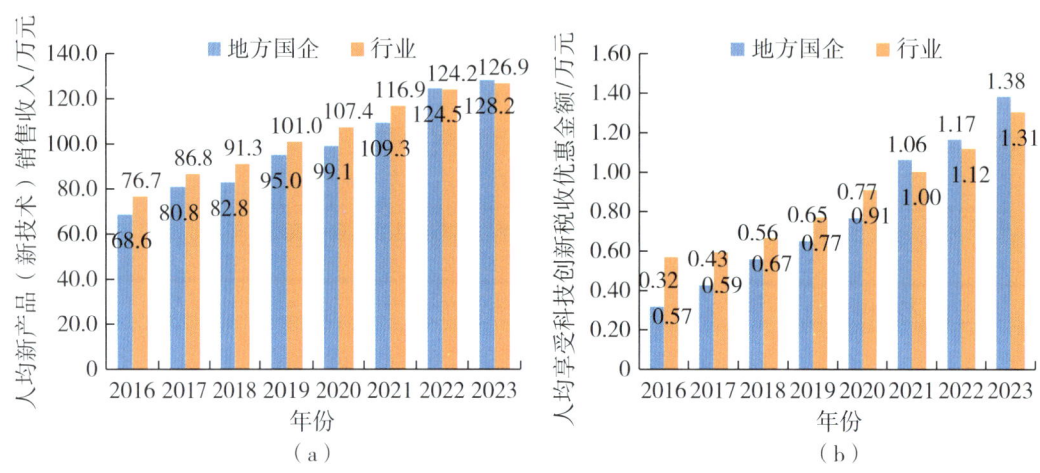

图 5-1-20　地方国企创新价值实现情况（2016—2023 年）

（2）企业经营效益

地方国企人均主营业务收入稳定增长，2023 年较 2016 年增长 60.5%，自 2020 年起高于行业平均水平。人均利润整体呈增长趋势，2023 年较 2016 年增长 102.9%，自 2017 年起高于行业平均水平（图 5-1-21）。表明地方国企的经营业绩稳步增长、经营效率逐步提升，展现出良好的发展态势。

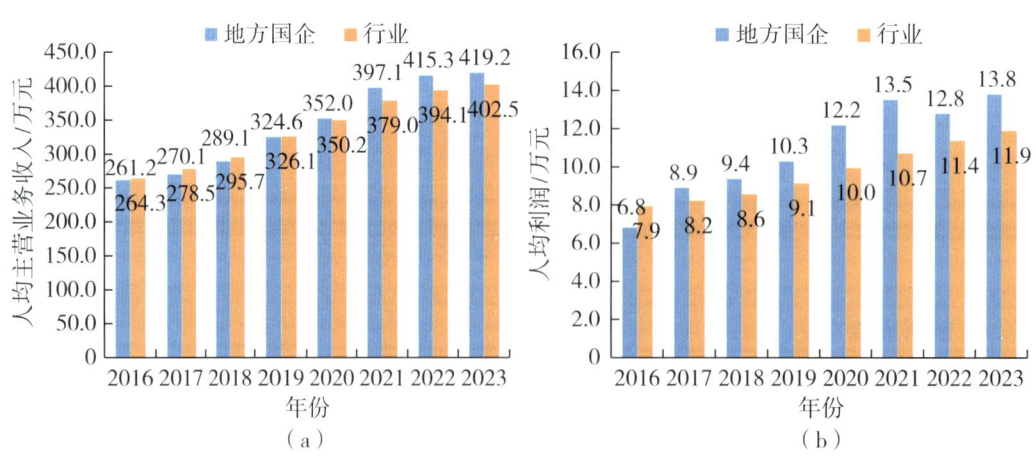

图 5-1-21　地方国企经营效益情况（2016—2023 年）

5. 小结

地方国企认真贯彻落实党中央决策部署，高质量服务区域协调发展战略、区域重大战略、主体功能区战略、新型城镇化战略，在推动地方产业升级和经济结构调整方面发挥了重要作用。地方各级人民政府出台了一系列鼓励激励科技创新的政策措施，有力支持了地方国企的科技创新工作。地方国企注重引进高学历人才，积极推进研发平台和产业基地建设，标准化建设成绩显著，科技创新发展呈稳步增长态势。

地方国企应立足区域资源禀赋和自身业务布局，加大研发经费投入，加强知识产权保护，深化政产学研用合作，大力开展"城市更新""新基建"等科研攻关，加快科技成果熟化、转化、产业化，以科技创新支撑跨区域发展，推动企业发展迈向更高水平。

（三）民营企业

本部分分析了民营企业的科技创新情况。参与分析的民营企业共有145家，从企业类别看，工程施工企业84家、工程勘察设计企业15家和其他46家，占比分别为58.0%、10.3%和31.7%（图5-1-22）。

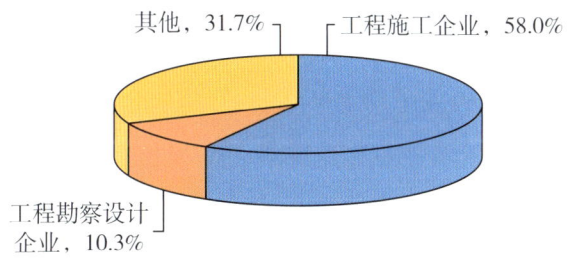

图5-1-22 不同类别企业占比

2016—2023年，民营企业科技创新总指数稳步增长，总体增长了104.7%。各分项指数也呈增长态势，其中创新绩效指数增长最快，2023年较2016年增长了127.0%；其次为创新成果指数，2023年较2016年增长了117.9%；再次为创新资源指数，2023年较2016年增长了100.0%；另外，创新投入指数也稳步增长，2023年较2016年增长了73.8%（图5-1-23）。

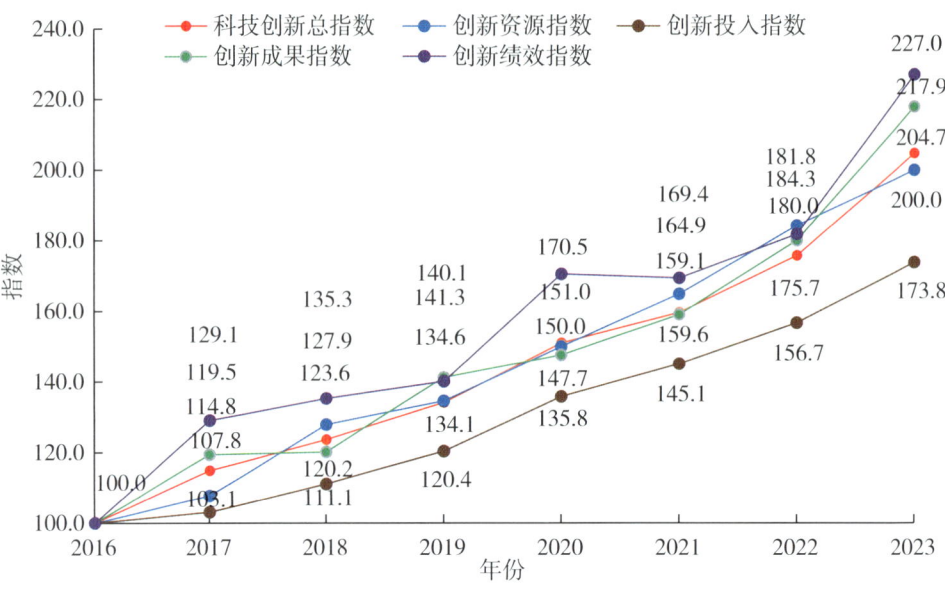

图 5-1-23 民营企业科技创新总指数及各分项指数（2016—2023 年）

1. 创新资源

（1）人力资源

民营企业万人大专及以上学历人数基本保持稳定，2023 年较 2016 年增长 8.5%，自 2022 年起低于行业平均水平。万人研究生学历人数稳步增长，2023 年较 2016 年增长 47.8%，历年数据均低于行业平均水平（图 5-1-24）。表明民营企业对于高学历人才的吸引力相对较弱，需进一步采取积极措施、营造良好的创新环境、加大人才引进力度，以提升企业的创新能力。

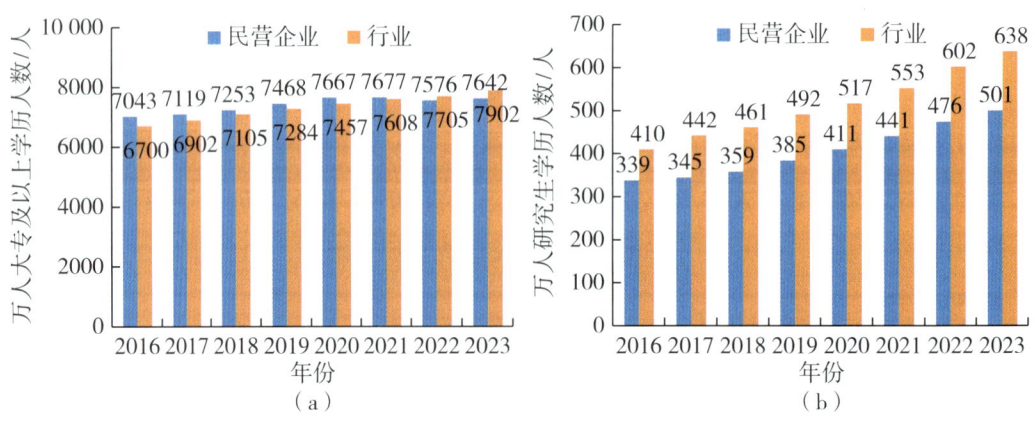

图 5-1-24 民营企业人力资源情况（2016—2023 年）

（2）创新平台和创新基础

民营企业万人省部级及以上研发和认证平台数量稳步增长，2023年较2016年增长93.8%，历年数据均高于行业平均水平。人均企业技术开发仪器设备原值从2022年开始快速增长，2023年超过行业平均水平，2023年较2016年增长106.4%（图5-1-25）。表明民营企业越发重视创新平台建设，近年来对技术开发仪器设备的购置力度不断加大，科技创新基础正逐步完善。

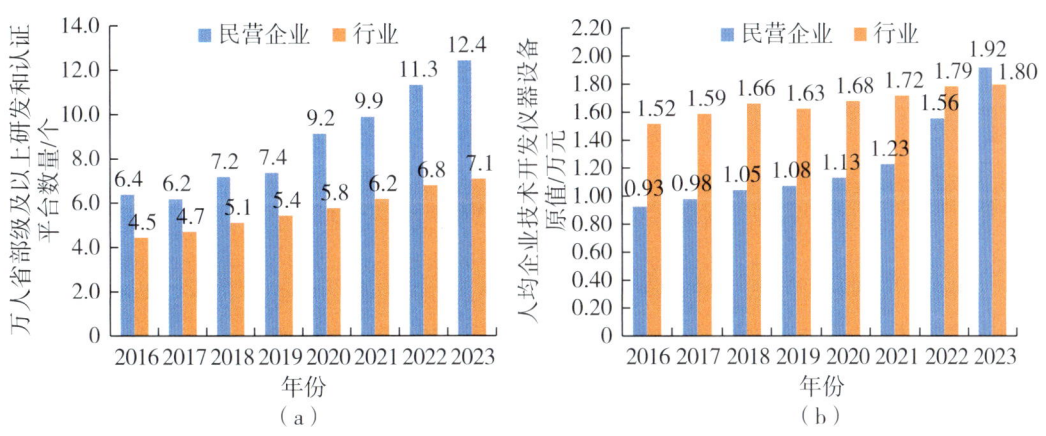

图5-1-25 民营企业创新平台和创新基础情况（2016—2023年）

2. 创新投入

（1）创新经费

民营企业R&D经费支出占主营业务收入的比重平缓上升，2023年较2016年提高0.68个百分点；人均R&D经费稳步增长，2023年较2016年增长80.5%，两项指标历年数据均低于行业平均水平（图5-1-26）。表明民营企业正逐步增强对科技创新的重视及投入，但投入强度仍显不足。

（2）对外合作

民营企业万人产学研合作项目数量自2018年起保持快速增长，2023年较2016年增长280.8%，历年数据均高于行业平均水平。开展产学研合作的企业占比整体呈增长趋势，2023年较2016年提高了20.3个百分点（图5-1-27）。表明民营企业高度重视和推行产学研合作的创新方式，以弥补自主创新能力的不足。

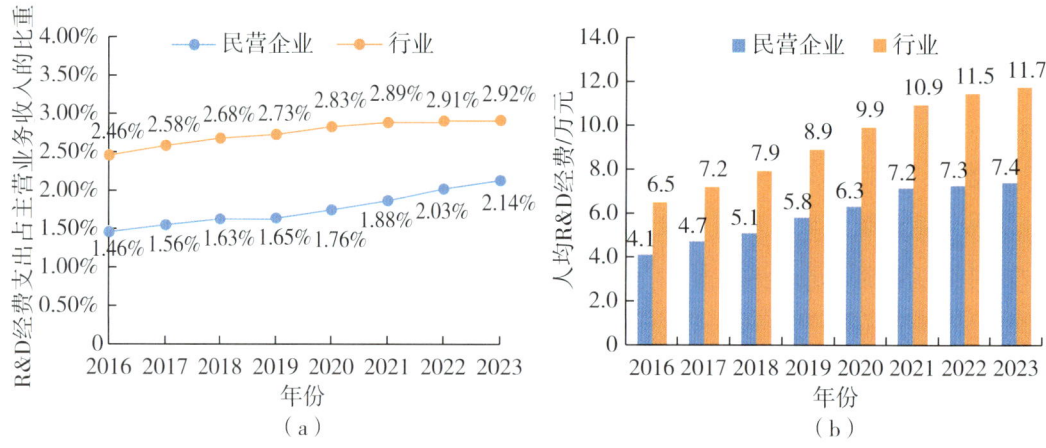

图 5-1-26 民营企业创新经费情况（2016—2023 年）

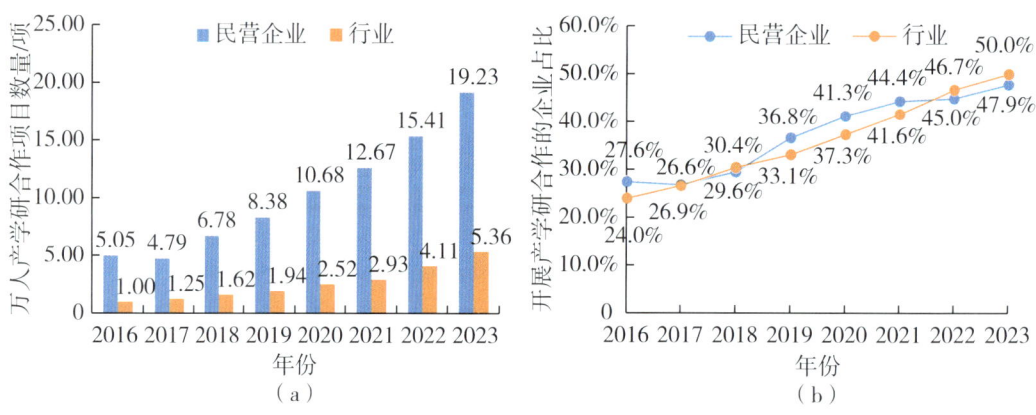

图 5-1-27 民营企业对外合作情况（2016—2023 年）

3. 创新成果

（1）标准规范

民营企业万人企业主参编标准规范数量快速增长，2023 年较 2016 年增长 166.4%；团体标准占比自 2018 年起快速增长，2023 年较 2016 年提高了 18.2 个百分点，两项指标历年数据均高于行业平均水平（图 5-1-28）。表明民营企业对标准化工作高度重视，持续加大投入力度，积极参与标准规范特别是团体标准的编制工作。

第五章 不同类型工程建设企业科技创新指数分析

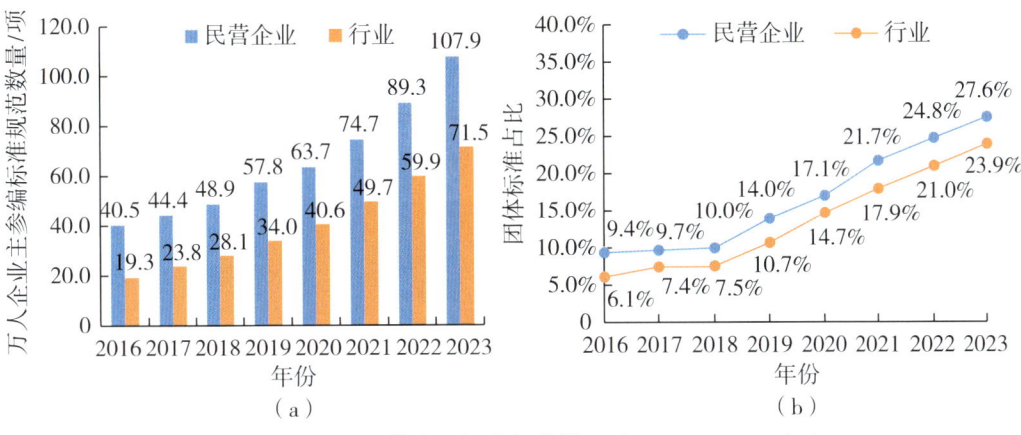

图 5-1-28　民营企业标准规范情况（2016—2023 年）

（2）数字化与绿色化成果

民营企业万人拥有软件著作权数量快速增长，2023 年较 2016 年增长 238.8%，历年数据均高于行业平均水平。万人当年绿色化成果数量存在起伏，但历年数据均高于行业平均水平（图 5-1-29）。表明民营企业注重在数字化与绿色化建设方面的投入，并取得了显著的成效，为行业的绿色低碳及数字化转型做出了积极贡献。

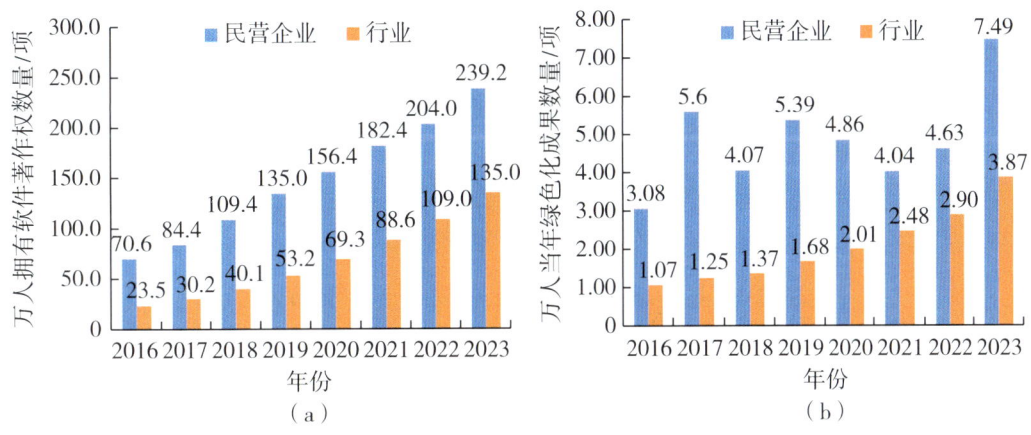

图 5-1-29　民营企业数字化与绿色化成果情况（2016—2023 年）

4. 创新绩效

（1）创新奖项

民营企业万人累计获得省部级及以上科技奖数量快速增长，2023 年较 2016 年增长 160.1%，但与行业平均水平仍存在较大差距。万人累计获得省部级及以上专利奖数量2020年开始高速增长，2023年较2016年增长547.3%，历年数据均高于行业平均水平（图5-1-30）。表明民营企业更注重能产生直接效益的技术研发投入或者单项技术的研发投入，对系统性技术研发的投入力度不足，高质量科技成果中专利成果所占比重更高。

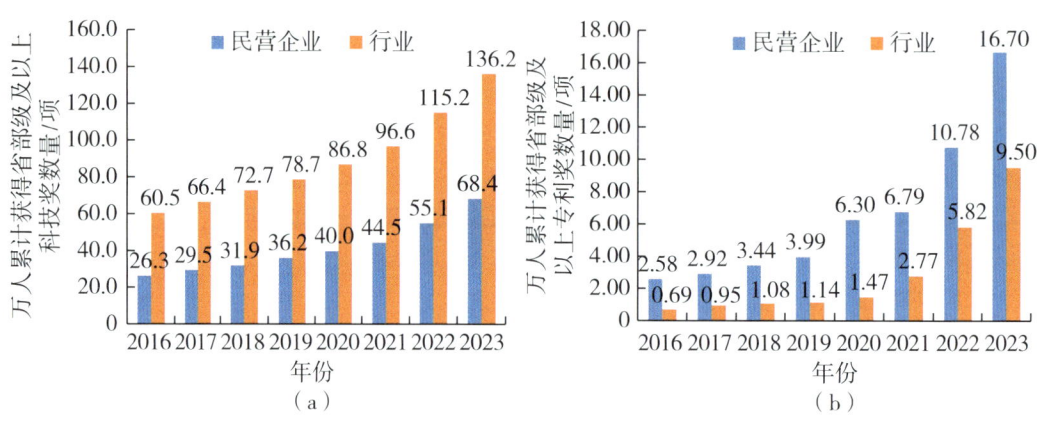

图5-1-30　民营企业创新奖项情况（2016—2023年）

（2）企业经营效益

民营企业人均主营业务收入在2016—2021年平稳增长，自2022年起下降，2023年较2016年增长了23.1%，自2020年起低于行业平均水平。人均利润未出现明显增长，2023年较2016年增长了2.2%（图5-1-31）。表明近几年民营企业市场竞争力与盈利能力均受到影响。

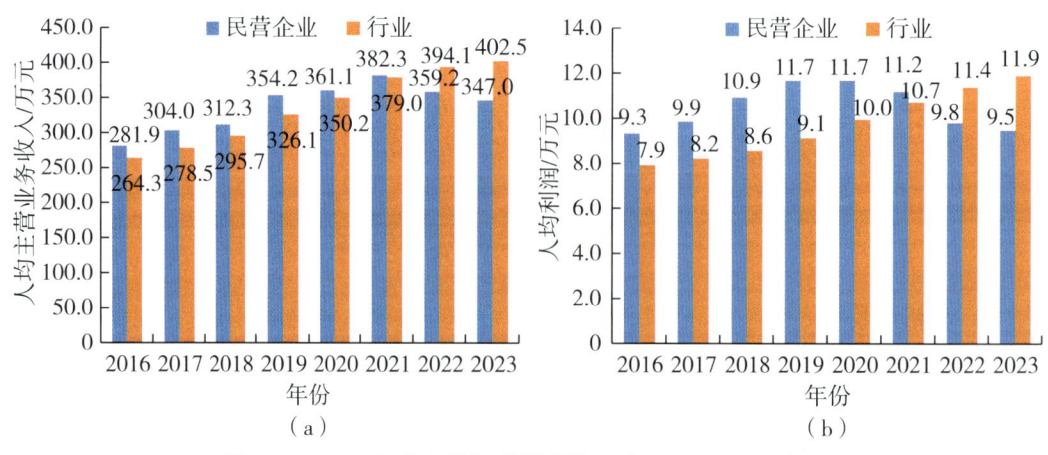

图5-1-31　民营企业经营效益情况（2016—2023年）

5. 小结

民营企业是推动我国经济社会发展不可或缺的市场主体。近年来，党中央出台的一系列新举措，鼓励民间资本积极参与国家创新平台建设，支持民营企业与科研机构、高校合作建立技术研发中心等创新平台，为民营企业提供了更加广阔的发展空间和更加优良的创新环境。民营企业深入贯彻落实党中央决策部署，紧密贴合市场需求进行科技创新，在创新平台和产业基地建设、产学研合作、数字化转型等方面成效显著，科技创新呈快速发展趋势。

民营企业应根据国家战略需要和行业发展趋势，走专精特新发展道路，把科技创新作为推动企业发展的核心动力，建立健全科技创新体系，加大科技创新投入，加强高水平科技人才引进，开展关键核心技术攻关，进一步提升自身的创新能力与核心竞争力。

二、施工总承包特级资质企业

本节分析了施工总承包特级资质企业的科技创新情况。参与分析的企业共有310家，其中中央企业207家、地方国企73家、民营企业30家（图5-2-1）。

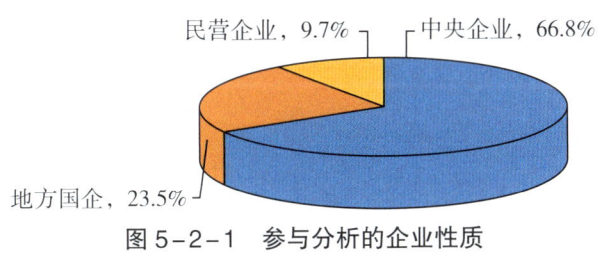

图5-2-1　参与分析的企业性质

2016—2023年，施工总承包特级资质企业（以下简称"特级企业"）科技创新总指数快速增长，总体增长了156.0%。各分项指数也呈增长态势，其中创新成果指数增长最快，2023年较2016年增长了222.3%；其次为创新绩效指数，2023年较2016年增长了215.3%；创新投入指数和创新资源指数稳步增长，2023年较2016年分别增长了94.6%和91.9%（图5-2-2）。

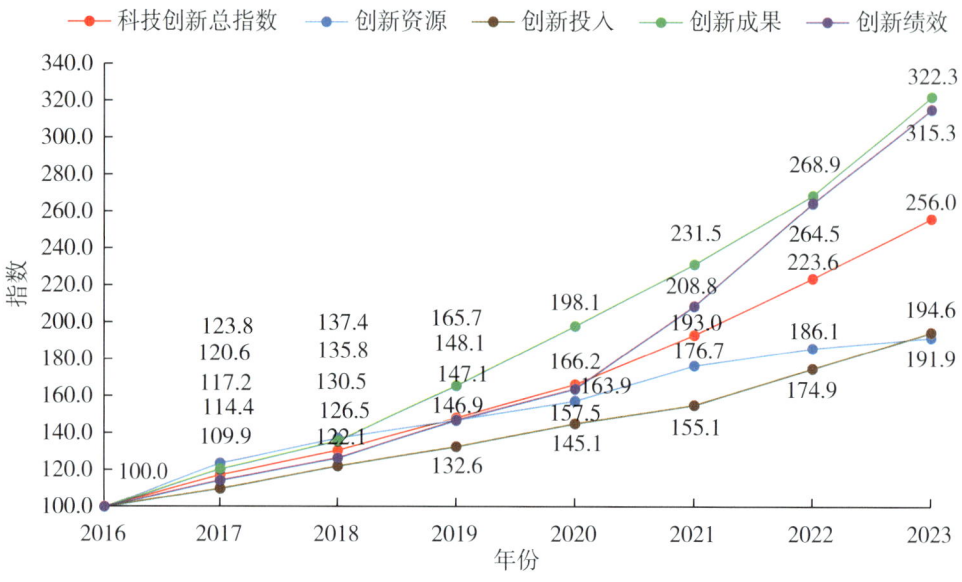

图 5-2-2 特级企业科技创新总指数及各分项指数（2016—2023 年）

1. 创新资源

（1）人力资源

特级企业万人大专及以上学历人数、万人研究生学历人数稳步上升，2023 年较 2016 年分别增长了 18.1% 和 75.2%（图 5-2-3）。其中，万人大专及以上学历人数历年数据均高于行业平均水平，但万人研究生学历人数与行业还存在不小差距。

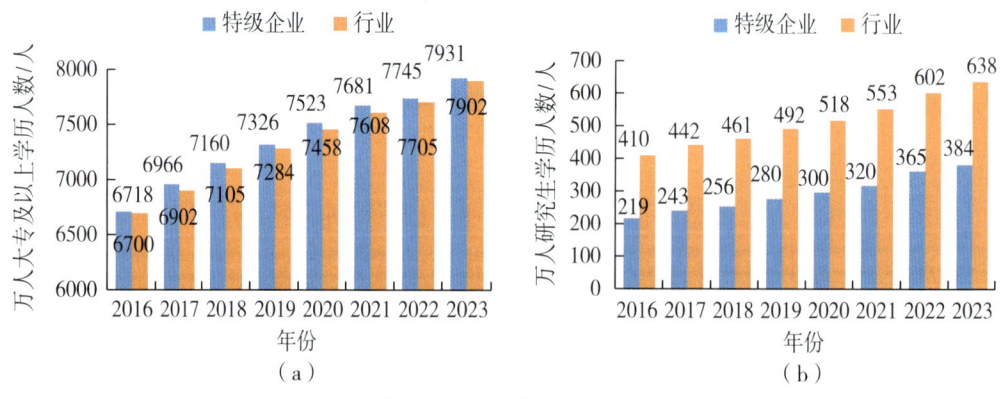

图 5-2-3 特级企业人力资源情况（2016—2023 年）

（2）创新平台和创新基础

特级企业万人省部级及以上研发和认证平台数量平稳增长，2023年较2016年增长了48.6%；人均企业技术开发仪器设备原值2023年较2016年增长了15.4%。两项指标历年数据均低于行业平均水平（图5-2-4）。

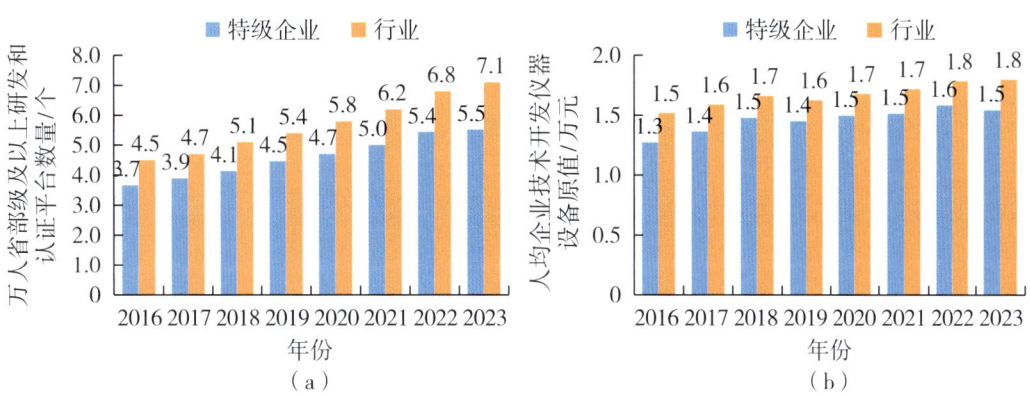

图5-2-4 特级企业创新平台和创新基础情况（2016—2023年）

2. 创新投入

（1）创新经费

特级企业R&D经费支出占主营业务收入的比重逐年增长，2023年较2016年提高了0.49个百分点，历年数据均低于行业平均水平；人均R&D经费稳步增长，2023年较2016年增长了84.3%，历年数据均高于行业平均水平（图5-2-5）。

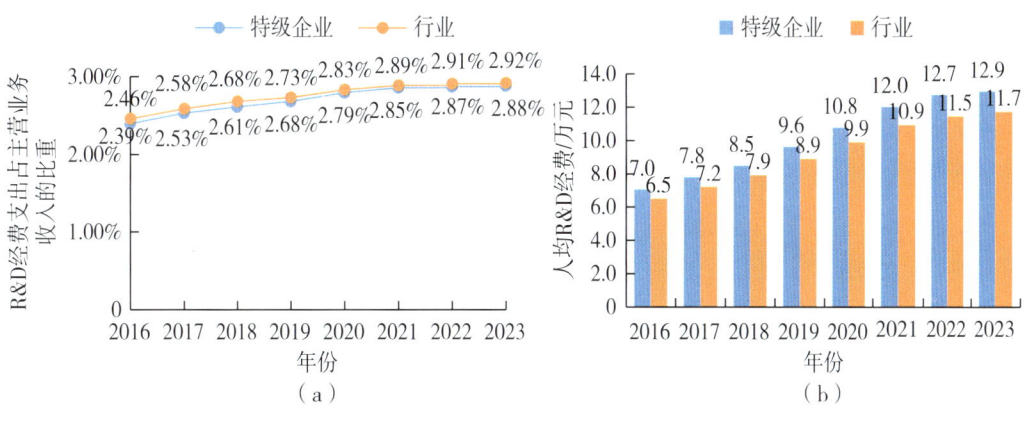

图5-2-5 特级企业创新经费投入情况（2016—2023年）

（2）创新人才

特级企业高级工程师及以上职称人员占比稳步增长，2023年较2016年提高了2.89个百分点。R&D人员占比总体呈增长趋势，2023年较2016年提高了2.31个百分点。两项指标历年数据均低于行业平均水平（图5-2-6）。

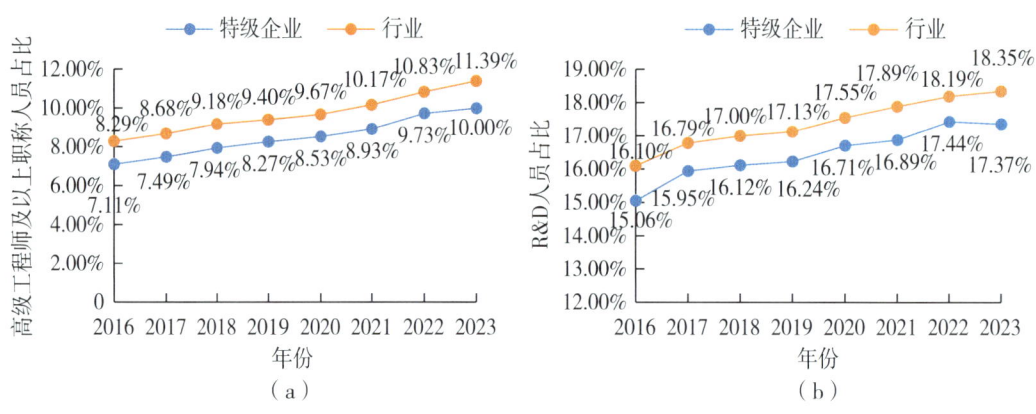

图5-2-6 特级企业创新人才情况（2016—2023年）

3. 创新成果

（1）专利创造储备

特级企业万人拥有有效专利数量快速增长，2023年较2016年增长了432.9%；发明专利数占比与行业发展趋势基本一致。两项指标历年数据均低于行业平均水平（图5-2-7）。

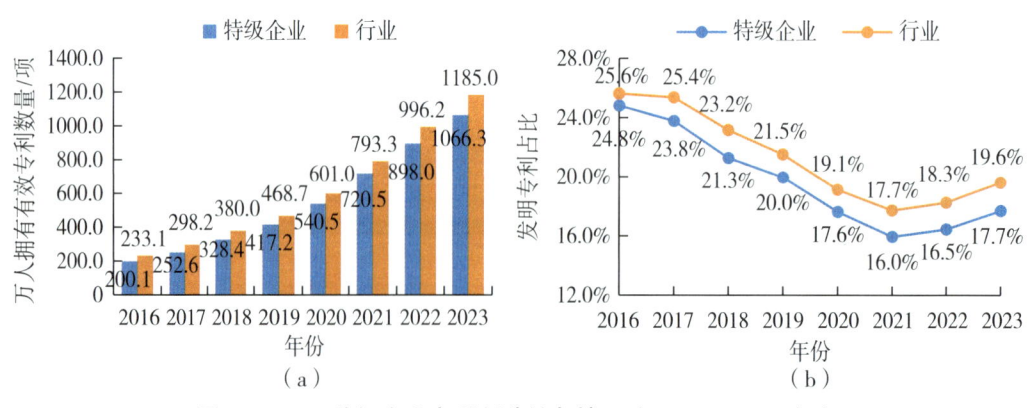

图5-2-7 特级企业专利创造储备情况（2016—2023年）

（2）数字化与绿色化成果

特级企业万人拥有软件著作权数量呈高速增长趋势，2023年较2016年增长了707.8%，历年数据均低于行业平均水平。万人当年绿色化成果数量快速增长，2023年较2016年增长了242.9%，历年数据均高于行业平均水平（图5-2-8）。

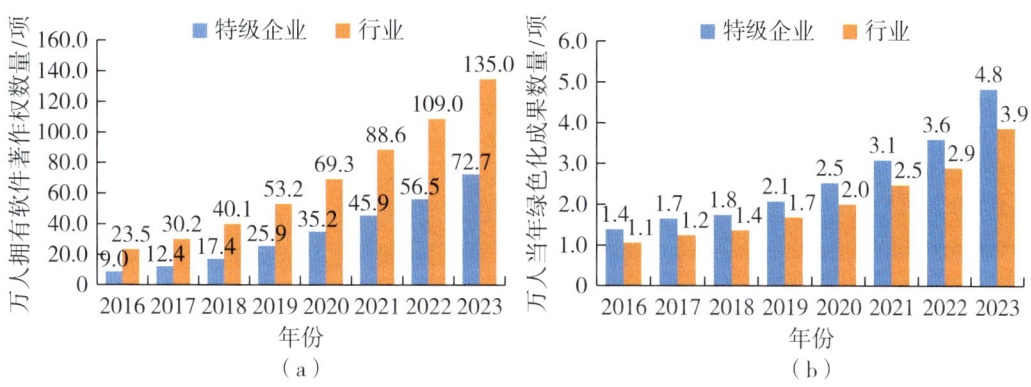

图5-2-8　特级企业数字化与绿色化成果情况（2016—2023年）

4. 创新绩效

（1）技术转移转化

特级企业人均技术合同成交额总体呈增长趋势，2023年较2016年增长了272.2%，历年数据均低于行业平均水平。万人专利转让（许可）和高新成果转化项目数量快速增长，2023年较2016年增长了109.9%，2022年开始高于行业平均水平（图5-2-9）。

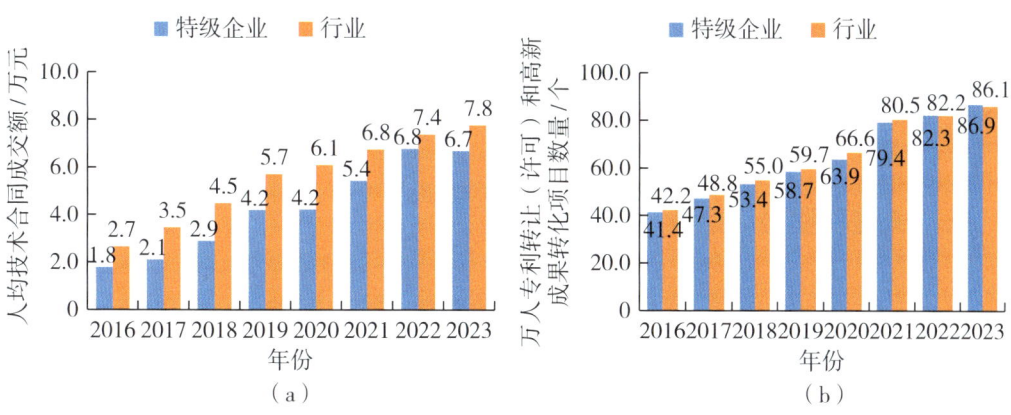

图5-2-9　特级企业技术转移转化情况（2016—2023年）

（2）企业经营效益

特级企业人均主营业务收入稳步增长，2023年较2016年增长了52.8%，历年数据均高于行业平均水平。人均利润平稳增长，2023年较2016年增长了47.5%，总体与行业平均水平大致一致（图5-2-10）。

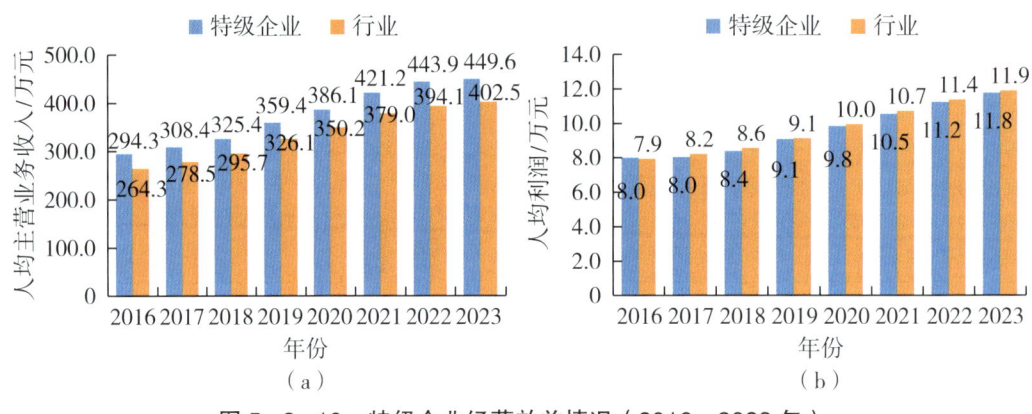

图5-2-10 特级企业经营效益情况（2016—2023年）

5. 小结

特级企业是我国建筑施工领域的领军企业，代表了工程施工技术与创新的最高水平。特级企业凭借其强大的人力资源、深厚的技术积累及丰富的实践场景，持续加大创新投入，大力推进装配式建筑、绿色建筑等建造技术研发，不断扩大市场竞争优势，科技创新呈良好发展态势。

特级企业应充分发挥行业龙头优势，提高科技创新管理水平，加速创新平台建设，加大知识产权保护力度，积极推动数字化转型升级，以科技创新支撑"投建营"一体化发展，塑造发展新动能新优势，推动企业高质量发展。

三、工程勘察设计企业

本节分析了工程勘察设计企业的科技创新情况。参与分析的企业共有129家，从企业性质看，中央企业69家、地方国企44家、民营企业15家、外资企业1家，占比分别为53.5%、34.1%、11.6%、0.8%（图5-3-1）。

第五章 不同类型工程建设企业科技创新指数分析

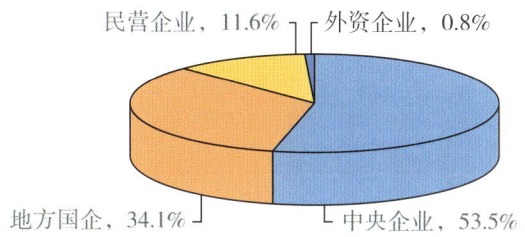

图 5-3-1 工程勘察设计企业分类

2016—2023 年，工程勘察设计企业创新指数快速增长，总体增长了 114.2%。其中创新成果指数增长最快，增长了 220.9%；其次为创新绩效指数，增长了 123.3%；创新资源指数和创新投入指数稳步增长，分别增长了 60.7% 和 52.1%（图 5-3-2）。

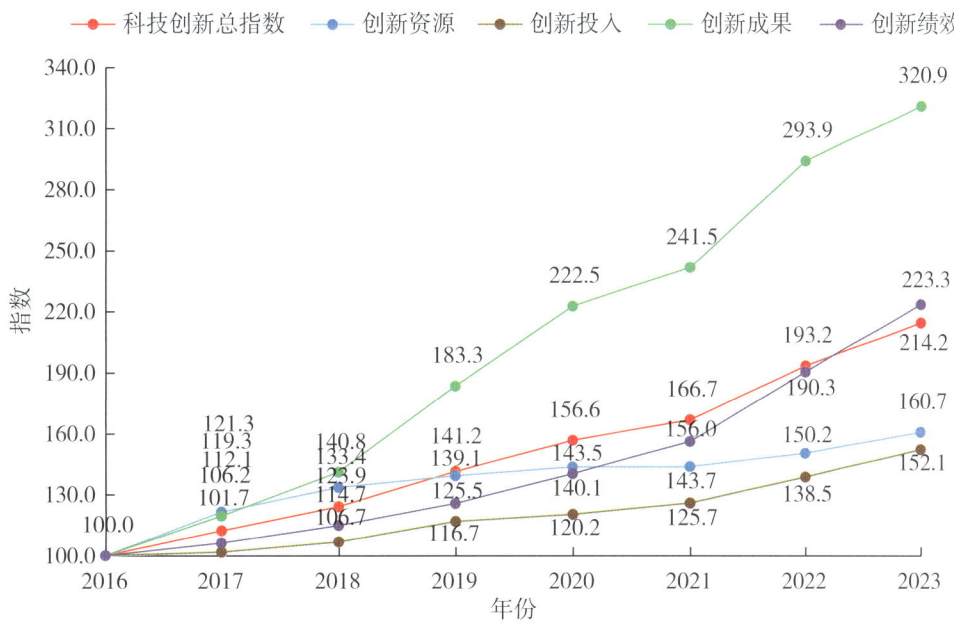

图 5-3-2 工程勘察设计企业科技创新总指数及各分项指数（2016—2023 年）

1. 创新资源

（1）人力资源

工程勘察设计企业万人大专及以上学历人数增长较慢，2023 年较 2016 年增长了 7.2%，历年数据均高于行业平均水平；万人研究生学历人数增长相对明显，2023 年较 2016 年增长了 28.5%，远高于行业平均水平（图 5-3-3）。表明工程勘察设计企业的人力资源在行业内具有很大优势。

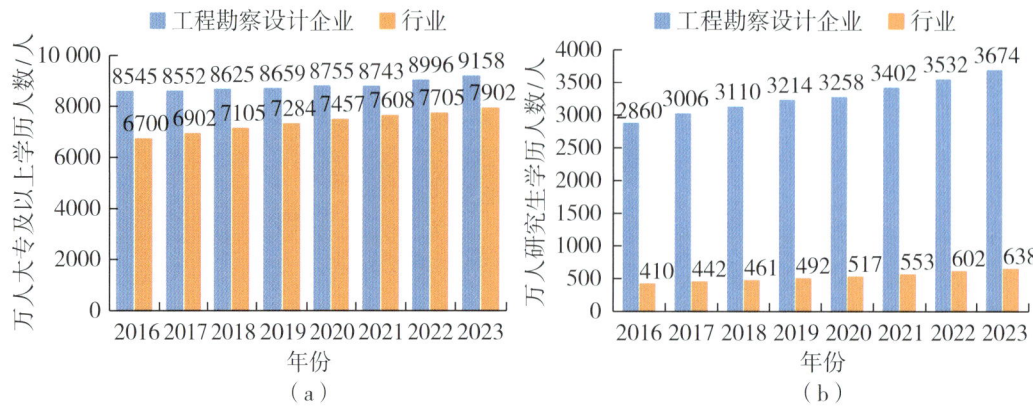

图 5-3-3　工程勘察设计企业人力资源情况（2016—2023 年）

（2）创新平台和创新基础

工程勘察设计企业万人省部级及以上研发和认证平台数量稳步增长，2023 年较 2016 年增长了 57.4%，历年数据均高于行业平均水平。人均企业技术开发仪器设备原值平稳增长，2023 年较 2016 年增长了 36.4%，历年数据均低于行业平均水平（图 5-3-4）。

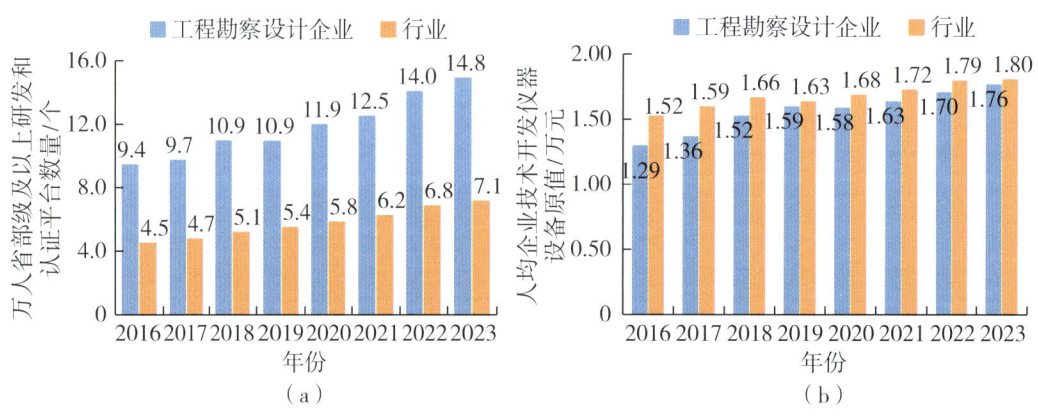

图 5-3-4　工程勘察设计企业创新平台和创新基础情况（2016—2023 年）

2. 创新投入

（1）创新经费

工程勘察设计企业 R&D 经费支出占主营业务收入的比重维持稳定，其在行业内的领先优势正逐年减小。人均 R&D 经费稳步增长，2023 年较 2016 年增长了 90.2%，历年数据均低于行业平均水平（图 5-3-5）。

图 5-3-5　工程勘察设计企业创新经费情况（2016—2023 年）

（2）创新人才

工程勘察设计企业高级工程师及以上职称人员占比、R&D 人员占比均平稳增长，2023 年较 2016 年分别提升了 4.6 个百分点和 2.8 个百分点，历年值均高于行业平均水平（图 5-3-6）。工程勘察设计企业始终保持高强度的创新人才投入。

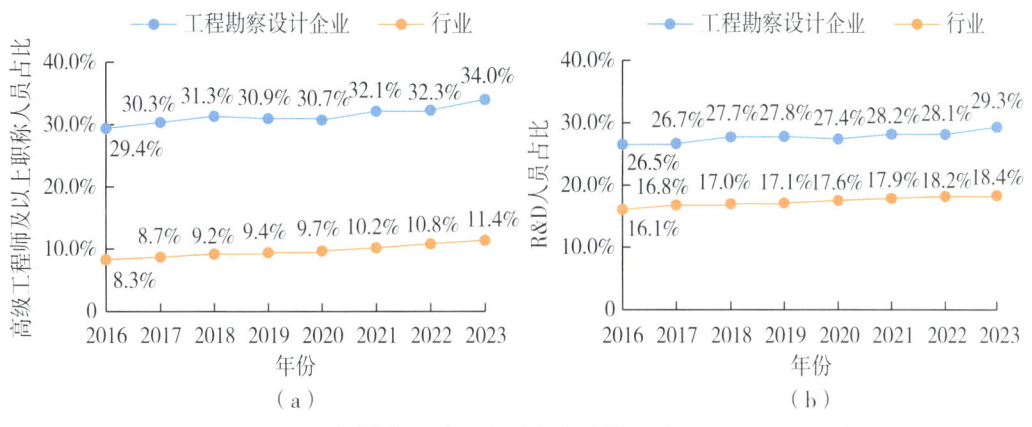

图 5-3-6　工程勘察设计企业创新人才情况（2016—2023 年）

3. 创新成果

（1）专利创造储备

工程勘察设计企业万人拥有有效专利数量高速增长，2023 年较 2016 年增长了 277.9%；发明专利占比在 2018—2021 年有所下降，2022 年开始回升。两项指标历年数据均高于行业平均水平（图 5-3-7）。

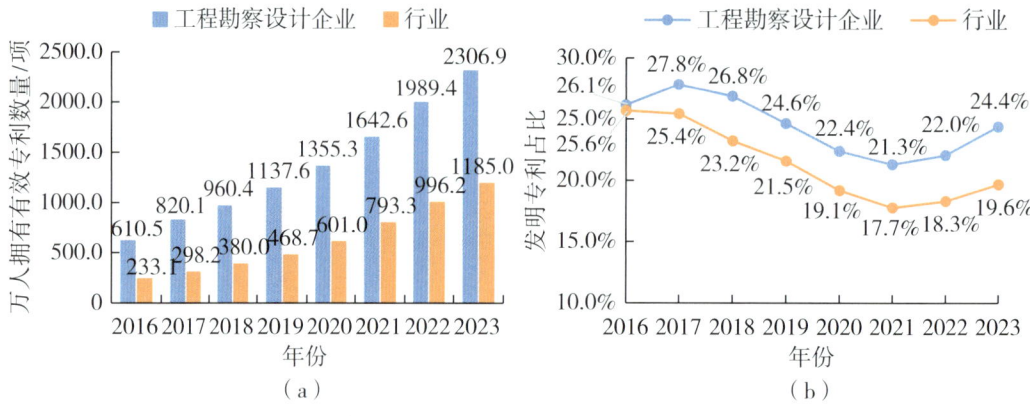

图 5-3-7　工程勘察设计企业专利创造储备情况（2016—2023 年）

（2）标准规范

工程勘察设计企业万人主参编标准规范数量快速增长，2023 年较 2016 年增长了 172.8%，历年数据均远高于行业平均水平。团体标准占比稳步上升，2023 年较 2016 年提高了 11.2 个百分点，历年数据均低于行业平均水平（图 5-3-8）。说明工程勘察设计企业是工程建设领域标准编制的主力军。

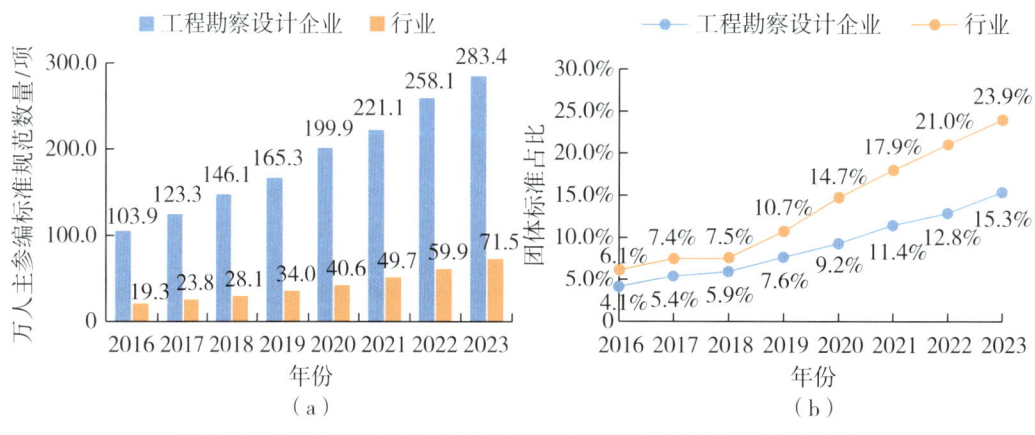

图 5-3-8　工程勘察设计企业标准规范情况（2016—2023 年）

4. 创新绩效

（1）技术转移转化

工程勘察设计企业人均技术合同成交额、万人专利转让（许可）和高新成果转化项目数量均呈上升趋势，2023 年较 2016 年分别增长了 70.8% 和 51.8%。两项指标历年数据均高于行业平均水平（图5-3-9）。说明工程勘察设计企业的科技成果转化工作走在了行业的前列。

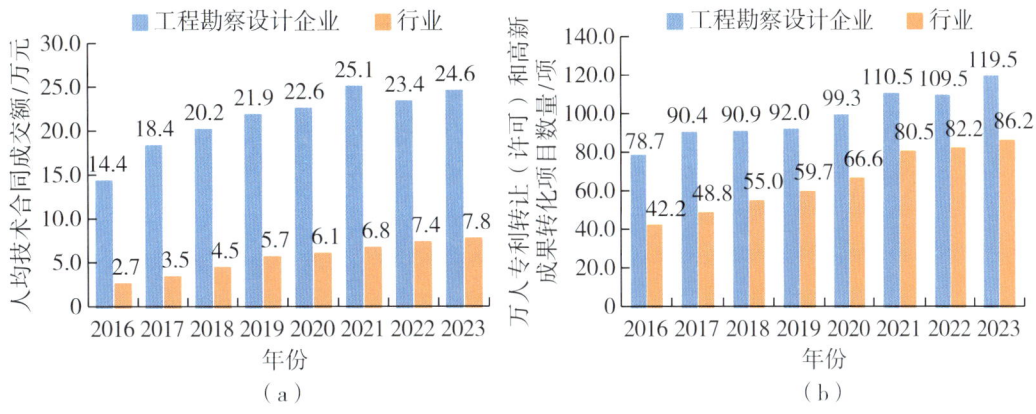

图5-3-9 工程勘察设计企业技术转移转化情况（2016—2023年）

（2）企业经营效益

工程勘察设计企业人均主营业务收入稳步提升，2023年较2016年增长了92.8%，但与行业平均水平存在差距；人均利润平稳增长，2023年较2016年增长了29.1%，历年数据均高于行业平均水平（图5-3-10）。

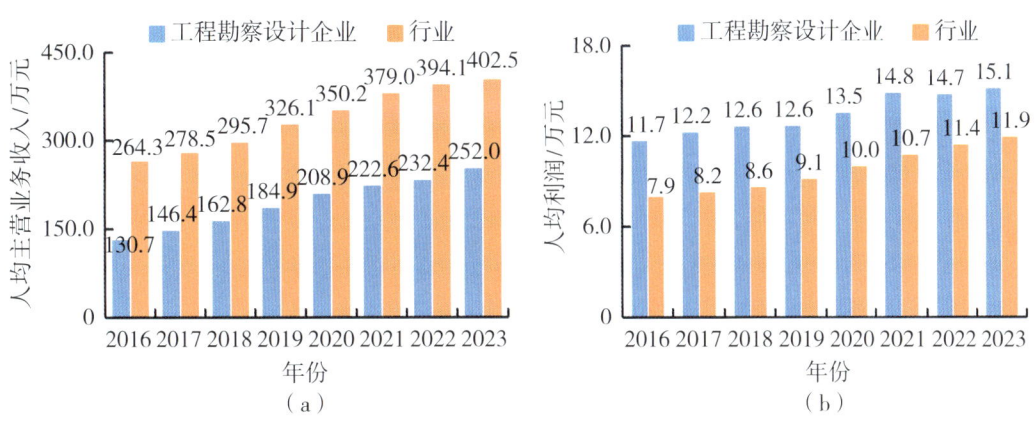

图5-3-10 工程勘察设计企业经营效益情况（2016—2023年）

5. 小结

近年来，随着行业主管部门持续鼓励工程组织模式优化，大力推动全过程工程咨询、工程总承包、建筑师负责制等新模式发展，工程勘察设计企业的主营业务逐渐由传统的单一勘察设计向覆盖工程建设产业链全过程的设计、咨询、项目管理、总承包等多元业务模式升级。工程勘察设计企业高度重视科技创新，始终保持较充足的科研经费和研发人员投入，充分利用人力资源和创新平台的优势，产出了大量的科技创新成果，技术转移转化取得良好成效，有力支撑了企业高质量发展。

为了适应企业发展的新形势、新要求，工程勘察设计企业应将科技创新作为核心使命，大力开展全过程咨询、工程总承包等业务，加快推进管理创新和技术升级，进一步完善科技创新体系，充分运用内外部创新资源，积极发展战略性新兴产业、培育未来产业，加快形成新质生产力。

四、国家高新技术企业

本节分析了工程建设行业国家高新技术企业的科技创新情况。参与分析的企业共有698家。从企业性质看，中央企业424家、地方国企171家、民营企业100家和外资企业3家，占比分别为60.8%、24.5%、14.3%和0.4%；从企业类别看，工程施工企业481家、工程勘察设计企业122家、装备制造企业38家和其他57家，占比分别为68.9%、17.5%、5.4%和8.2%（图5-4-1）。

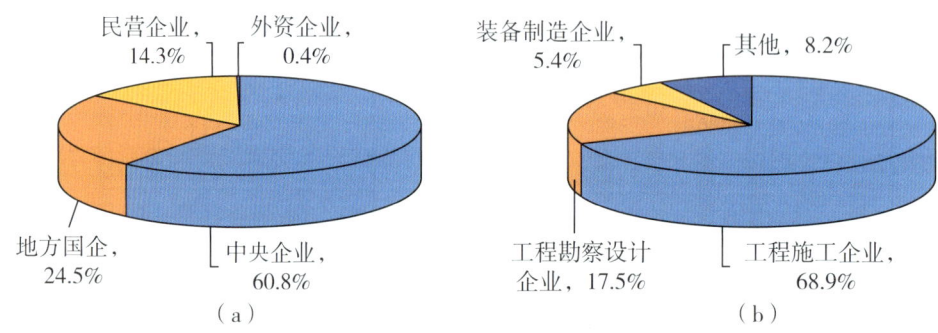

图5-4-1 国家高新技术企业分类

2016—2023年，国家高新技术企业科技创新总指数快速增长，总体增长了121.0%。各分项指数也呈增长态势，其中创新成果指数增长最快，2023年较2016年增长了187.9%；其次为创新绩效指数，2023年较2016年增长了162.1%；再次为创新投入指数，2023年较2016年增长了81.1%；创新资源指数稳步增长，2023年较2016年增长了53.1%（图5-4-2）。

第五章 不同类型工程建设企业科技创新指数分析

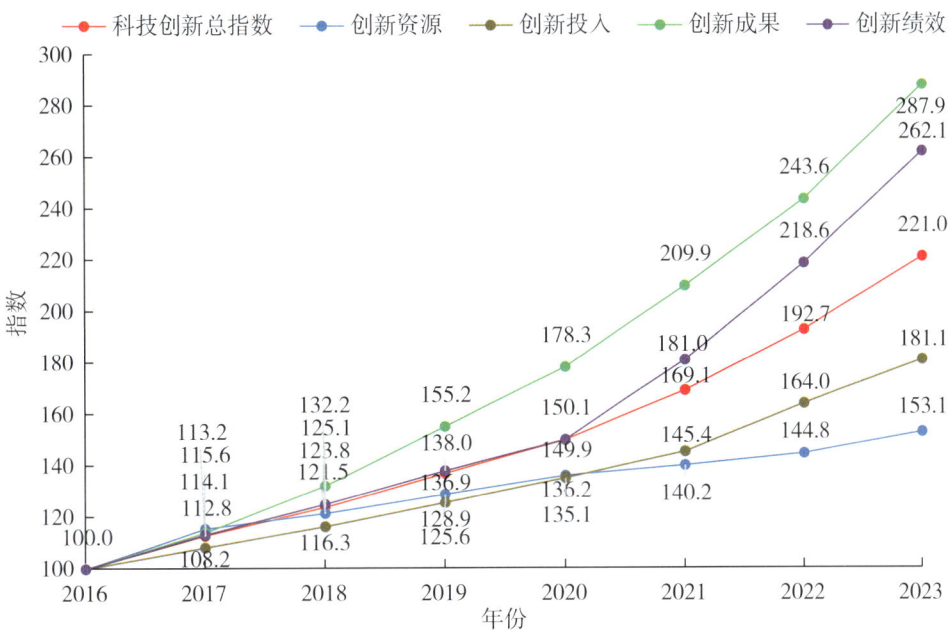

图 5-4-2　国家高新技术企业科技创新总指数及各分项指数（2016—2023 年）

1. 创新资源

（1）人力资源

国家高新技术企业万人大专及以上学历人数、万人研究生学历人数均平稳增长，2023 年较 2016 年分别增长了 18.0% 和 48.1%。两项指标历年数据均高于行业平均水平（图 5-4-3）。

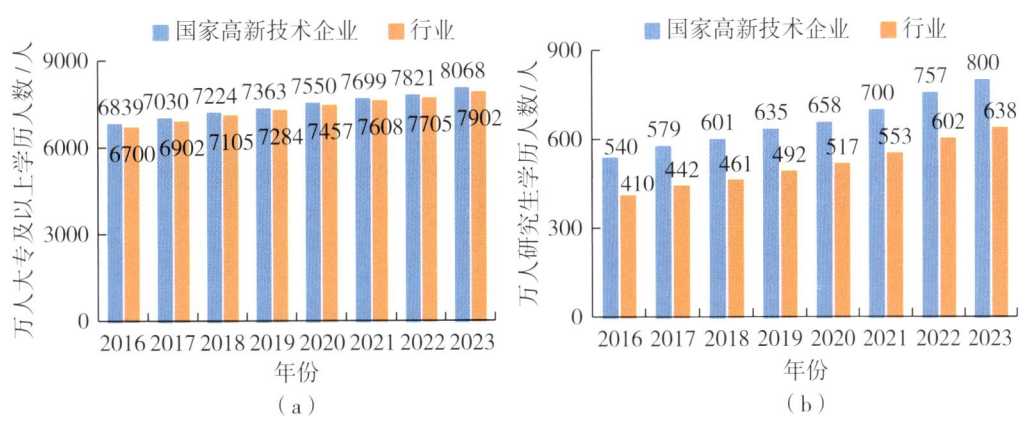

图 5-4-3　国家高新技术企业人力资源情况（2016—2023 年）

（2）创新平台和创新基础

国家高新技术企业万人省部级及以上研发和认证平台数量平稳增长，2023年较2016年增长了49.8%，历年数据均高于行业平均水平。人均企业技术开发仪器设备原值增长相对缓慢，2023年较2016年增长了11.1%（图5-4-4），除2016年外，历年数据均低于行业平均水平。

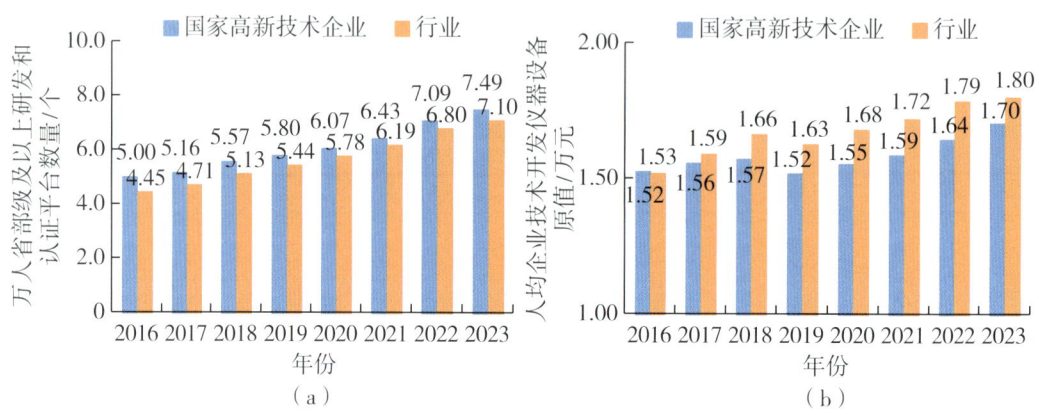

图5-4-4　国家高新技术企业创新平台和创新基础情况（2016—2023年）

2. 创新投入

（1）创新经费

国家高新技术企业R&D经费支出占主营业务收入的比重呈缓慢增长趋势，2023年较2016年提高了0.5个百分点。人均R&D经费稳步增长，2022年开始增速放缓，2023年较2016年增长了71.4%，两项指标历年数据均高于行业平均水平（图5-4-5）。（注：本节主要目的是追踪高新技术企业发展过程、探求发展规律，为行业企业高质量发展提供参考借鉴。因此将2023年在有效期内的高新技术企业纳入统计计算，其中部分企业认定时间晚于2016年。）

（2）科研课题

国家高新技术企业万人在研研发项目数量稳步增长，2023年较2016年增长了63.1%；在研省部级及以上项目占比呈增长趋势，2023年较2016年提高了1.59个百分点，两项指标历年数据均高于行业平均水平（图5-4-6）。

图 5-4-5　国家高新技术企业创新经费情况（2016—2023 年）

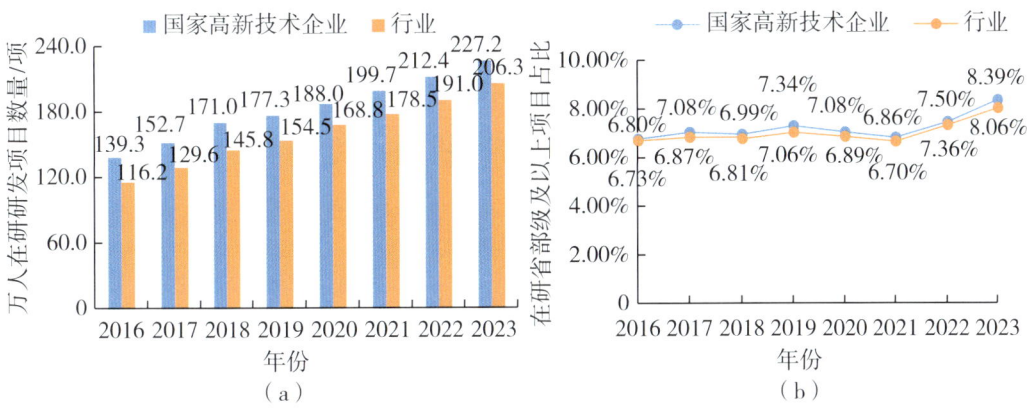

图 5-4-6　国家高新技术企业科研课题情况（2016—2023 年）

3. 创新成果

（1）论文和工法

国家高新技术企业万人当年发表科技论文数量在 2016—2019 年稳步增长，2020 年有所下降，2023 年较 2016 年增长了 28.2%；万人拥有有效省部级及以上工法数量快速增长，2023 年较 2016 年增长了 198.4%。两项指标历年数据均高于行业平均水平（图 5-4-7）。

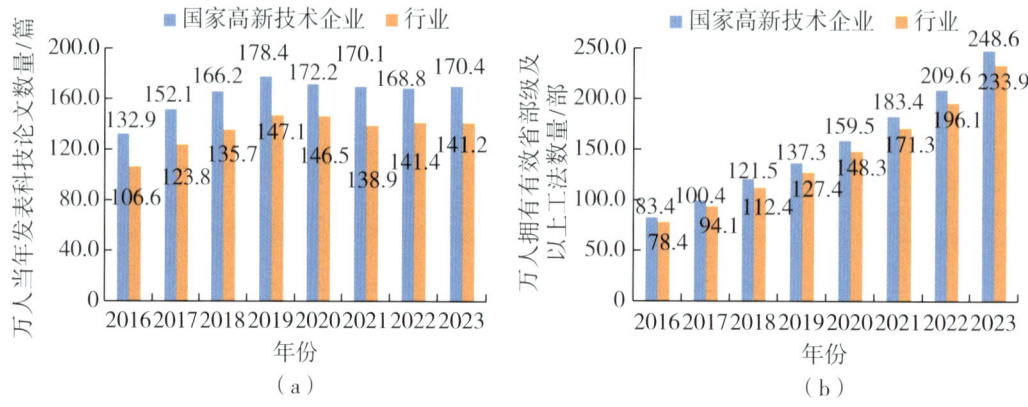

图 5-4-7　国家高新技术企业论文和工法情况（2016—2023 年）

（2）数字化与绿色化成果

国家高新技术企业万人拥有软件著作权数量和万人当年绿色化成果数量均高速增长，2023 年较 2016 年分别增长了 420.0% 和 226.6%，两项指标历年数据均高于行业平均水平（图 5-4-8）。

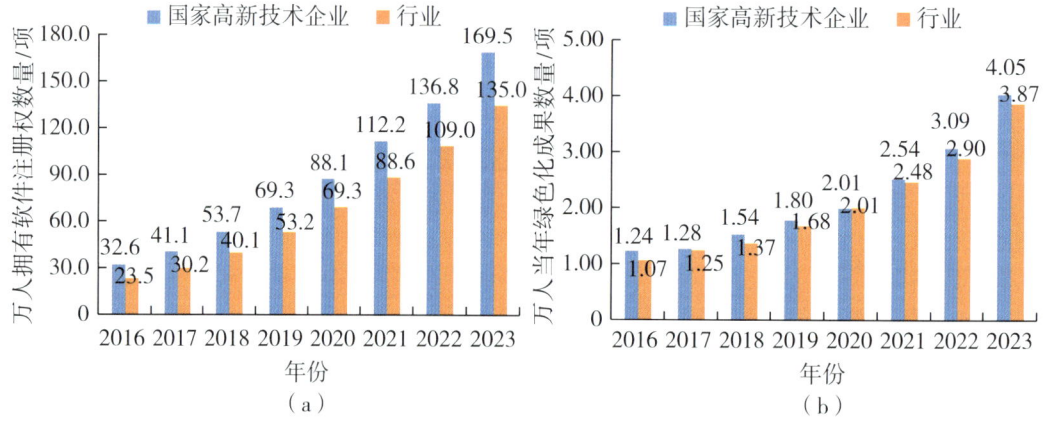

图 5-4-8　国家高新技术企业数字化与绿色化成果创新情况（2016—2023 年）

4. 创新绩效

（1）创新价值实现

国家高新技术企业人均新产品（新技术）销售收入稳步增长，2023 年较 2016 年增长了 68.1%；人均享受科技创新税收优惠金额快速增长，2023 年较 2016 年增长了 112.5%，两项指标历年数据均高于行业平均水平（图 5-4-9）。

第五章 不同类型工程建设企业科技创新指数分析

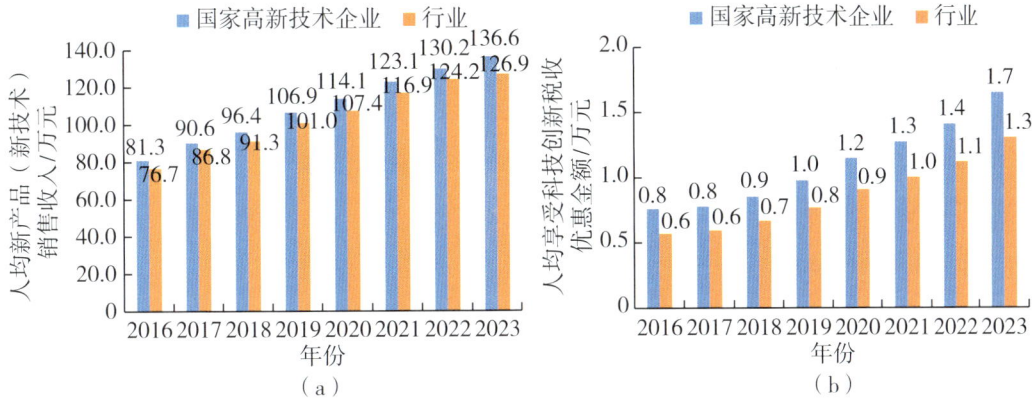

图 5-4-9 国家高新技术企业创新价值实现情况（2016—2023 年）

（2）技术转移转化

国家高新技术企业人均技术合同成交额快速增长，2023 年较 2016 年增长了 178.4%。万人专利转让（许可）和高新成果转化项目数量逐年增长，2023 年较 2016 年增长了 94.5%。两项指标历年数据均高于行业平均水平（图 5-4-10）。

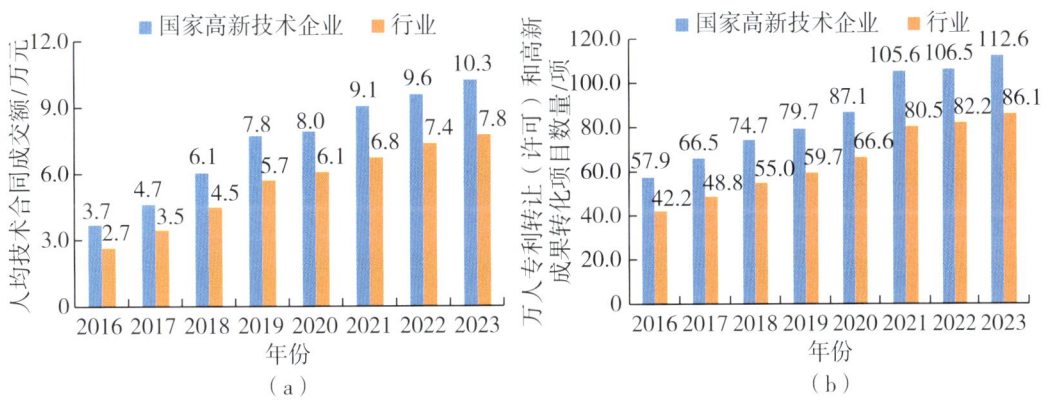

图 5-4-10 国家高新技术企业技术转移转化情况（2016—2023 年）

5. 小结

国家高新技术企业在行业科技创新中具有重要的地位，在转变发展方式、提升自主创新能力、优化产业结构、增强国际竞争力等方面发挥了重要作用。国家高新技术企业人力资源配置高效，创新经费投入持续加大，数字化与绿色化成果产出丰硕，创新价值实现路径清晰，技术转移转化成效显著，创新发展经验为其他企业提供了很好的借鉴和启示。

国家高新技术企业应积极围绕国家战略需求和行业发展需要，以市场为导向，聚焦重点领域和关键环节，着重提升创新策源能力，大力推进关键核心技术攻关，主动承担起高水平科技自立自强的使命。

第六章

不同规模工程建设企业科技创新指数分析

本章针对不同规模工程建设企业的科技创新情况进行分析。将特大型企业、大型企业、中型企业、小型企业的创新情况与行业平均水平进行对比，以反映不同规模企业相比于行业的创新水平。

协会结合2022年工作经验，结合细分行业特点，对企业规模划分标准进行了细化，按照主营业务收入对参与计算的948家企业进行了划分，其中施工企业及其他类型企业按300亿元及以上为特大型企业、100亿~＜300亿元为大型企业、30亿~＜100亿元为中型企业、30亿元以下为小型企业划分；工程勘察设计企业按100亿元及以上为特大型企业、50亿~＜100亿元为大型企业、10亿~＜50亿元为中型企业、10亿元以下为小型企业划分。经划分，有特大型企业85家、大型企业123家、中型企业273家、小型企业467家，占比分别为8.9%、13.0%、28.8%、49.3%（图6-0-1）。

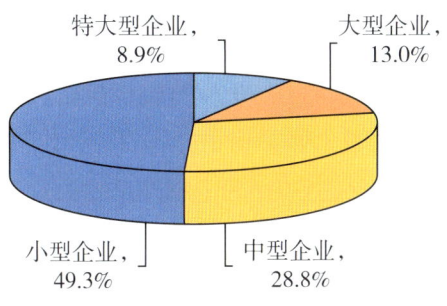

图6-0-1 不同规模企业占比

一、特大型企业

本节分析特大型企业的科技创新情况。参与分析的企业共有85家，从企业性质看，中央企业72家、地方国企11家、民营企业2家，占比分别为84.7%、12.9%、2.4%；从企业类别看，工程施工企业72家、工程勘察设计企业12家、其他1家，占比分别为84.7%、14.1%、1.2%（图6-1-1）。

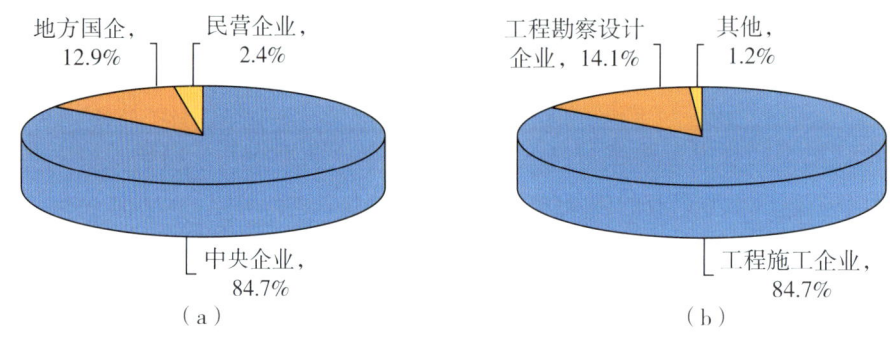

图6-1-1　特大型企业分类

2016—2023年，特大型企业科技创新总指数快速增长，总体增长了141.1%。各分项指数也呈增长态势，其中创新成果指数增长最快，2023年较2016年增长了226.9%；其次为创新绩效指数，2023年较2016年增长了171.7%；再次为创新投入指数，2023年较2016年增长了110.8%；另外，创新资源指数稳步增长，2023年较2016年增长了54.9%（图6-1-2）。

1. 创新资源

（1）人力资源

特大型企业万人大专及以上学历人数平稳增长，2023年较2016年增长了15.6%，历年数据均高于行业平均水平。万人研究生学历人数增长相对明显，2023年较2016年增长了59.3%，历年数据均低于行业平均水平（图6-1-3）。

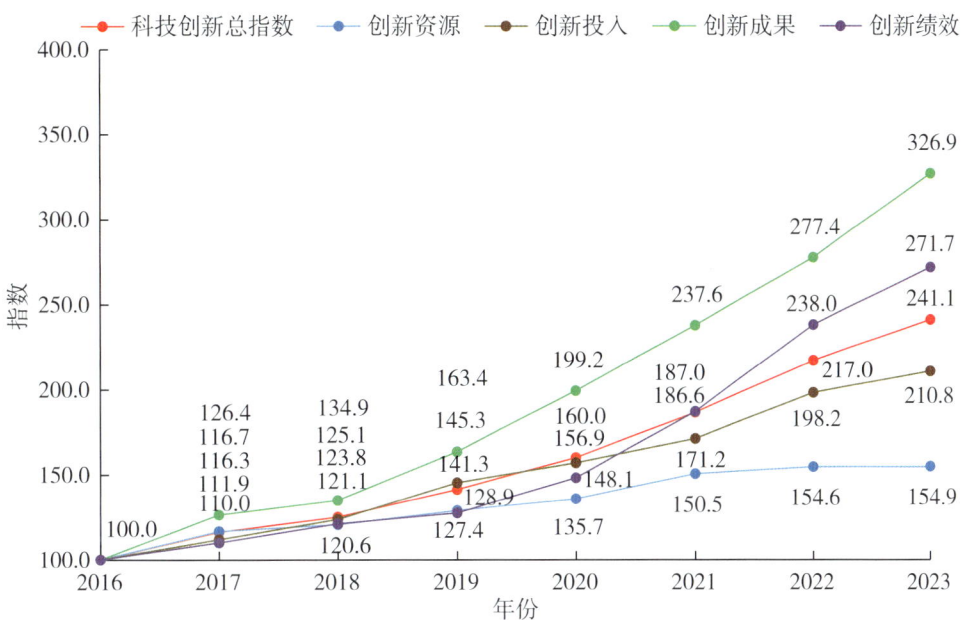

图 6-1-2 特大型企业科技创新总指数及各分项指数（2016—2023 年）

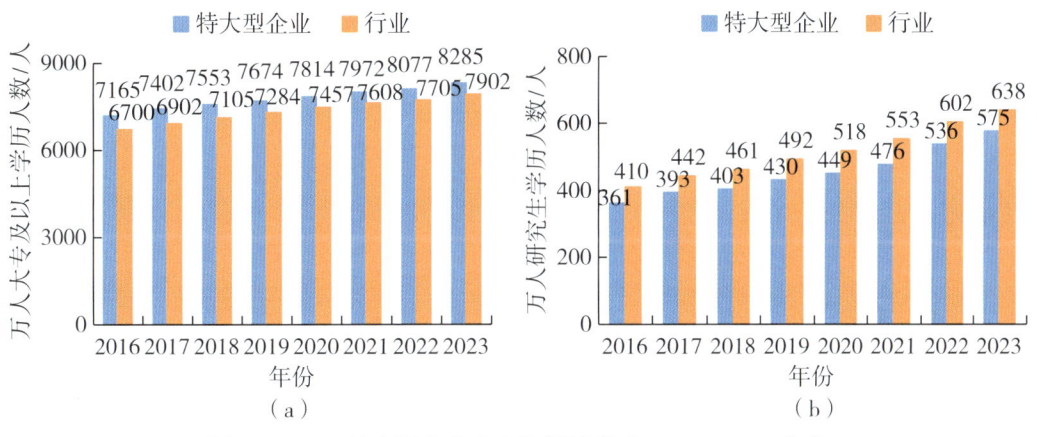

图 6-1-3 特大型企业人力资源情况（2016—2023 年）

（2）创新平台和创新基础

特大型企业万人省部级及以上研发和认证平台数量平稳增长，2023 年较 2016 年增长了 42.1%。人均企业技术开发仪器设备原值有所起伏，2023 年较 2016 年增长了 15.0%。两项指标历年数据均低于行业平均水平（图 6-1-4）。

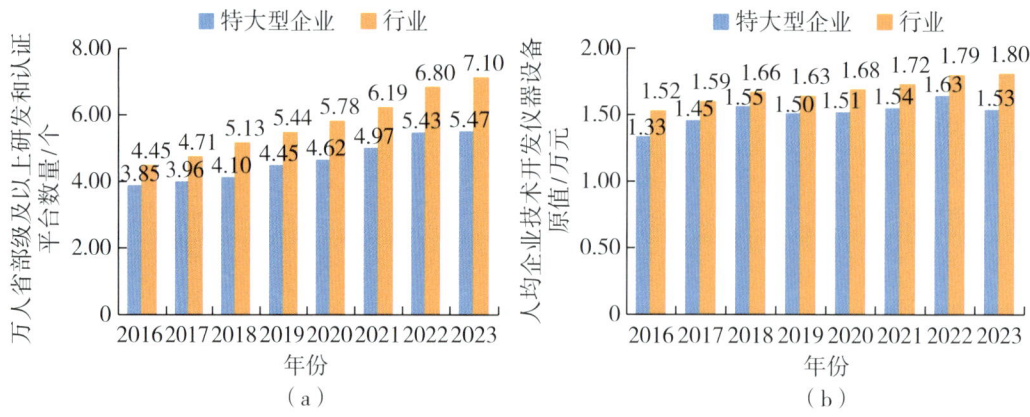

图6-1-4 特大型企业创新平台和创新基础情况（2016—2023年）

2. 创新投入

（1）创新经费

特大型企业R&D经费支出占主营业务收入的比重平缓增长，2023年较2016年提升了0.49个百分点。人均R&D经费稳步增长，2023年较2016年增长了89.6%，历年数据均高于行业平均水平（图6-1-5）。R&D经费投入力度较大，表明特大型企业重视科技创新工作。

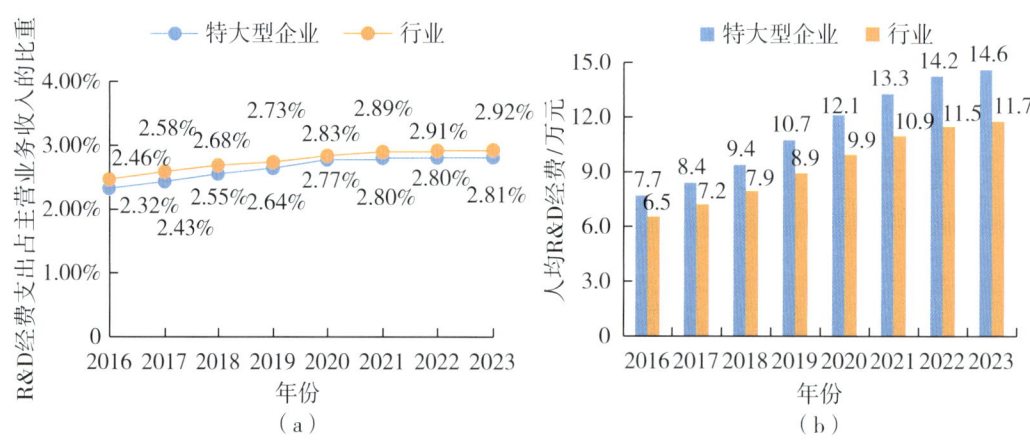

图6-1-5 特大型企业创新经费情况（2016—2023年）

（2）科研课题

特大型企业万人在研研发项目数量稳步增长，2023年较2016年增长了82.3%；在研省部级及以上项目占比自2022年起呈增长趋势，2023年较2016年提高了1.1个百分点。两项指标历年数据均低于行业平均水平（图6-1-6）。

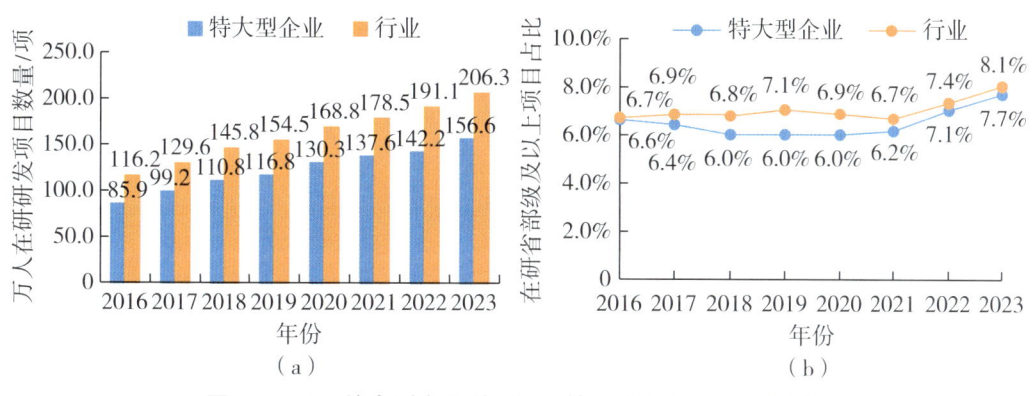

图6-1-6 特大型企业科研课题情况（2016—2023年）

3. 创新成果

（1）专利创造储备

特大型企业万人拥有有效专利数量高速增长，2023年较2016年增长了368.7%，但与行业平均水平仍有一定差距。发明专利占比变化趋势与行业平均水平变化趋势基本一致（图6-1-7）。

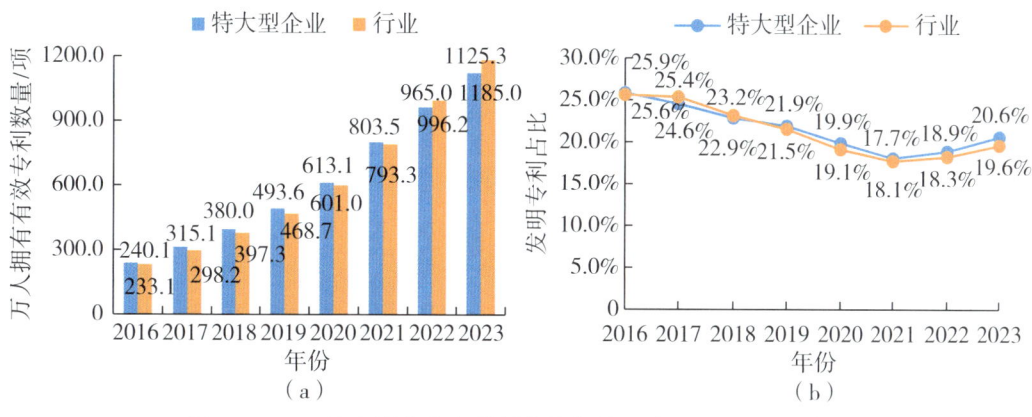

图6-1-7 特大型企业专利创造储备情况（2016—2023年）

（2）数字化与绿色化成果

特大型企业万人拥有软件著作权数量高速增长，2023年较2016年增长了590.5%，历年数据均低于行业平均水平。万人当年绿色化成果数量高速增长，2023年较2016年增长了333.3%，历年数据均高于行业平均水平（图6-1-8）。表明特大型企业在绿色化成果产出方面具备突出的优势。

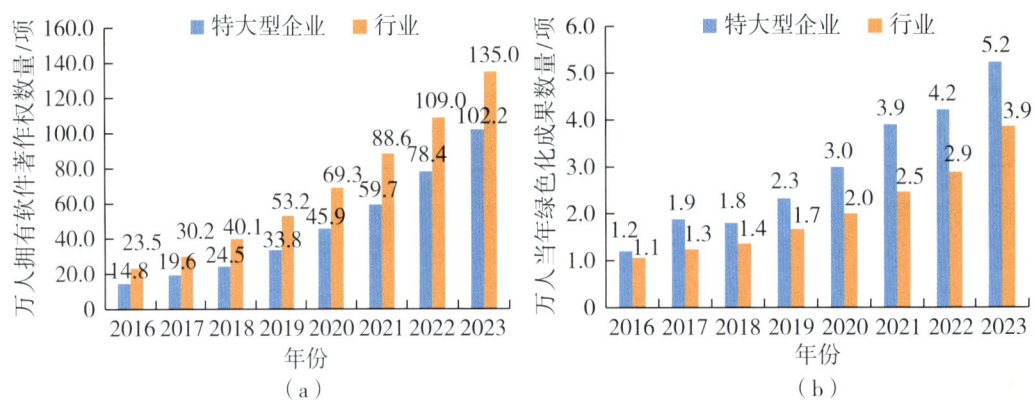

图6-1-8　特大型企业数字化与绿色化成果情况（2016—2023年）

4. 创新绩效

（1）创新价值实现

特大型企业人均新产品（新技术）销售收入稳步增长，2023年较2016年增长了76.9%，历年数据均高于行业平均水平。人均享受科技创新税收优惠金额快速增长，2023年较2016年增长了132.1%，历年数据均低于行业平均水平（图6-1-9）。

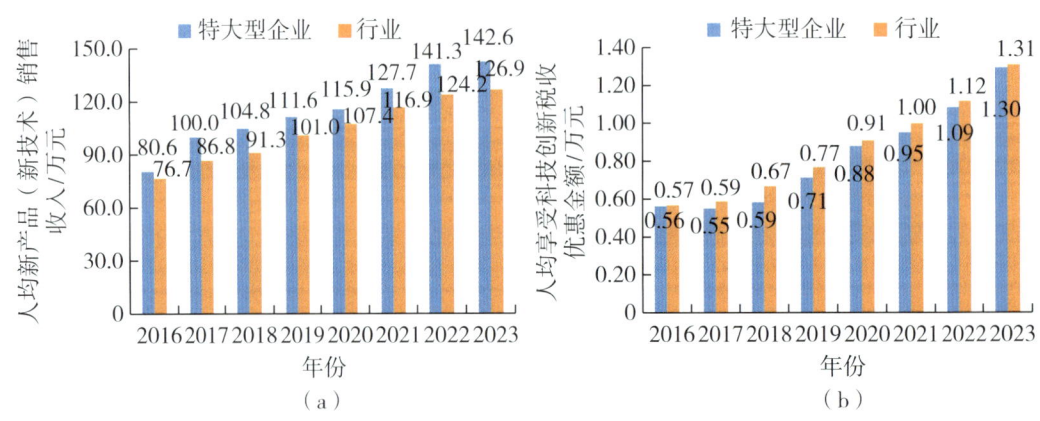

图6-1-9　特大型企业创新价值实现情况（2016—2023年）

（2）企业经营效益

特大型企业人均主营业务收入稳步增长，2023年较2016年增长了56.9%。人均利润平稳增长，2023年较2016年增长了37.0%，两项指标历年数据均高于行业平均水平（图6-1-10）。表明特大型企业在经营效益上具有明显的规模优势。

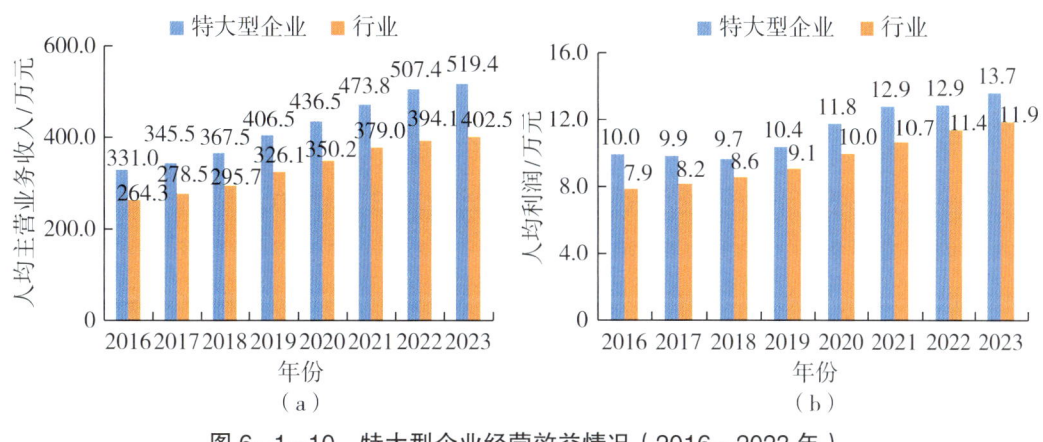

图6-1-10 特大型企业经营效益情况（2016—2023年）

5. 小结

参与本次计算分析的特大型企业以施工单位为主，具有经营规模大、市场占有率高、行业影响力强的特点，人力资源丰富，创新平台建设良好，研发经费投入较大，产学研合作深入，知识产权保护有力，科技创新助力企业经营发展效果显著。特别是依托重大工程项目建设，在行业共性关键技术、"卡脖子"技术攻关方面具有明显优势，引领了行业工程建造技术的创新发展。

特大型企业应充分发挥规模大、场景多的优势，继续高度重视科技创新工作，加大研发经费和研发人员的投入力度，增强科技创新对企业发展的驱动作用，推动企业转型升级。

二、大型企业

本节分析大型企业的科技创新情况。参与分析的企业共有123家，从企业性质看，中央企业86家、地方国企30家、民营企业7家，占比分别为69.9%、24.3%、5.8%；从企业类别看，工程施工企业104家、工程勘察设计企业14家、其他5家，占比分别为84.6%、11.4%、4.0%（图6-2-1）。

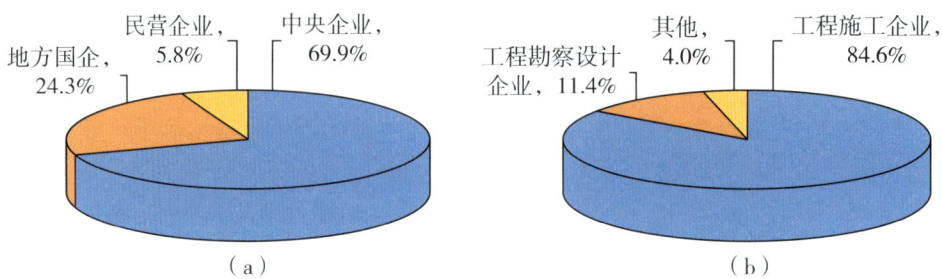

图6-2-1 大型企业分类

2016—2023年，大型企业科技创新总指数快速增长，总体增长了161.9%。各分项指数也呈增长态势，其中创新绩效指数增长最快，2023年较2016年增长了264.6%；其次为创新成果指数，2023年较2016年增长了242.0%；再次为创新投入指数，2023年较2016年增长了89.1%；另外，创新资源指数稳步增长，2023年较2016年增长了51.9%（图6-2-2）。

图6-2-2 大型企业科技创新指数（2016—2023年）

1. 创新资源

（1）人力资源

大型企业万人大专及以上学历人数平缓增长，2023年较2016年增长了15.4%。万人研究生学历人数稳步增长，2023年较2016年增长了53.2%，两项指标历年数据均低于行业平均水平（图6-2-3）。

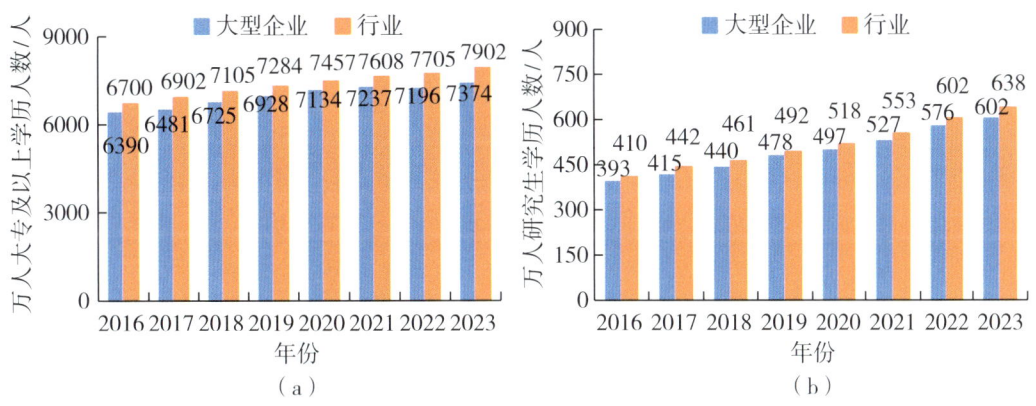

图6-2-3　大型企业人力资源情况（2016—2023年）

（2）创新平台和创新基础

大型企业万人省部级及以上研发和认证平台数量稳步增长，2023年较2016年增长了48.3%。人均企业技术开发仪器设备原值平稳增长，2023年较2016年增长了20.8%。两项指标历年数据均高于行业平均水平（图6-2-4）。大型企业在科技创新平台和创新基础设施上的投入较大，表明大型企业注重打造良好的研发环境。

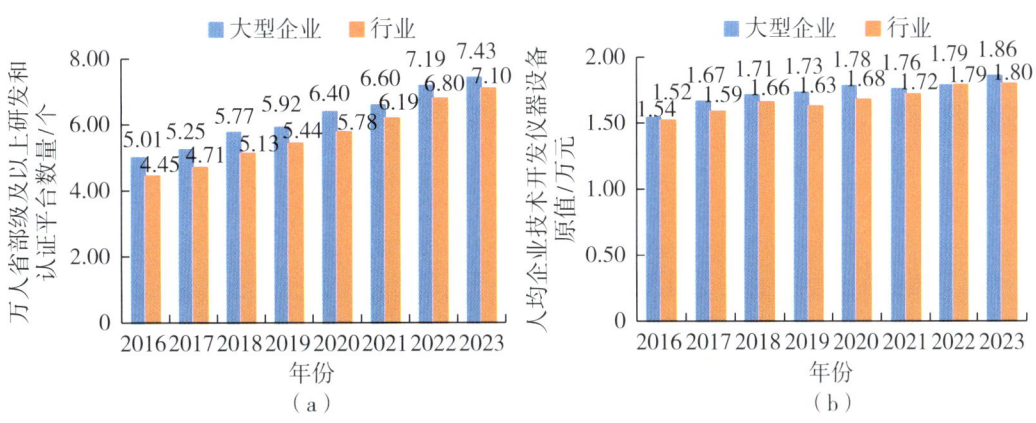

图6-2-4　大型企业创新平台和创新基础情况（2016—2023年）

2. 创新投入

（1）创新经费

大型企业R&D经费支出占主营业务收入的比重总体呈现增长态势，2023年较2016年提升了0.26个百分点，2019年起与行业平均水平基本一致。人均R&D经费稳步增长，2023年较2016年增长了76.8%，历年数据均高于行业平均水平（图6-2-5）。

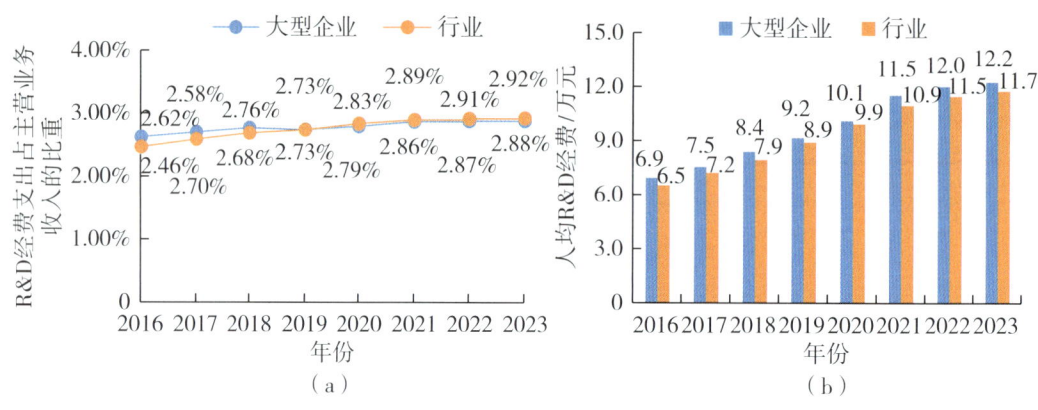

图6-2-5 大型企业创新经费情况（2016—2023年）

（2）对外合作

大型企业万人产学研合作项目数量高速增长，2023年较2016年增长了436.5%，但与行业平均水平仍有一定差距。开展产学研合作的企业占比高速增长，2023年较2016年提升了31.5个百分点，历年数据均高于行业平均水平（图6-2-6）。表明大型企业重视产学研合作。

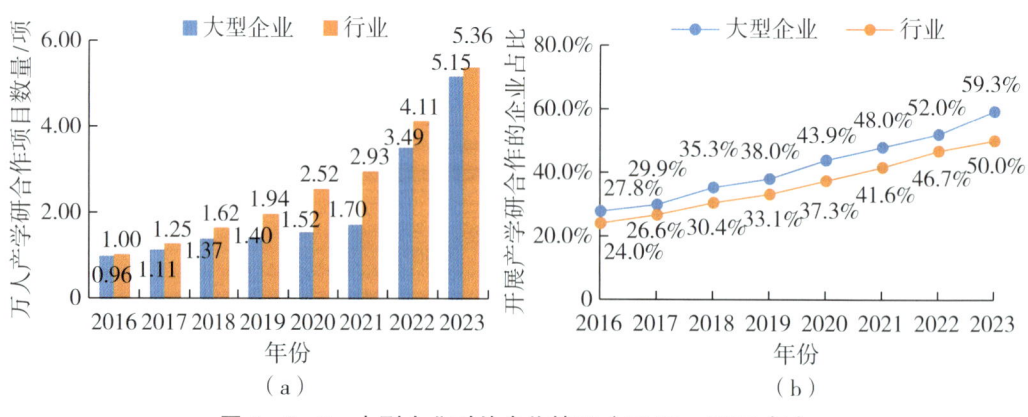

图6-2-6 大型企业对外合作情况（2016—2023年）

3. 创新成果

（1）专利创造储备

大型企业万人拥有有效专利数量呈高速增长趋势，2023年较2016年增长了414.4%，历年数据均高于行业平均水平。发明专利占比在2018年开始逐年降低，2022年出现回升，历年数据均低于行业平均水平（图6-2-7）。

图6-2-7 大型企业专利创造储备情况（2016—2023年）

（2）标准规范

大型企业万人主参编标准规范数量高速增长，2023年较2016年增长了266.8%，自2020年起便低于行业平均水平。团体标准占比快速增长，2023年较2016年提升了18.3个百分点，历年数据均低于行业平均水平（图6-2-8）。大型企业标准规范的编制工作仍需加强。

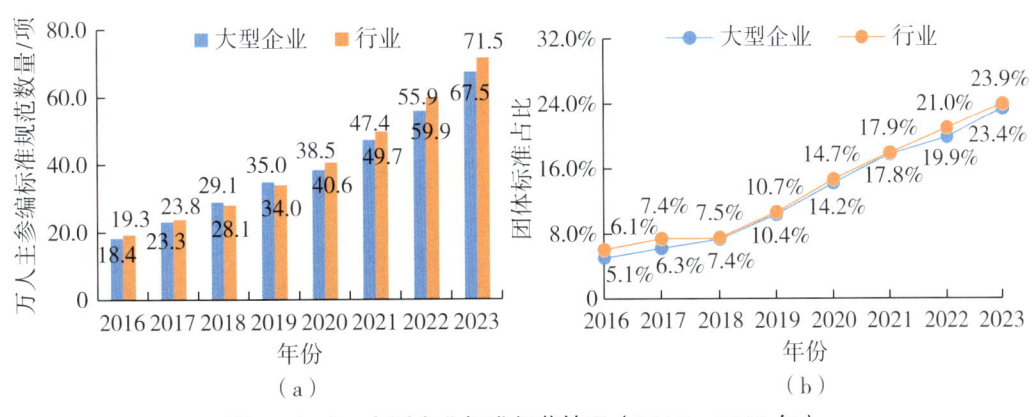

图6-2-8 大型企业标准规范情况（2016—2023年）

4. 创新绩效

（1）创新奖项

大型企业万人累计获得省部级及以上科技奖数量快速增长，2023年较2016年增长了143.8%，自2018年起高于行业平均水平。万人累计获得省部级及以上专利奖数量大幅增长，2023年较2016年增长了21倍，历年数据均低于行业平均水平（图6-2-9）。

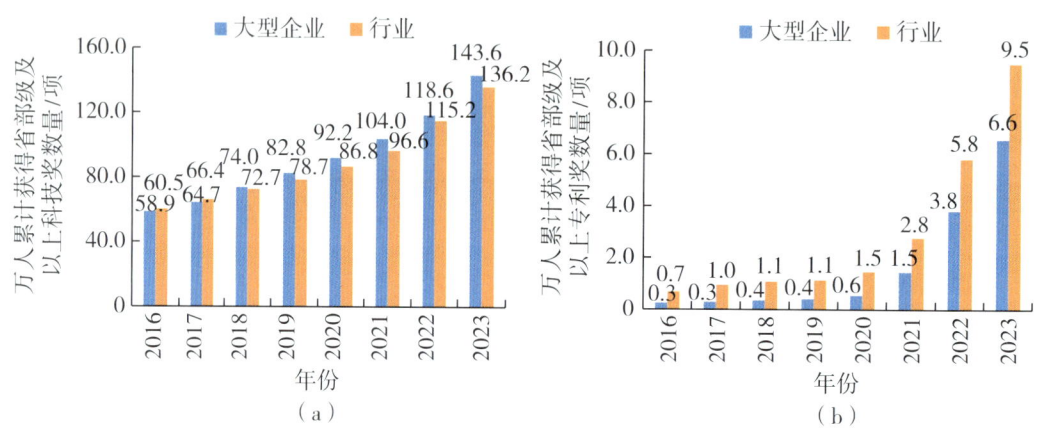

图6-2-9 大型企业创新奖项情况（2016—2023年）

（2）企业经营效益

大型企业人均主营业务收入、人均利润均稳步增长，2023年较2016年分别增长了61.0%、64.7%。两项指标历年数据均高于行业平均水平（图6-2-10）。主要经济效益指标保持增长，表明大型企业运行态势良好。

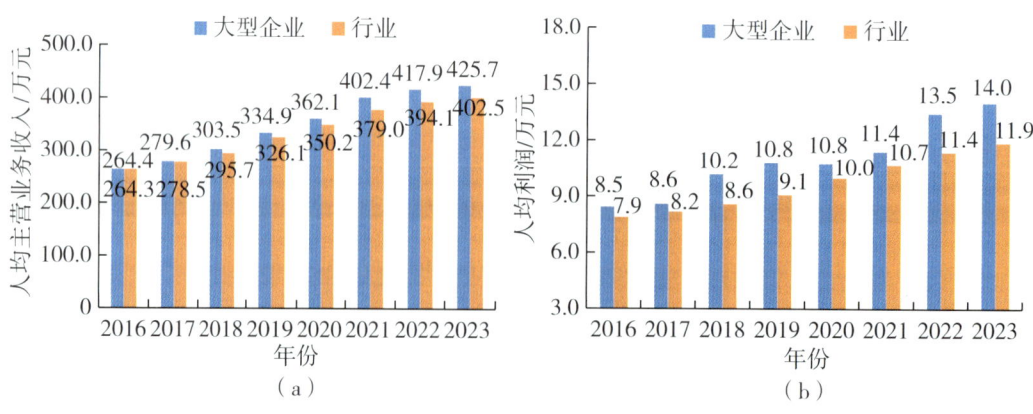

图6-2-10 大型企业经营效益情况（2016—2023年）

5. 小结

大型企业依托较高的市场占有率，在部分专业领域和局部区域处于领先位置。其科技创新工作快速发展，科研投入强度不断提高，创新平台建设稳步推进，产学研合作有序开展，数字化建设成果丰硕，科技创新成效渐显，为企业经营效益的稳步攀升注入强劲动力。

大型企业应强优势、补短板，保持研发投入强度，深化产学研协同创新，加速科技成果转化落地，提升核心竞争力，实现高质量发展。

三、中型企业

本节分析中型企业的科技创新情况。参与分析的企业共有 273 家，从企业性质看，中央企业 181 家、地方国企 72 家、民营企业 20 家，占比分别为 66.3%、26.4%、7.3%；从企业类别看，工程施工企业 227 家、工程勘察设计企业 38 家、其他 8 家，占比分别为 83.2%、13.9%、2.9%（图 6-3-1）。

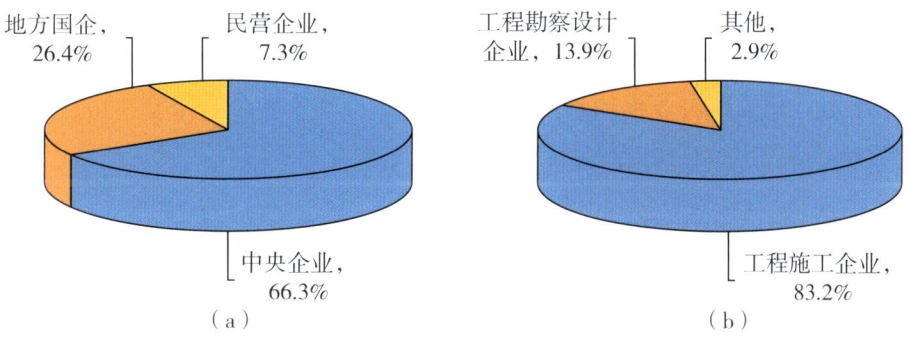

图 6-3-1 中型企业分类

2016—2023 年，中型企业科技创新总指数快速增长，总体增长了 127.2%。各分项指数也呈增长态势，其中创新绩效指数增长最快，2023 年较 2016 年增长了 197.4%；其次为创新成果指数，2023 年较 2016 年增长了 151.9%；另外，创新资源指数及创新投入指数稳步增长，分别增长了 88.8% 和 70.9%（图 6-3-2）。

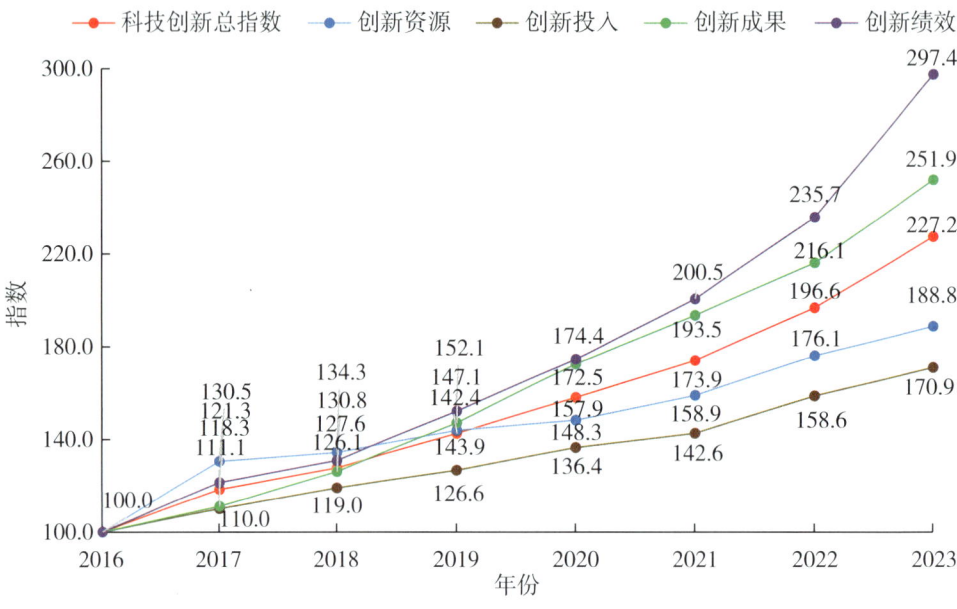

图 6-3-2　中型企业科技创新指数（2016—2023 年）

1. 创新资源

（1）人力资源

中型企业万人大专及以上学历人数平稳增长，2023 年较 2016 年增长了 20.9%，2022 年和 2023 年高于行业平均水平。万人研究生学历人数稳定增长，2023 年较 2016 年增长了 52.3%，历年数据均高于行业平均水平（图 6-3-3）。

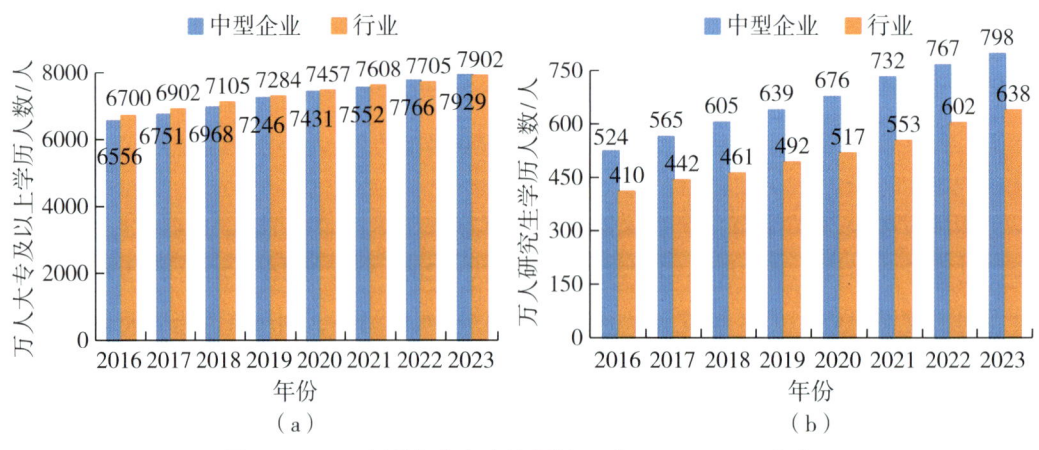

图 6-3-3　中型企业人力资源情况（2016—2023 年）

（2）创新平台和创新基础

中型企业万人省部级及以上研发和认证平台数量稳步增长，2023年较2016年增长了66.7%，自2017年起高于行业平均水平。人均企业技术开发仪器设备原值2016—2018年缓慢下降，2019年开始又逐年增长，2023年较2016年增长了16.1%（图6-3-4）。

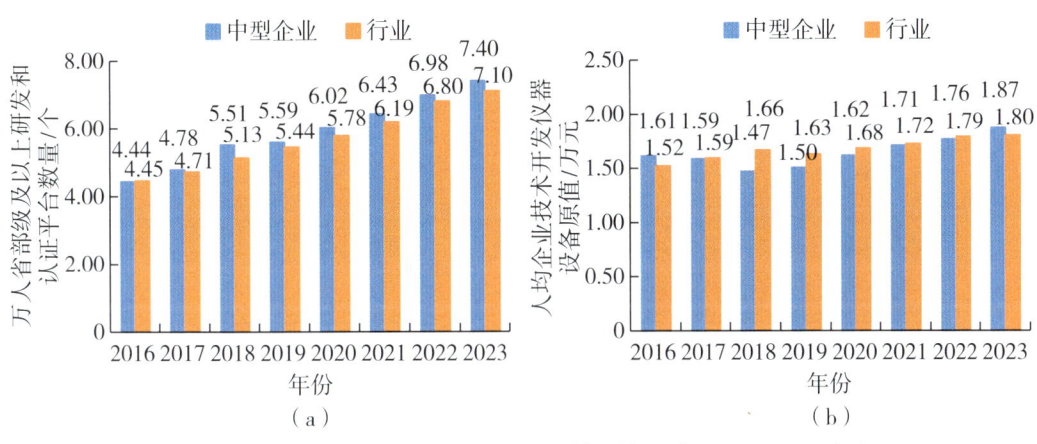

图6-3-4 中型企业创新平台和创新基础情况（2016—2023年）

2. 创新投入

（1）创新经费

中型企业R&D经费支出占主营业务收入的比重总体呈增长趋势，2023年较2016年提高了0.5个百分点，历年数据均高于行业平均水平。人均R&D经费逐年增长，2023年较2016年增长了69.6%，历年数据均低于行业平均水平（图6-3-5）。

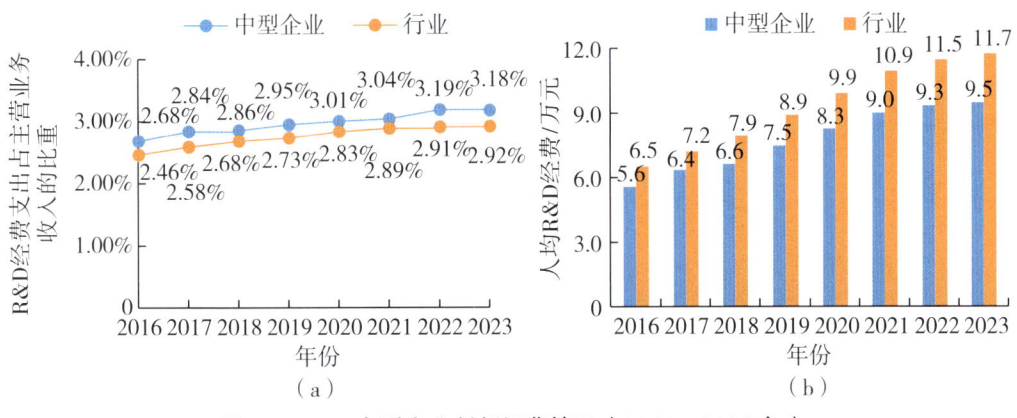

图6-3-5 中型企业创新经费情况（2016—2023年）

（2）科研课题

中型企业万人在研研发项目数量稳步增长，2023年较2016年增长了54.3%，历年均高于行业平均水平。在研省部级及以上项目占比整体呈增长趋势，2023年较2016年提升了1.7个百分点，历年数据均低于行业平均水平（图6-3-6）。

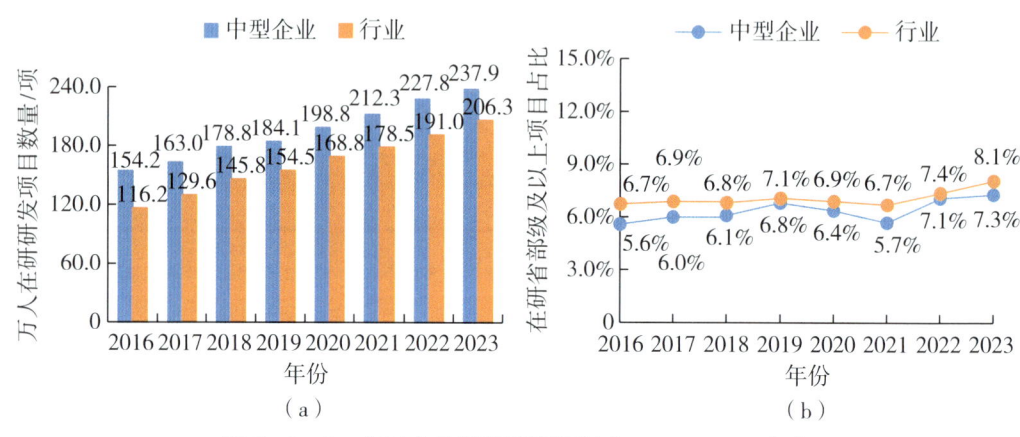

图6-3-6 中型企业科研课题情况（2016—2023年）

3. 创新成果

（1）专利创造储备

中型企业万人拥有有效专利数量高速增长，2023年较2016年增长了439.0%，历年数据均低于行业平均水平。发明专利占比变化趋势与行业平均水平变化趋势相近，历年数据均高于行业平均水平（图6-3-7）。

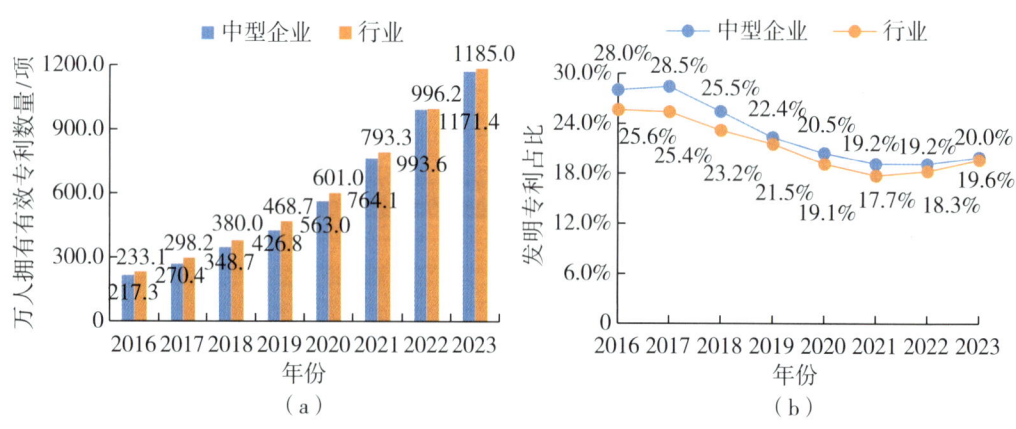

图6-3-7 中型企业专利创造储备情况（2016—2023年）

(2) 标准规范

中型企业万人主参编标准规范数量高速增长，2023年较2016年增长了242.4%，2016—2021年高于行业平均水平，2022—2023年稍低于或接近行业平均水平。团体标准占比逐年增长，与行业平均水平变化趋势相近，总体提高了16.9个百分点（图6-3-8）。

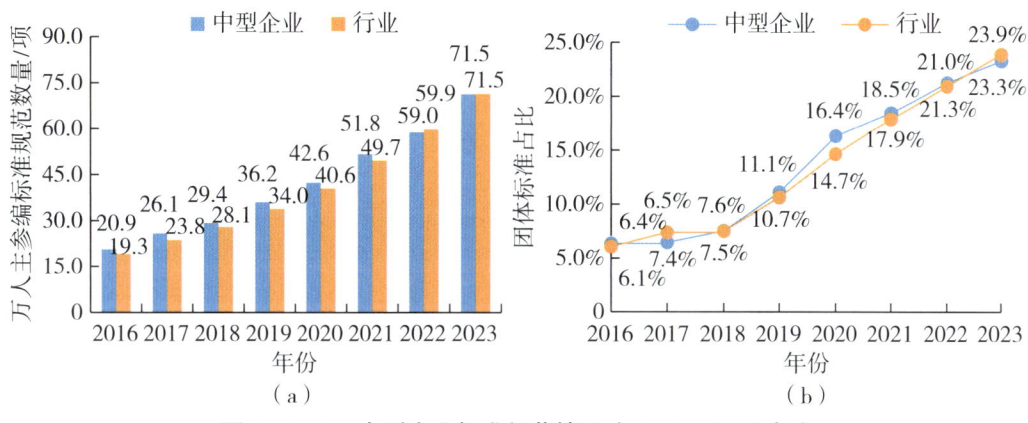

图6-3-8 中型企业标准规范情况（2016—2023年）

4. 创新绩效

（1）创新价值实现

中型企业人均新产品（新技术）销售收入平稳增长，2023年较2016年增长了54.4%，历年数据均低于行业平均水平。人均享受科技创新税收优惠金额呈增长趋势，2023年较2016年增长了71.4%，2016—2022年高于行业平均水平，但2023年低于行业平均水平（图6-3-9）。

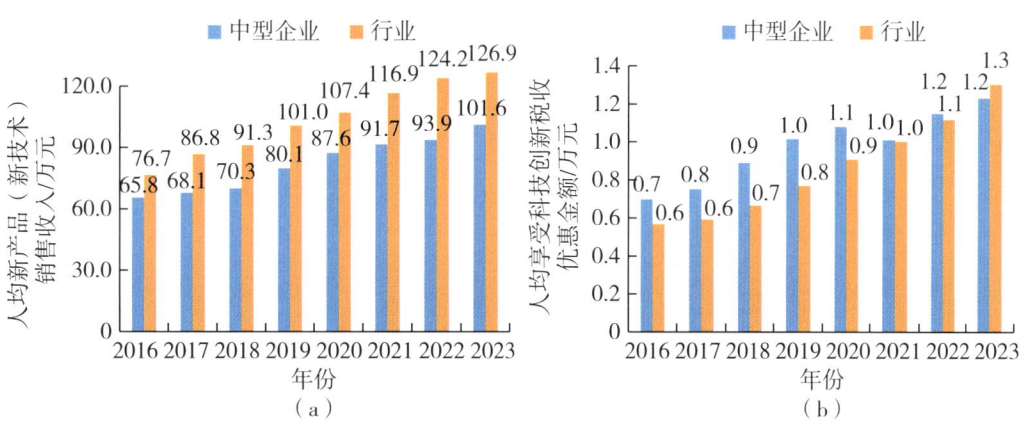

图6-3-9 中型企业创新价值实现情况（2016—2023年）

（2）企业经营效益

中型企业人均主营业务收入呈逐年增长趋势，2023年较2016年增长了43.7%；人均利润也逐年增长，2023年较2016年增长了51.6%，两项指标历年数据均低于行业平均水平（图6-3-10）。

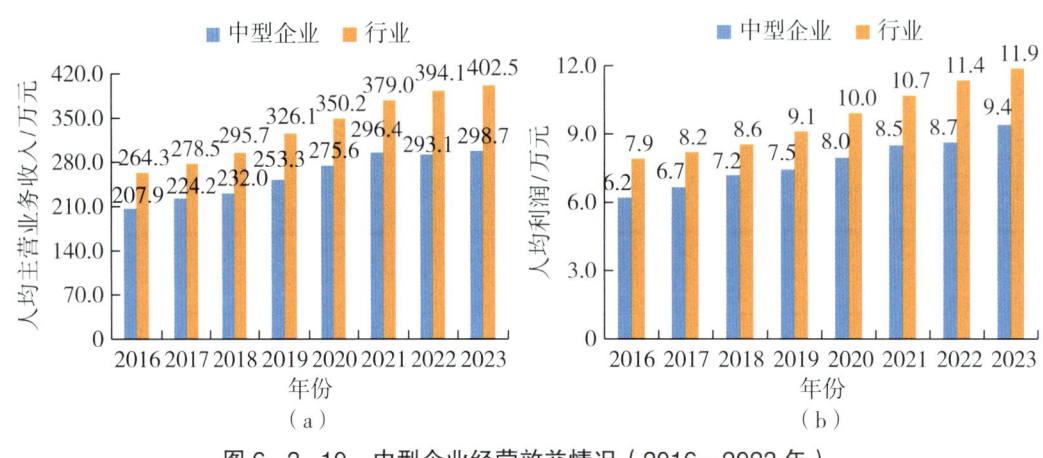

图6-3-10　中型企业经营效益情况（2016—2023年）

5. 小结

中型企业多数科技创新指标高于行业平均水平。在人力资源配置方面表现出色，科研课题研究深入且成果丰硕，同时在标准规范制定上也展现出了显著的优势，科技创新工作呈稳健发展态势。

中型企业应充分发挥自身优势，将市场需求和自身发展紧密结合，紧跟政策步伐，加大对新技术、新工艺、新材料、新装备的推广应用力度，运用高新技术和绿色技术改造提升传统业务，推动企业快速健康发展。

四、小型企业

本节分析小型企业的科技创新情况。参与分析的企业共有467家，从企业性质看，中央企业244家、地方国企104家、民营企业116家、外资企业3家，占比分别为52.2%、22.3%、24.8%、0.7%；从企业类别看，工程施工企业297家、工程勘察设计企业65家、其他105家，占比分别为63.6%、13.9%、22.5%（图6-4-1）。

第六章 不同规模工程建设企业科技创新指数分析

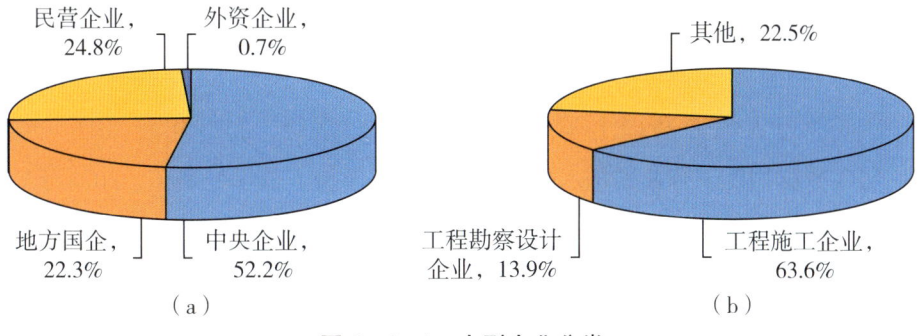

图6-4-1 小型企业分类

2016—2023年，小型企业科技创新总指数稳步增长，总体增长了170.1%。各分项指数也呈增长态势，其中创新成果指数增长最快，2023年较2016年增长了297.2%；其次为创新绩效指数，2023年较2016年增长了164.4%；再次为创新资源指数，2023年较2016年增长了123.8%；另外，创新投入指数稳步增长，2023年较2016年增长了95.2%（图6-4-2）。

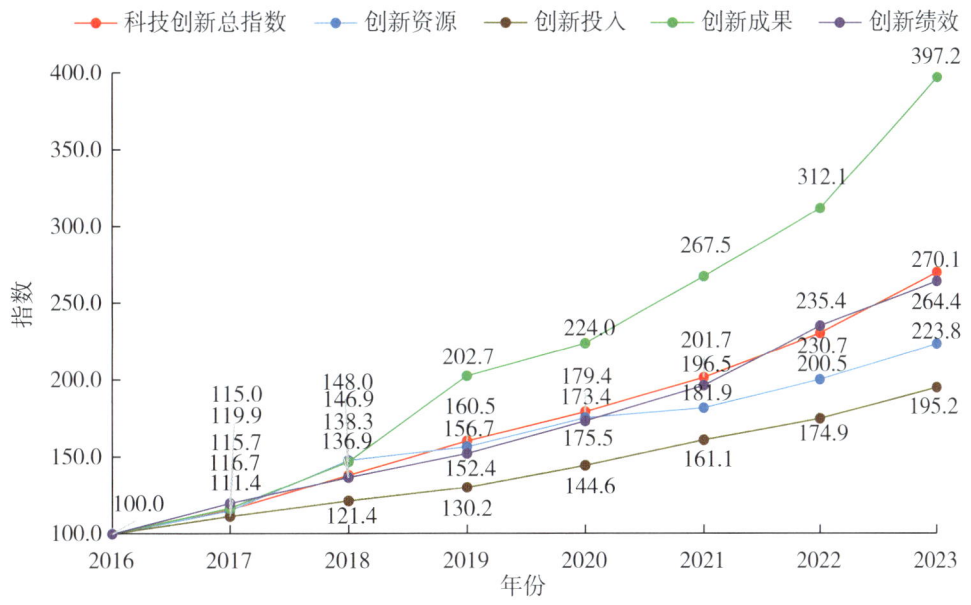

图6-4-2 小型企业科技创新指数（2016—2023年）

1. 创新资源

（1）人力资源

小型企业万人大专及以上学历人数增长相对平缓，2023年较2016年增长了23.9%，历年数据均低于行业平均水平。万人研究生学历人数平稳增长，2023年较2016年增长了58.7%，历年数据与行业平均水平相近（图6-4-3）。

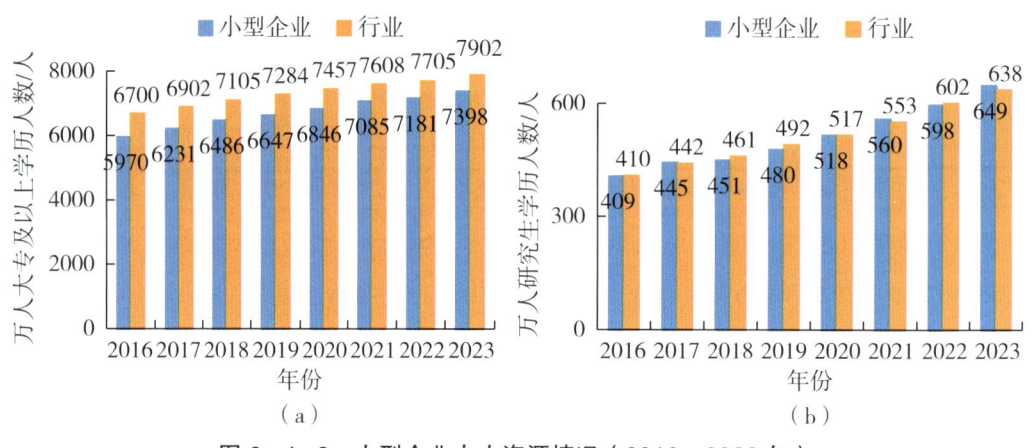

图6-4-3　小型企业人力资源情况（2016—2023年）

（2）创新平台和创新基础

小型企业万人省部级及以上研发和认证平台数稳步提升，2023年较2016年增长了111.0%。人均企业技术开发仪器设备原值呈增长趋势，2023年较2016年增长了29.7%。两项指标历年数据均高于行业平均水平（图6-4-4）。

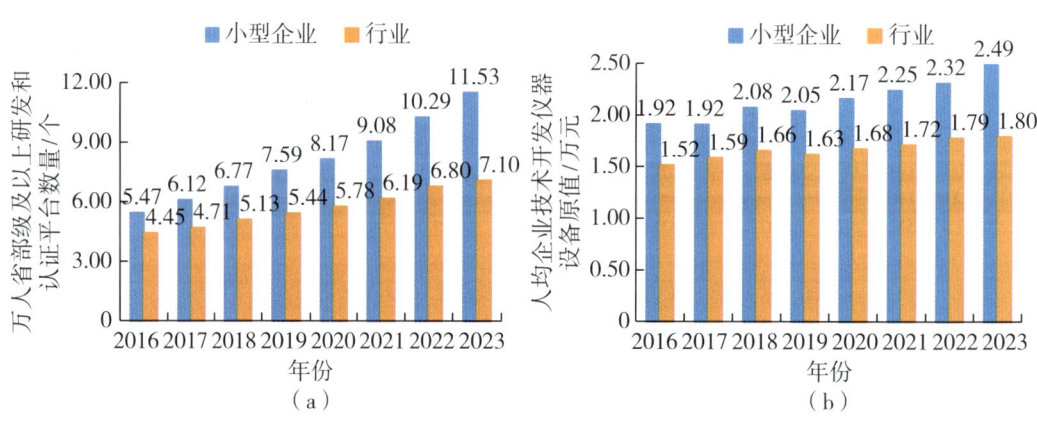

图6-4-4　小型企业创新平台和创新基础情况（2016—2023年）

2. 创新投入

（1）创新经费

小型企业R&D经费支出占主营业务收入的比重整体呈增长趋势，2023年较2016年上升了1.05个百分点，历年数据均高于行业平均水平。人均R&D经费2016—2021年呈增长趋势，2022年和2023年有所下降，2023年较2016年增长了35.2%，历年数据均远低于行业平均水平（图6-4-5）。

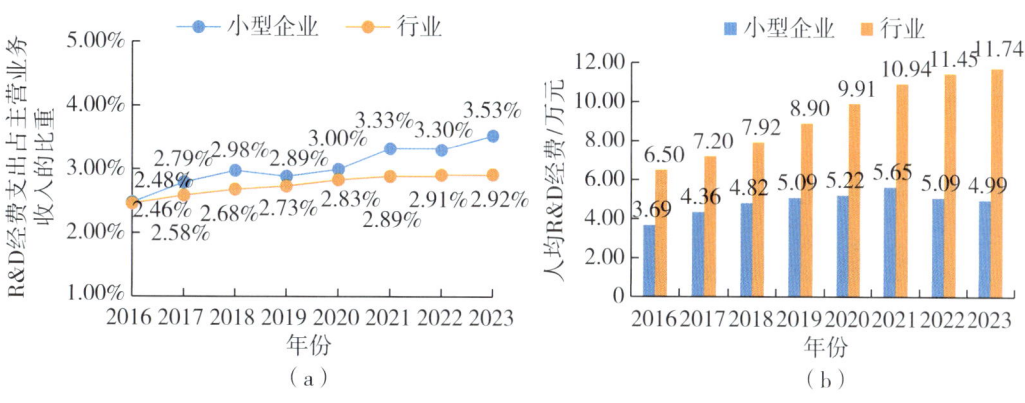

图6-4-5 小型企业创新经费情况（2016—2023年）

（2）创新人才

小型企业高级工程师及以上职称人员占比平稳增长，2023年较2016年上升了4.2个百分点；R&D人员占比整体呈增长趋势，2023年较2016年上升了2.7个百分点，两项指标历年数据均低于行业平均水平（图6-4-6）。

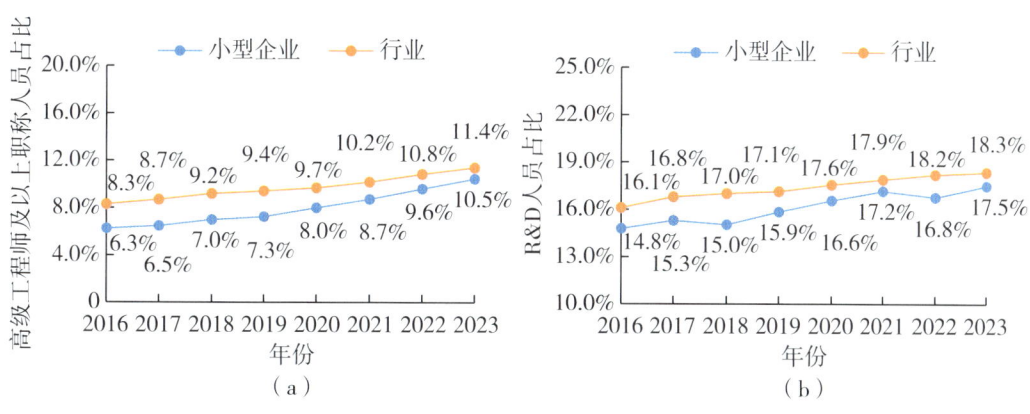

图6-4-6 小型企业创新人才情况（2016—2023年）

3. 创新成果

（1）专利创造储备

小型企业万人拥有有效专利数量高速增长，2022年开始高于行业平均水平，2023年较2016年增长了490.2%。发明专利占比变化趋势与行业平均水平变化趋势相近，2016—2021年数据高于行业平均水平，2022年和2023年的低于行业平均水平（图6-4-7）。

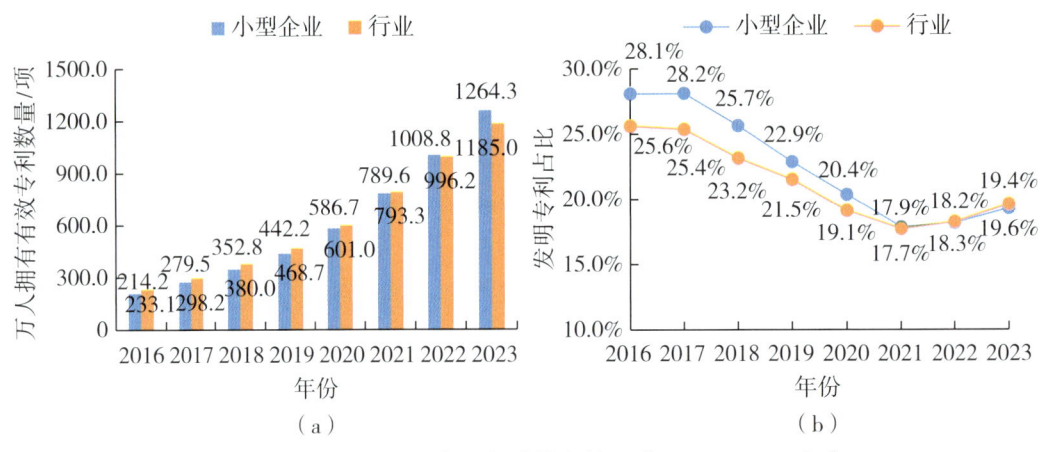

图6-4-7 小型企业专利创造储备情况（2016—2023年）

（2）标准规范

小型企业万人主参编标准规范数量高速增长，2023年较2016年增长了318.9%，历年数据均高于行业平均水平。团体标准占比逐年增长，2023年超过行业平均水平，2023年较2016年增加了20个百分点（图6-4-8）。

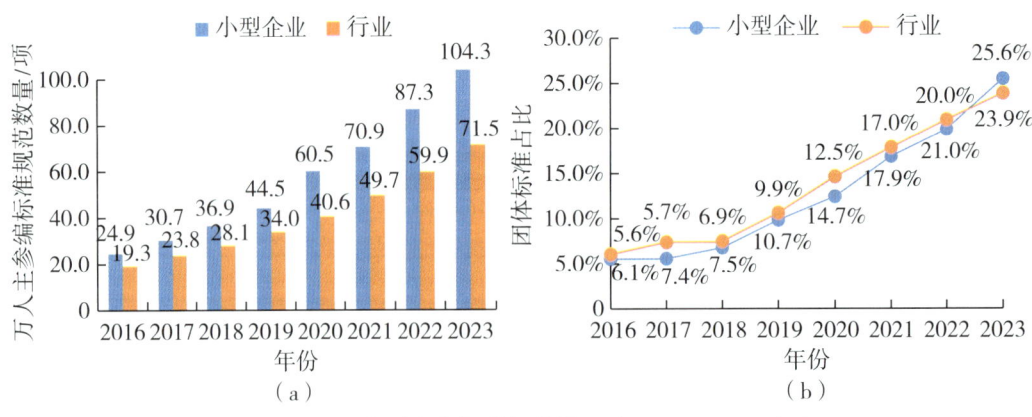

图6-4-8 小型企业标准规范情况（2016—2023年）

4. 创新绩效

（1）创新价值实现

小型企业人均新产品（新技术）销售收入增长缓慢，2023年较2016年仅增加了11.1%；人均享受科技创新税收优惠金额稳步增长，2023年较2016年增长了132.4%，两项指标历年数据均低于行业平均水平（图6-4-9）。

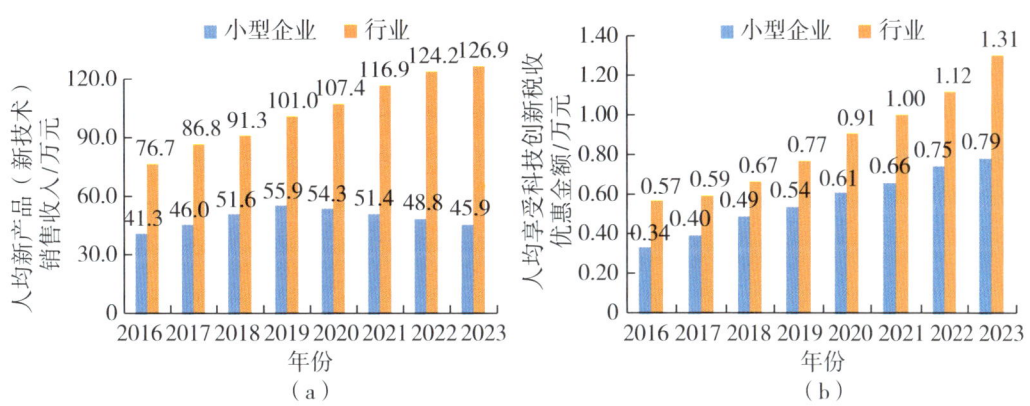

图6-4-9 小型企业创新价值实现情况（2016—2023年）

（2）企业经营效益

小型企业人均主营业务收入在2016—2019年逐年增长，随后逐年下降，2023年较2016年降低了5.0%。人均利润整体呈增长趋势，2023年较2016年增长了84.1%。两项指标历年数据均低于行业平均水平（图6-4-10）。

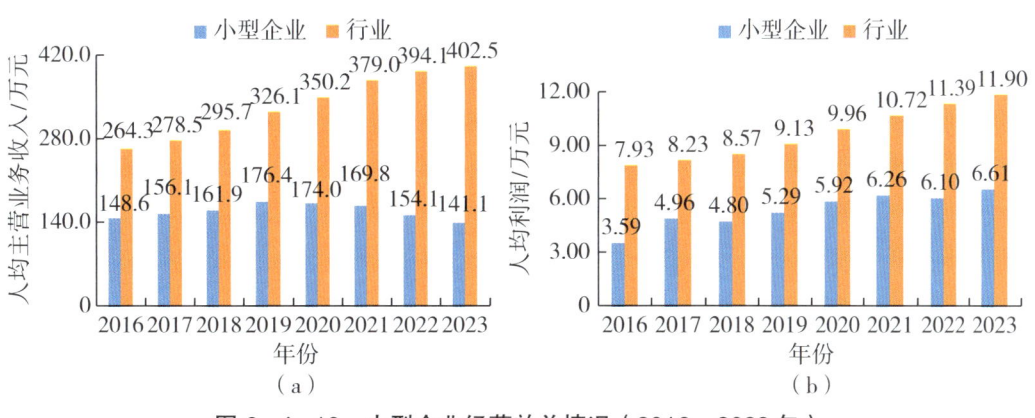

图6-4-10 小型企业经营效益情况（2016—2023年）

5. 小结

小型企业科技创新总体发展较快，科技活动表现尤为活跃。在研发平台构建、创新基础夯实、产学研合作深化及科技成果产出方面，小型企业均取得了显著进展。相比其他规模企业，小型企业中装备制造和科技服务领域的占比较高，是影响科技创新指数快速增长的重要因素。近年来，尽管小型企业的主营业务收入有所波动，但利润却保持了稳中向好的态势，这充分彰显了科技创新对企业经营发展的坚实支撑作用。

未来，小型企业需持续加大科技创新投入力度，朝着"专业化、精细化、特色化、新颖化"的方向发展，不断深耕市场细分领域，打造独具特色的竞争优势。通过科技创新引领企业转型升级，推动企业实现健康、快速、可持续的发展。

第七章

不同地区工程建设企业科技创新指数分析

本章针对不同地区工程建设企业的科技创新情况进行分析。将东部地区、中部地区、西部地区、东北地区及重点区域企业的科技创新情况与行业平均水平进行对比，并选取了部分具有代表性的指标进行展示，以反映不同地区企业相比于行业的科技创新情况。

参与分析的企业中，东部地区有521家，中部地区有216家，西部地区有183家，东北地区有28家。2016—2023年，东部地区、中部地区、西部地区、东北地区各年科技创新指数均持续增长。其中西部地区创新指数增长最快，增长了179.5%；其次为东北地区，增长了174.4%；另外，东部地区、中部地区科技创新指数快速增长，分别增长了153.9%、134.6%（图7-0-1）。

图7-0-1 不同地区的科技创新指数（2016—2023年）

一、东部地区

本部分分析东部地区企业的科技创新情况。参与分析的企业共有 521 家。从企业性质看，中央企业 303 家、地方国企 118 家、民营企业 97 家、外资企业 3 家，占比分别为 58.2%、22.6%、18.6%、0.6%；从企业类别看，工程施工企业 385 家、工程勘察设计企业 73 家、其他 63 家，占比分别为 73.9%、14.0%、12.1%（图 7-1-1）。

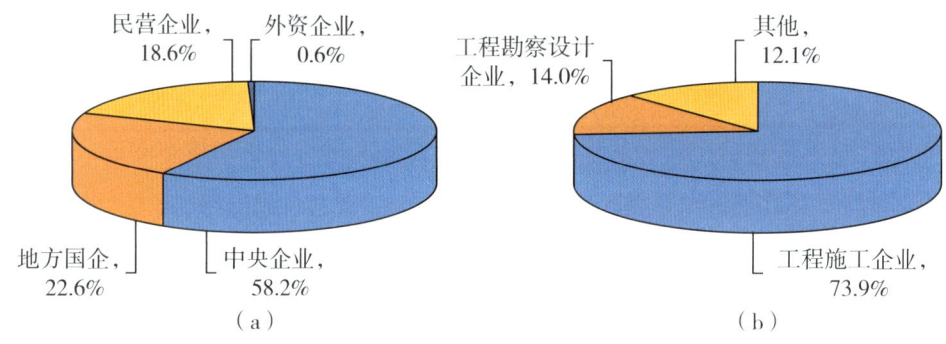

图 7-1-1　东部地区企业分类

2016—2023 年，东部地区企业科技创新总指数快速增长，总体增长了 153.9%。各分项指数也呈增长态势，其中创新成果指数增长最快，2023 年较 2016 年增长了 235.9%；其次为创新绩效指数，2023 年较 2016 年增长了 195.6%；再次为创新资源指数，2023 年较 2016 年增长了 102.0%；另外，创新投入指数稳步增长，2023 年较 2016 年增长了 82.3%（图 7-1-2）。

1. 创新资源

（1）人力资源

东部地区企业万人大专及以上学历人数平缓增长，2023 年较 2016 年增长了 16.7%；万人研究生学历人数平稳增长，2023 年较 2016 年增长了 47.6%，两项指标历年数据均高于行业平均水平（图 7-1-3）。表明东部地区在人力资源方面，特别是高学历人才吸引方面具有较强优势。

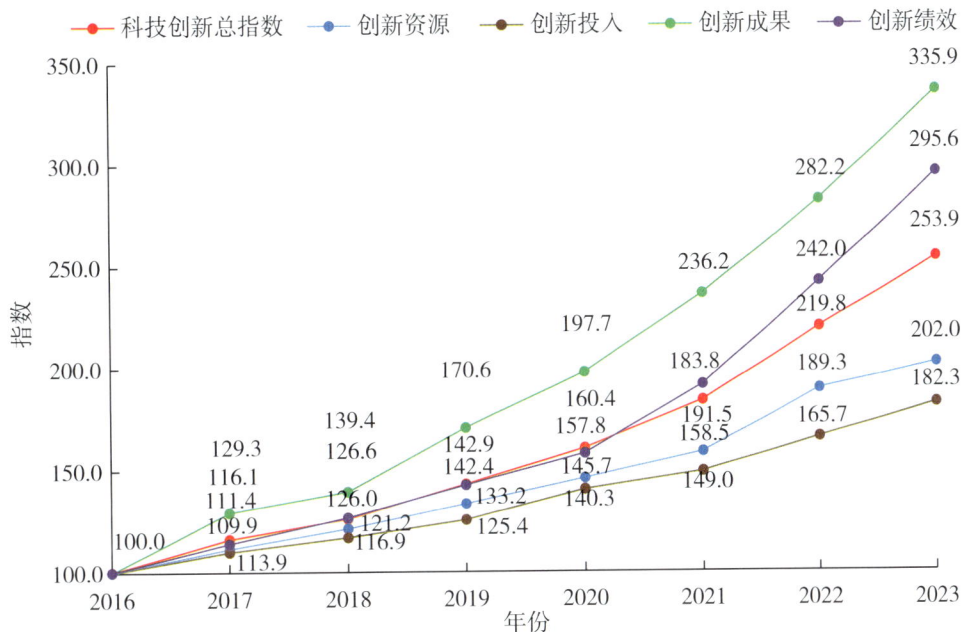

图 7-1-2 东部地区企业科技创新总指数及各分项指数（2016—2023 年）

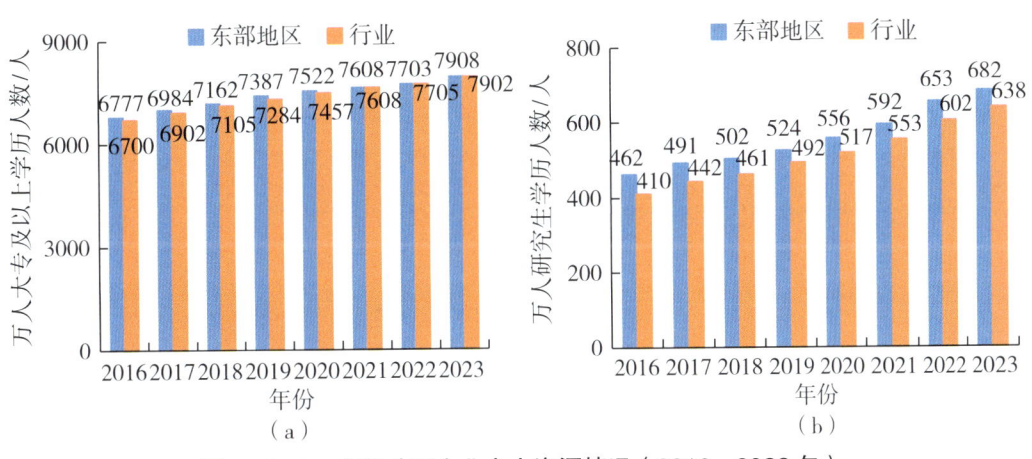

图 7-1-3 东部地区企业人力资源情况（2016—2023 年）

（2）创新平台

东部地区企业万人省部级及以上研发和认证平台数量稳定增长，2023 年较 2016 年增长 61.0%，历年数据均低于行业平均水平。万人省级及以上企业技术中心数量快速增长，2023 年较 2016 年增长了 131.6%，2016—2022 年高于行业平均水平，2023 年低于行业平均水平（图 7-1-4）。

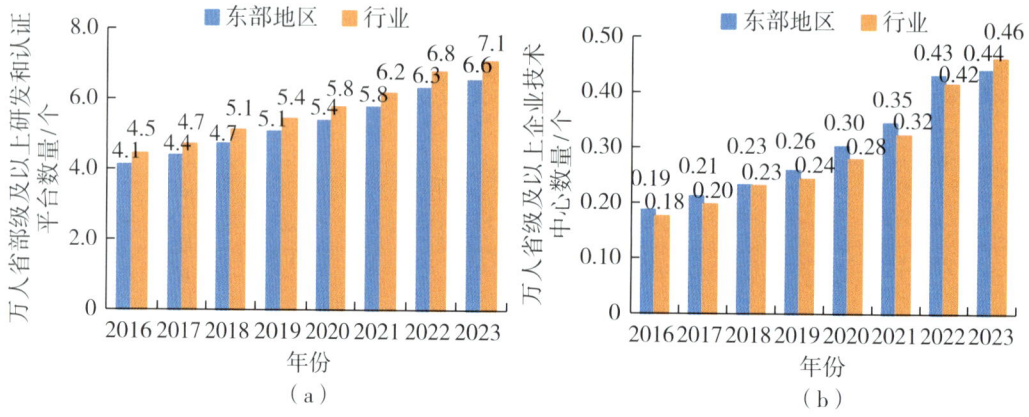

图 7-1-4 东部地区企业创新平台情况

2. 创新投入

（1）创新经费

东部地区企业 R&D 经费支出占主营业务收入的比重平稳增长，2023 年较 2016 年提升了 0.56 个百分点，从 2019 年开始高于行业平均水平。人均 R&D 经费稳步增长，2023 年较 2016 年增长了 80.3%（图 7-1-5），历年数据均高于行业平均水平。R&D 经费投入力度大，表明东部地区企业重视科技创新工作。

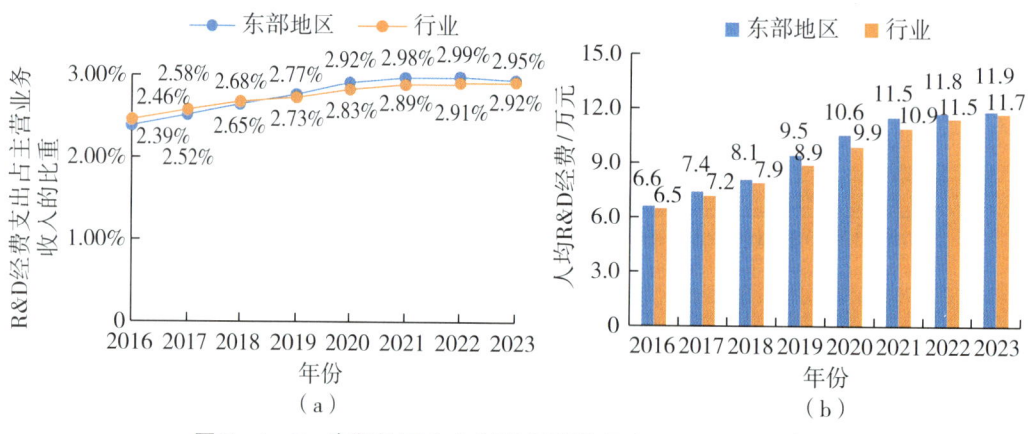

图 7-1-5 东部地区企业创新经费情况（2016—2023 年）

（2）创新人才

东部地区企业高级工程师及以上职称人员占比稳步增长，2023 年较 2016 年提升了 3.0 个百分点，历年数据均低于行业平均水平。R&D 人员占比平缓增长，2023 年较

2016年提升了2.5个百分点，历年数据均高于行业平均水平（图7-1-6）。东部地区R&D人员投入力度大，为保障科技创新工作提供了有力的支撑。

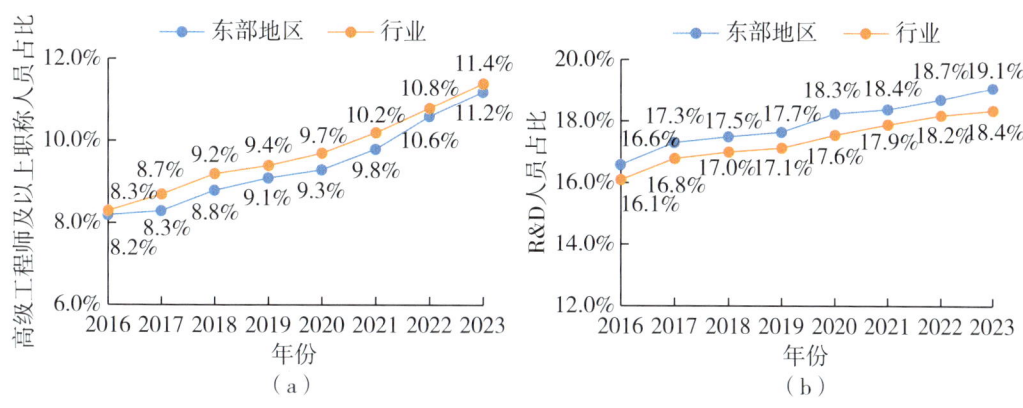

图7-1-6　东部地区企业创新人才情况（2016—2023年）

3. 创新成果

（1）专利创造储备

东部地区企业万人拥有有效专利数量高速增长，2023年较2016年增长了406.4%，历年数据均高于行业平均水平。发明专利占比变化趋势与行业平均水平变化趋势相近（图7-1-7）。

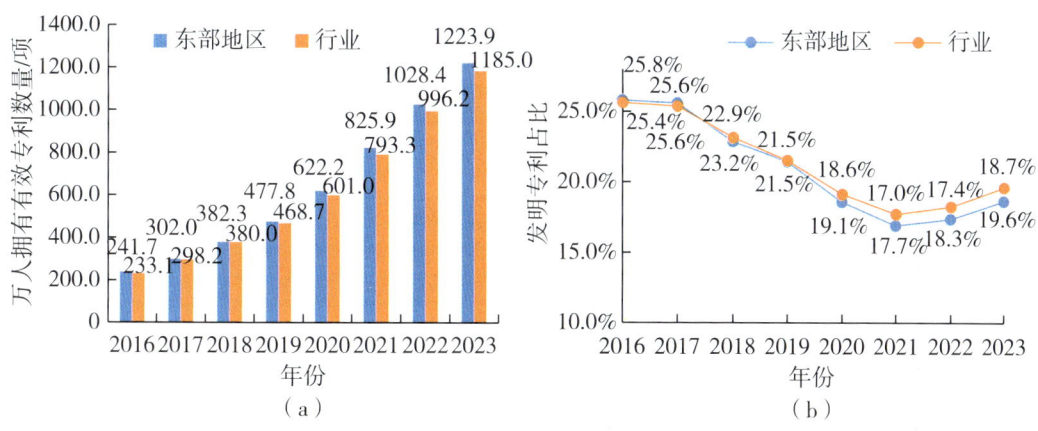

图7-1-7　东部地区企业专利创造储备情况（2016—2023年）

（2）数字化与绿色化成果

东部地区企业万人拥有软件著作权数量高速增长，2023年较2016年增长了445.0%，历年数据均高于行业平均水平；万人当年绿色化成果数量高速增长，2023年较2016年增长了296.9%，多数年份数据低于行业平均水平（图7-1-8）。

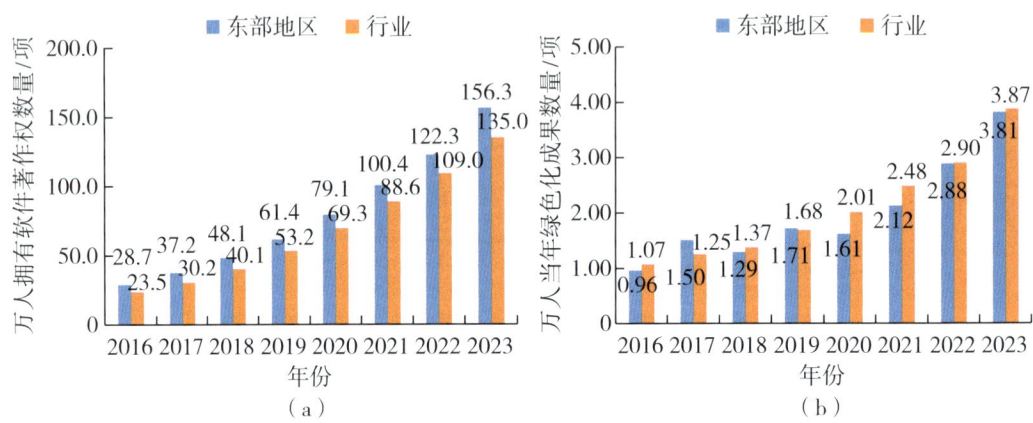

图7-1-8　东部地区企业数字化与绿色化成果情况（2016—2023年）

4. 创新绩效

（1）创新奖项

东部地区企业万人累计获得省部级及以上科技奖数量快速增长，2023年较2016年增长了127.8%，历年数据均高于行业平均水平。万人累计获得省部级及以上专利奖数量高速增长，2023年较2016年增长了1680.0%，历年数据均低于行业平均水平（图7-1-9）。

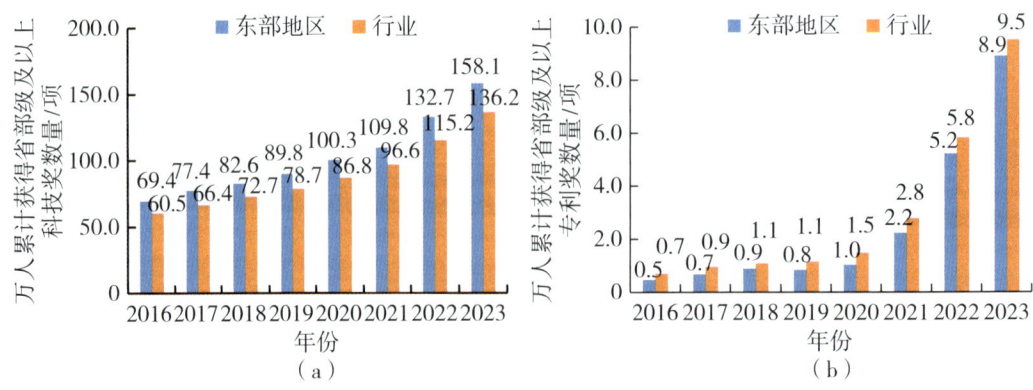

图7-1-9　东部地区企业创新奖项情况（2016—2023年）

（2）企业经营效益

东部地区企业人均主营业务收入呈增长态势，2023年较2016年增长了45.0%，历年数据均高于行业平均水平。人均利润平缓增长，2023年较2016年增长了25.3%，自2021年起低于行业平均水平（图7-1-10）。

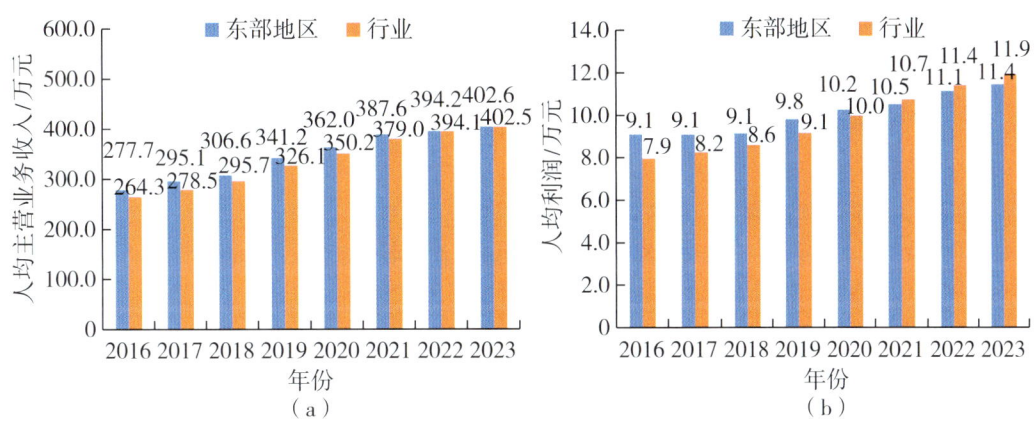

图7-1-10 东部地区企业经营效益情况（2016—2023年）

5. 小结

东部地区是我国经济最发达的区域，区域内形成了京津冀、长三角、粤港澳大湾区等多个具有强大创新能力的城市集群，创新资源丰富，创新氛围浓厚。东部地区企业得益于区域优势，创新投入始终保持高位，科技创新成果产出快速增长，承担重点研究项目占比大，高水平科技奖励多，多数科技创新指标高于行业平均水平，是行业的科技人才中心和创新高地。

东部地区企业应主动服务国家重大战略，充分发挥区位优势，进一步加大创新投入、增强原始创新能力、加强科技成果转化推广，培育和发展新质生产力，为打造世界重要人才中心和创新高地做出贡献。

二、中部地区

本部分分析中部地区企业的科技创新情况。参与分析的企业共有216家。从企业性质看，中央企业135家、地方国企50家、民营企业31家，占比分别为62.5%、

23.1%、14.4%；从企业类别看，工程施工企业160家、工程勘察设计企业26家、其他30家，占比分别为74.1%、12.0%、13.9%（图7-2-1）。

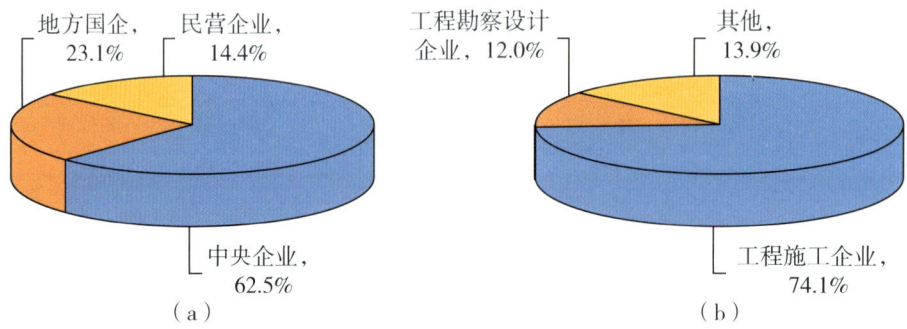

图7-2-1　中部地区企业分类

2016—2023年，中部地区企业科技创新总指数快速增长，总体增长了134.6%。各分项指数也呈增长态势，其中创新成果指数增速最快，2023年较2016年增长了177.7%；其次为创新绩效指数，2016—2023年增长了149.1%；再次为创新资源指数，2016—2023年增长了126.4%；另外，创新投入指数稳步增长，2016—2023年增长了85.2%（图7-2-2）。

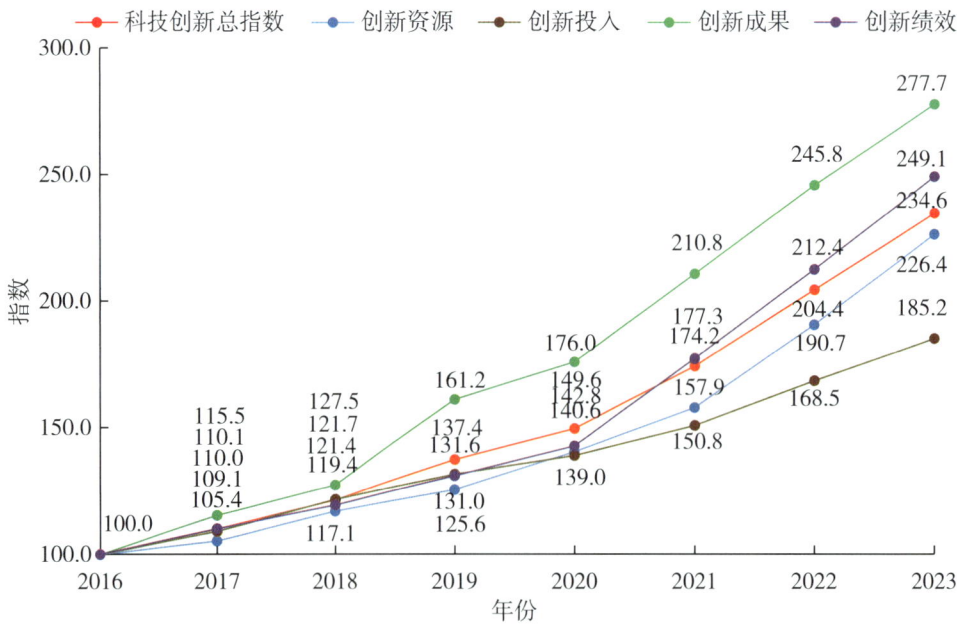

图7-2-2　中部地区企业科技创新总指数及各分项指数（2016—2023年）

1. 创新资源

（1）人力资源

中部地区企业万人大专及以上学历人数平缓增长，2023年较2016年增长了16.4%。万人研究生学历人数稳步增长，2023年较2016年增长了60.0%。两项指标历年数据均高于行业平均水平（图7-2-3）。表明中部地区企业在人力资源方面具有一定优势。

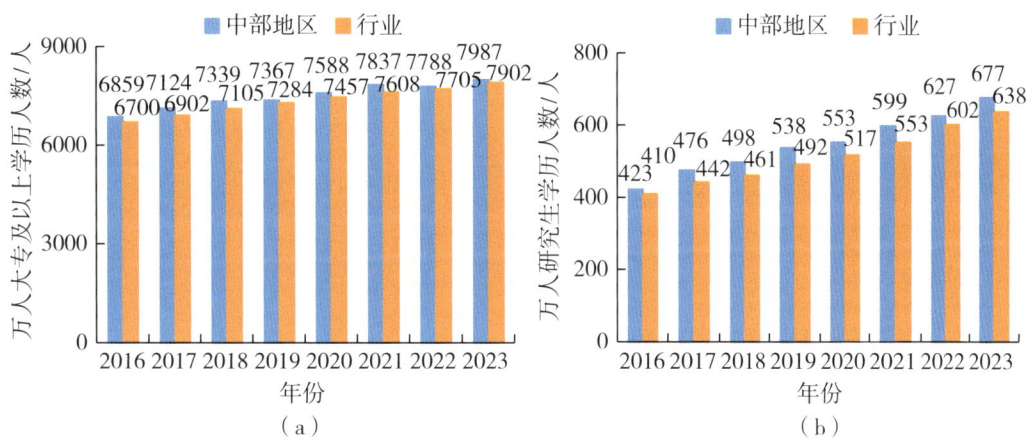

图7-2-3 中部地区企业人力资源情况（2016—2023年）

（2）创新平台

中部地区企业万人省部级及以上研发和认证平台数量平缓增长，2023年较2016年增长了31.5%，历年数据均高于行业平均水平（图7-2-4）。万人省级及以上企业技术中心数量快速增长，2023年较2016年增长了156.2%，历年数据均低于行业平均水平。

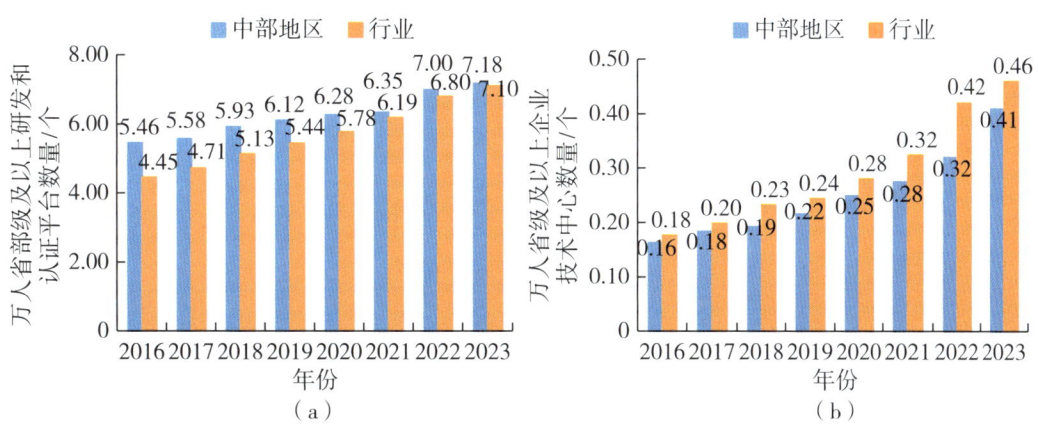

图7-2-4 中部地区企业创新平台情况（2016—2023年）

2. 创新投入

（1）创新经费

中部地区企业 R&D 经费支出占主营业务收入的比重平缓增长，2023 年较 2016 年提升了 0.3 个百分点。人均 R&D 经费稳步增长，2023 年较 2016 年增长了 74.7%。两项指标历年数据均高于行业平均水平（图 7-2-5）。表明中部地区企业注重创新经费投入，为科技创新工作提供了物质保障。

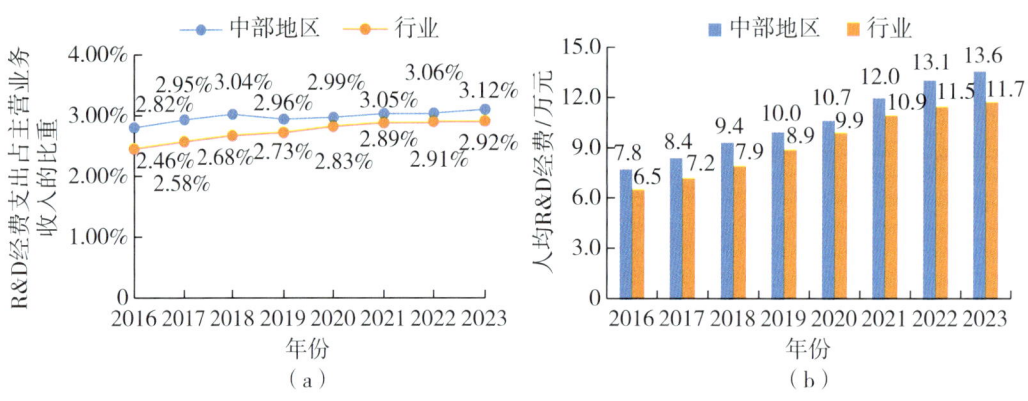

图 7-2-5 中部地区企业创新经费情况（2016—2023 年）

（2）创新人才

中部地区企业高级工程师及以上职称人员占比平缓增长，2023 年较 2016 年提升了 3.1 个百分点，除 2016 年和 2023 年外，历年数据均高于行业平均水平。R&D 人员占比总体呈增长态势，2023 年较 2016 年提升了 1.8 个百分点，历年数据均高于行业平均水平（图 7-2-6）。

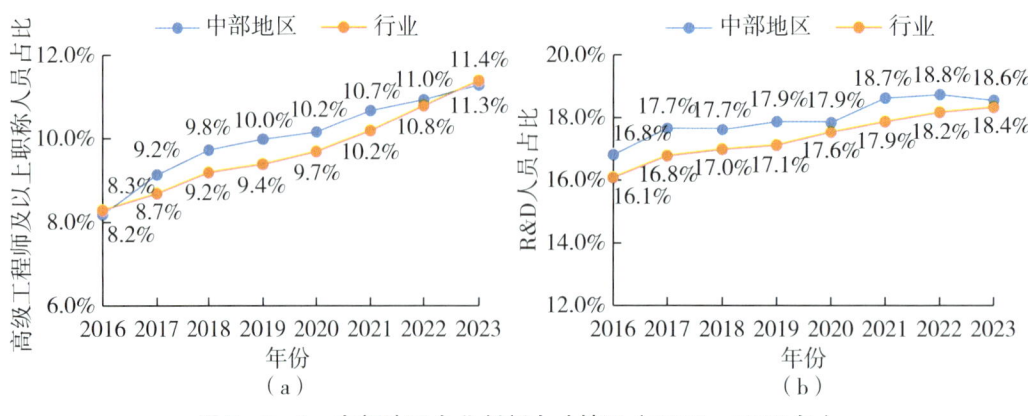

图 7-2-6 中部地区企业创新人才情况（2016—2023 年）

3. 创新成果

（1）专利创造储备

中部地区企业万人拥有有效专利数量高速增长，2023年较2016年增长了323.1%，历年数据均高于行业平均水平。发明专利占比在2016—2021年有所下降，2022年开始回升，总体高于行业平均水平（图7-2-7）。表明中部地区企业注重专利创造储备，在专利数量、质量方面具有一定优势。

图7-2-7 中部地区企业专利创造储备情况（2016—2023年）

（2）数字化与绿色化成果

中部地区企业万人拥有软件著作权数量高速增长，2023年较2016年增长了391.9%，历年数据均低于行业平均水平。万人当年绿色化成果数量高速增长，2023年较2016年增长了306.5%（图7-2-8）。

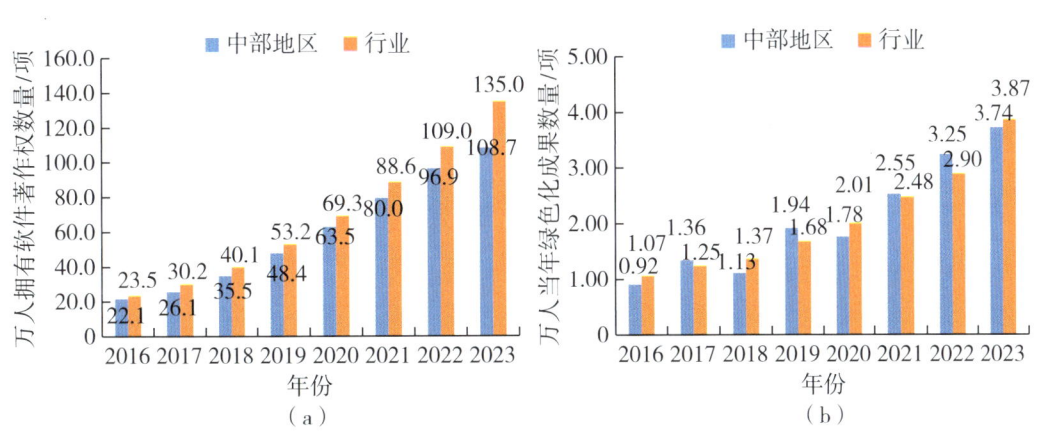

图7-2-8 中部地区企业数字化与绿色化成果情况（2016—2023年）

4. 创新绩效

（1）创新奖项

中部地区企业万人累计获得省部级及以上科技奖数量快速增长，2023年较2016年增长了120.4%，历年数据均低于行业平均水平。万人累计获得省部级及以上专利奖数量高速增长，2023年较2016年增长了807.7%，历年数据均高于行业平均水平（图7-2-9）。

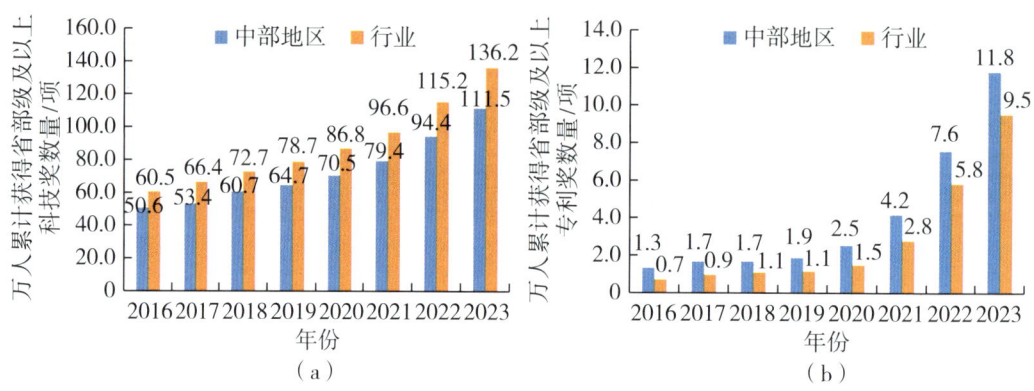

图7-2-9 中部地区企业创新奖项情况（2016—2023年）

（2）企业经营效益

中部地区企业人均主营业务收入稳步增长，2023年较2016年增长了58.2%，历年数据均高于行业平均水平。人均利润稳步增长，2023年较2016年增长了60.0%，2016—2020年与行业平均水平基本持平，2021年开始高于行业平均水平（图7-2-10）。

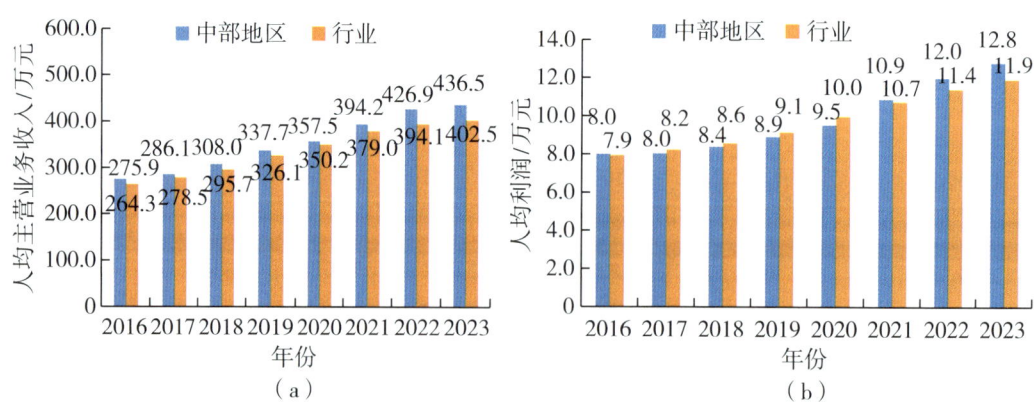

图7-2-10 中部地区企业经营效益情况（2016—2023年）

5. 小结

随着中部崛起战略的实施，中部地区经济社会发展取得重大成就，在全国发展大局中的地位进一步凸显。中部地区企业多数科技创新指标高于行业平均水平，人力资源优势明显，研发经费投入持续加大，专利创造储备量质齐升，科技创新呈快速发展趋势。

中部地区企业应充分发挥自身优势，围绕现有创新基础选准重点领域，集聚政策、资金和人才优势，加快构建协同创新体系，将科技创新作为高质量发展的支点，主动融入国家战略，拓展新空间，推动中部崛起取得新的突破。

三、西部地区

本部分分析西部地区企业的科技创新情况。参与分析的企业共有183家。从企业性质看，中央企业130家、地方国企39家、民营企业14家，占比分别为71.0%、21.3%、7.7%；从企业类别看，工程施工企业129家、工程勘察设计企业28家、其他26家，占比分别为70.5%、15.3%、14.2%（图7-3-1）。

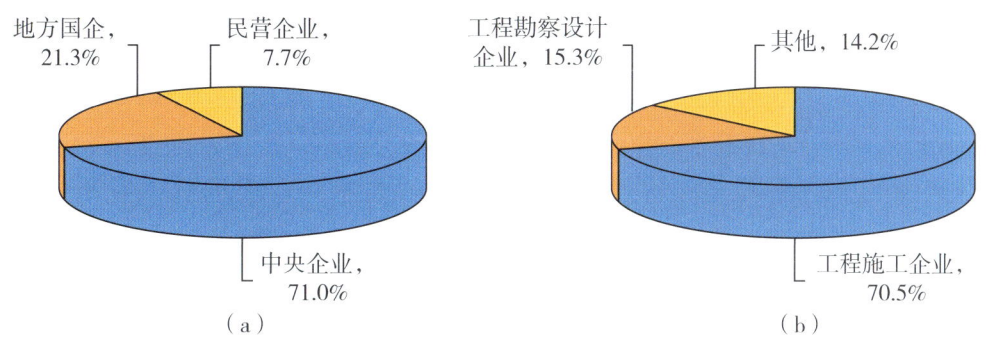

图7-3-1 西部地区企业分类

2016—2023年，西部地区科技创新总指数快速增长，总体增长了179.5%。各分项指数也呈增长态势，其中创新绩效指数增长最快，2023年较2016年增长了240.5%；其次为创新成果指数，2023年较2016年增长了208.4%；再次为创新资源指数，2023年较2016年增长了154.5%；另外，创新投入指数也在快速增长，2023年较2016年增长了114.8%（图7-3-2）。

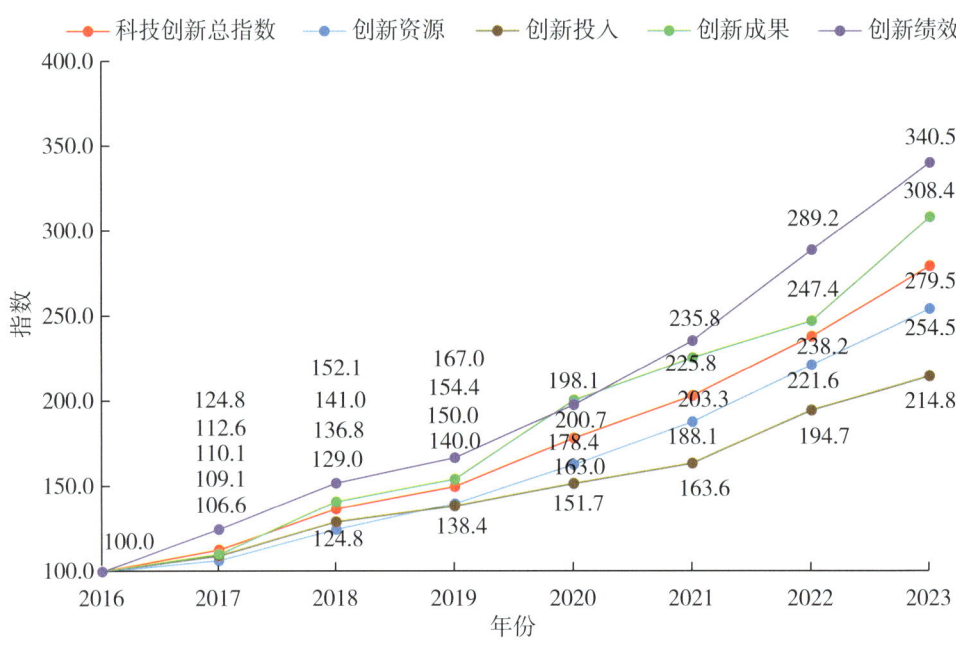

图 7-3-2 西部地区企业科技创新总指数及各分项指数（2016—2023 年）

1. 创新资源

（1）人力资源

西部地区企业万人大专及以上学历人数增长平缓，2023 年较 2016 年增长了 21.2%；万人研究生学历人数稳步增长，2023 年较 2016 年增长了 65.1%，两项指标历年数据均低于行业平均水平（图 7-3-3）。

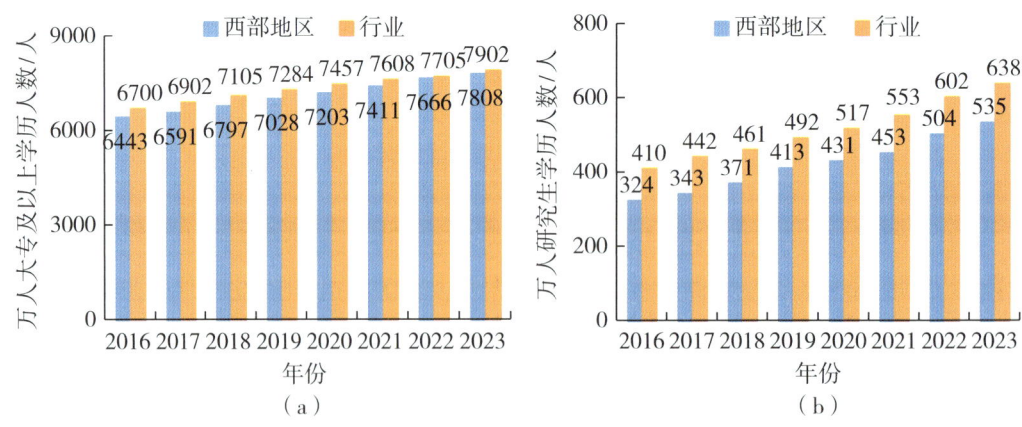

图 7-3-3 西部地区企业人力资源情况（2016—2023 年）

（2）创新平台

西部地区企业万人省部级及以上研发和认证平台数量快速增长，2023年较2016年增长了104.7%，自2017年开始高于行业平均水平。万人省级及以上企业技术中心数量高速增长，2023年较2016年增长了205.9%，2023年数据高于行业平均水平（图7-3-4）。表明西部地区重视科技创新平台及企业技术中心的建设。

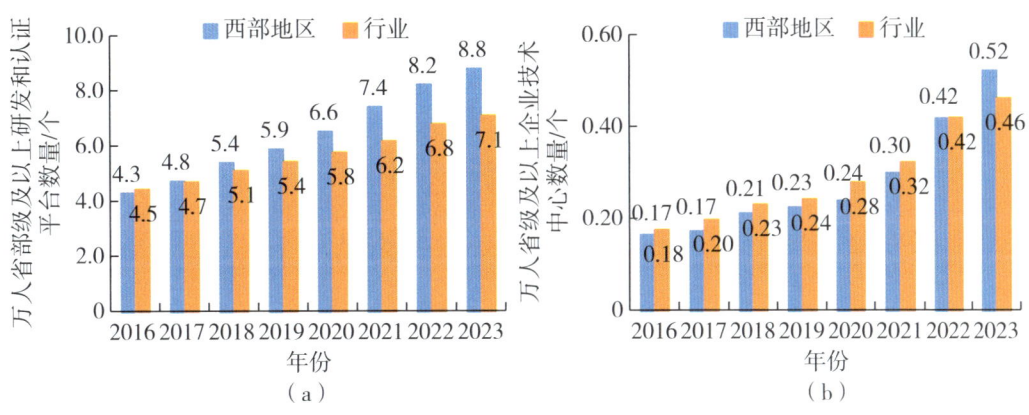

图7-3-4 西部地区企业创新平台情况（2016—2023年）

2. 创新投入

（1）创新经费

西部地区企业R&D经费支出占主营业务收入的比重平缓增长，2023年较2016年提高了0.43个百分点。人均R&D经费稳步增长，2023年较2016年增长了94.0%，两项指标历年数据均低于行业平均水平（图7-3-5）。表明西部地区对研发经费的投入仍需加强。

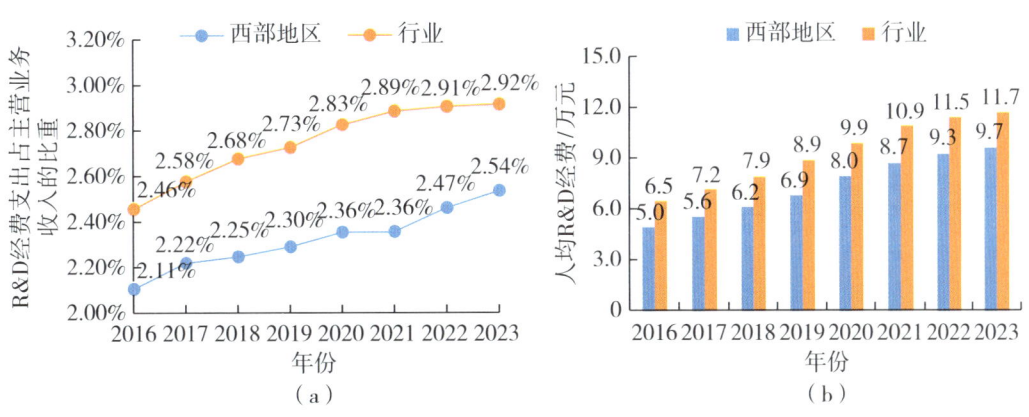

图7-3-5 西部地区企业创新经费情况（2016—2023年）

（2）创新人才

西部地区企业高级工程师及以上职称人员占比逐年增长，2023年较2016年提高了3.38个百分点，变化趋势与行业平均水平变化趋势相近。R&D人员占比稳步增长，2023年较2016年提高了2.34个百分点，历年数据均低于行业平均水平（图7-3-6）。

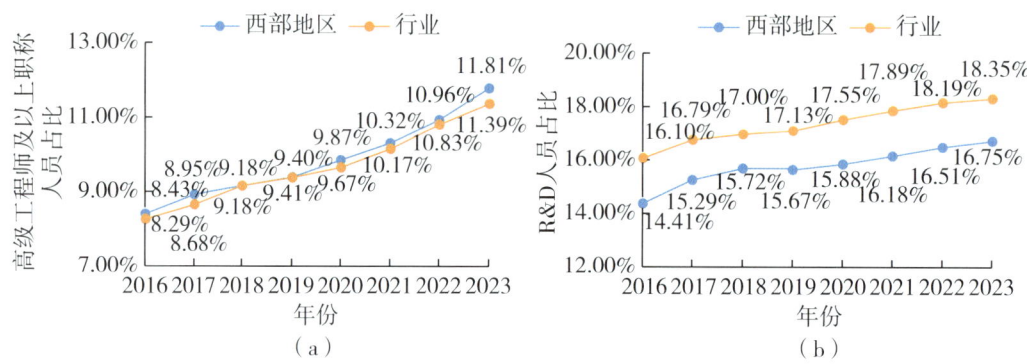

图7-3-6　西部地区企业创新人才情况（2016—2023年）

3. 创新成果

（1）专利创造储备

西部地区企业万人拥有有效专利数量高速增长，2023年较2016年增长了575.3%。发明专利占比变化趋势与行业平均水平变化趋势相近，两项指标历年数据均低于行业平均水平（图7-3-7）。

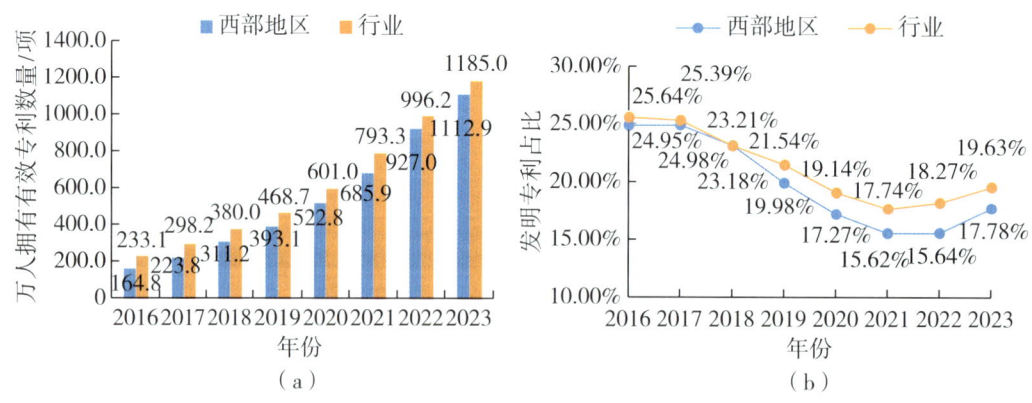

图7-3-7　西部地区企业专利创造储备情况（2016—2023年）

（2）标准规范

西部地区企业万人主参编标准规范数量高速增长，2023年较2016年增长了351.0%，历年数据均低于行业平均水平。团体标准占比稳步增长，2023年较2016年增长了13.6个百分点，自2019年开始低于行业平均水平（图7-3-8）。

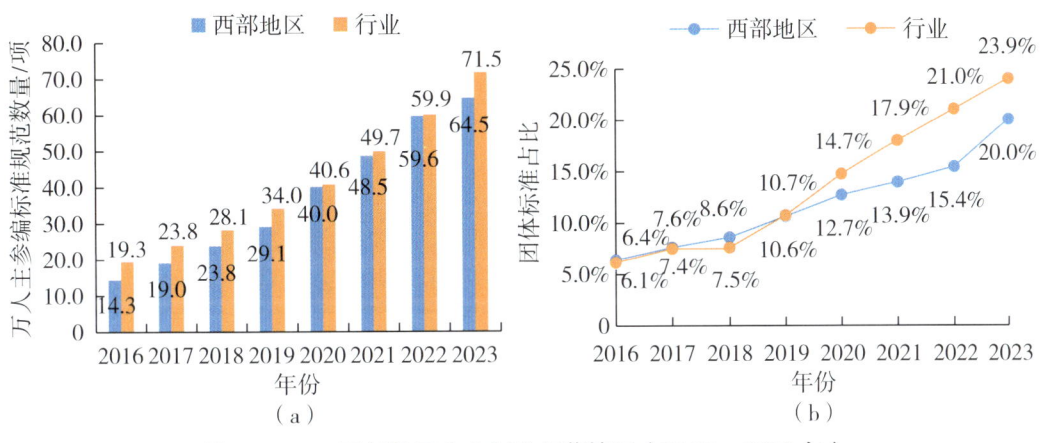

图7-3-8　西部地区企业标准规范情况（2016—2023年）

4. 创新绩效

（1）创新价值实现

西部地区企业人均新产品（新技术）销售收入稳步增长，2023年较2016年增长了69.7%，自2017年开始高于行业平均水平。人均享受科技创新税收优惠金额高速增长，2023年较2016年增长了263.3%，历年数据均低于行业平均水平（图7-3-9）。

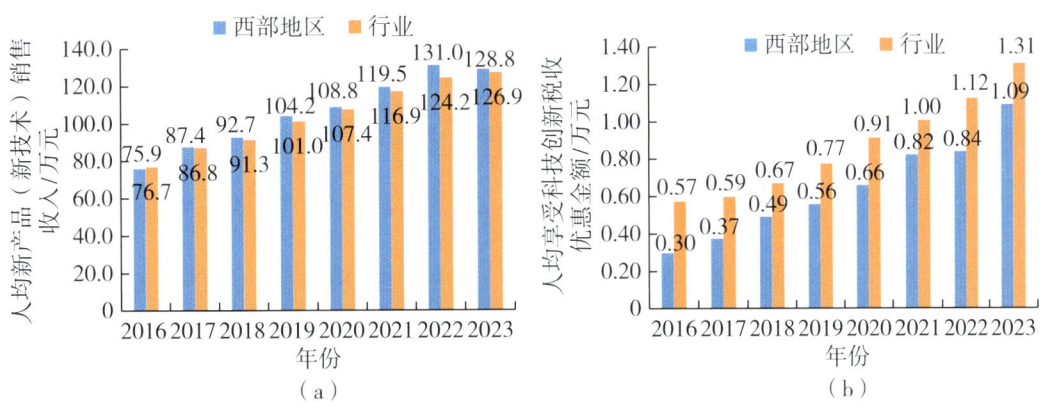

图7-3-9　西部地区企业创新价值实现情况（2016—2023年）

（2）企业经营效益

西部地区企业人均主营业务收入稳步增长，2023年较2016年增长了61.0%，但历年数据均低于行业平均水平。人均利润稳步增长，2023年较2016年增长了106.5%，自2020年开始高于行业平均水平（图7-3-10）。

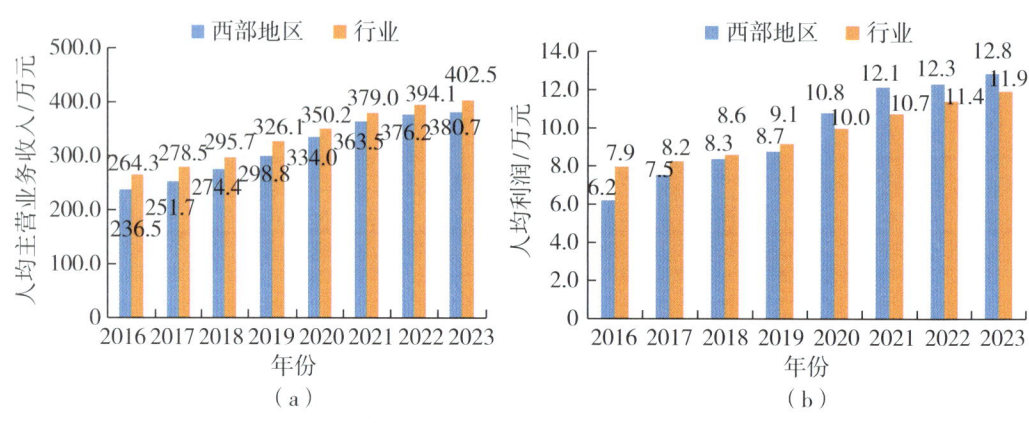

图7-3-10　西部地区企业经营效益情况（2016—2023年）

5. 小结

西部大开发战略持续推动西部地区经济发展，为西部地区企业开展科技创新提供了良好的环境。西部地区企业科技创新始终保持较高的活跃度，科研投入持续加大，创新平台数量持续增长，围绕重点工程实施科技攻关，重大科技创新成果不断涌现，产学研合作深度推进，为企业经营发展提供了有力支撑。

西部地区企业应当牢牢把握当前国家战略赋予的重大机遇，充分利用国家政策所提供的支持与导向作用，积极加大科技创新投入力度，致力于培养、引进及合理使用高层次科技创新人才，深化产学研合作机制，增强自主创新能力，推动企业转型升级。

四、东北地区

本部分分析东北地区企业的科技创新情况。参与分析的企业共有28家。从企业性质看，中央企业15家、地方国企10家、民营企业3家，占比分别为53.6%、35.7%、10.7%；从企业类别看，工程施工企业26家、工程勘察设计企业2家，占比分别为92.9%、7.1%（图7-4-1）。

第七章 不同地区工程建设企业科技创新指数分析

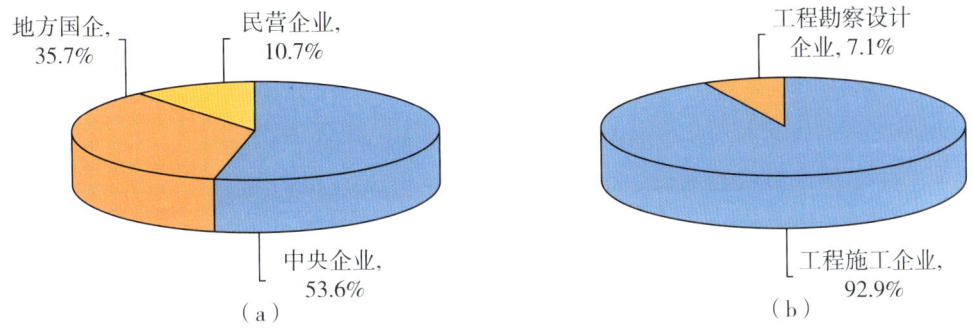

图 7-4-1 东北地区企业分类

2016—2023 年，东北地区企业科技创新总指数快速增长，总体增长了 174.4%。各分项指数也呈增长态势，其中创新绩效指数增长最快，2023 年较 2016 年增长了 276.8%；其次为创新资源指数及创新成果指数，2023 年较 2016 年分别增长了 169.4% 和 165.1%；另外，创新投入指数稳步增长，2023 年较 2016 年增长了 86.3%（图 7-4-2）。

图 7-4-2 东北地区企业科技创新总指数及各分项指数（2016—2023 年）

1. 创新资源

（1）人力资源

东北地区企业万人大专及以上学历人数增长平缓，2023年较2016年增长了29.2%；万人研究生学历人数快速增长，2023年较2016年增长了108.1%。两项指标历年数据均低于行业平均水平（图7-4-3），表明东北地区需进一步加强人才队伍建设。

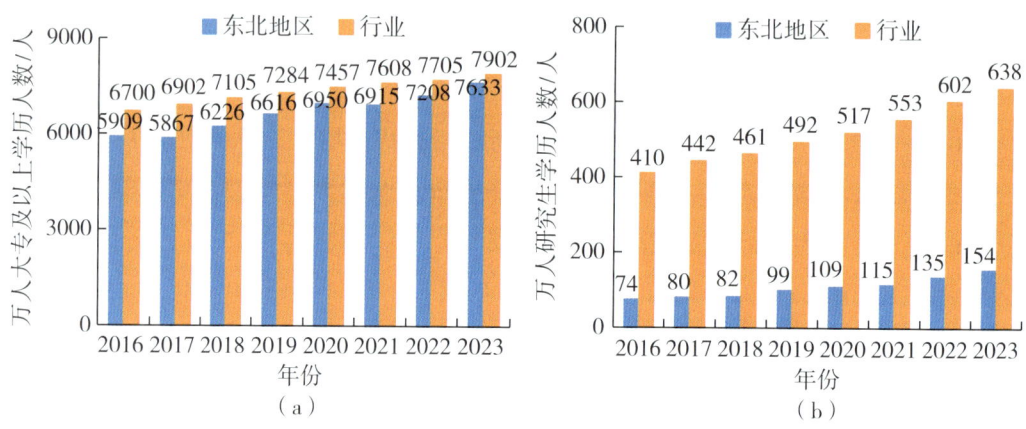

图7-4-3　东北地区企业人力资源情况（2016—2023年）

（2）创新平台

东北地区企业万人省部级及以上研发和认证平台数量快速增长，2023年较2016年增长了123.1%，历年数据均低于行业平均水平。万人省级及以上企业技术中心数量高速增长，2023年较2016年增长了593.3%，自2017年起高于行业平均水平（图7-4-4）。

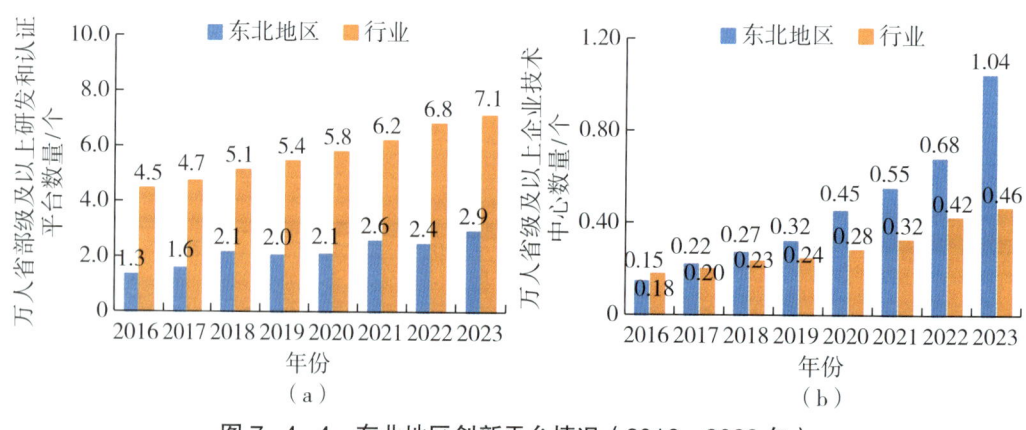

图7-4-4　东北地区创新平台情况（2016—2023年）

2. 创新投入

（1）创新经费

东北地区企业 R&D 经费支出占主营业务收入的比重总体呈波动状态，2023 年较 2016 年提高了 0.27 个百分点。人均 R&D 经费稳步增长，2023 年较 2016 年增长了 63.9%，历年数据均低于行业平均水平（图 7-4-5）。

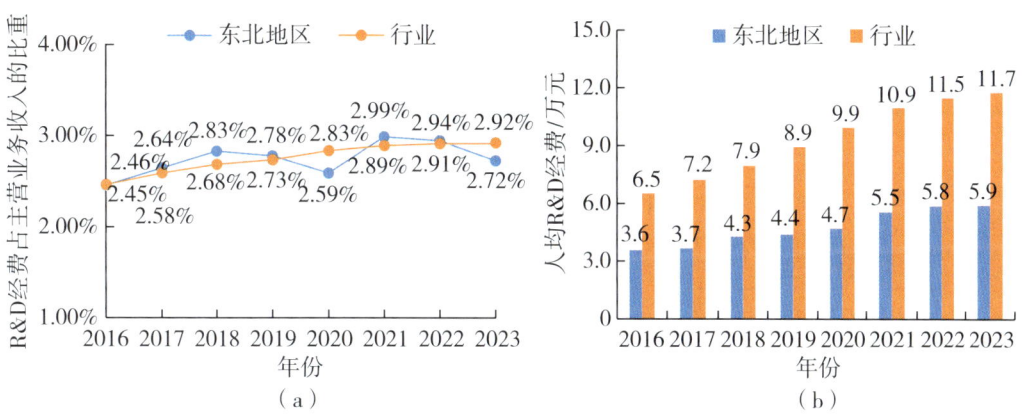

图 7-4-5　东北地区企业创新经费情况（2016—2023 年）

（2）科研课题

东北地区企业万人在研研发项目数量增长平缓，2023 年较 2016 年增长了 36.6%。在研省部级及以上研发项目占比整体呈增长趋势，2023 年较 2016 年提高了 4.88 个百分点。两项指标历年数据均低于行业平均水平（图 7-4-6）。

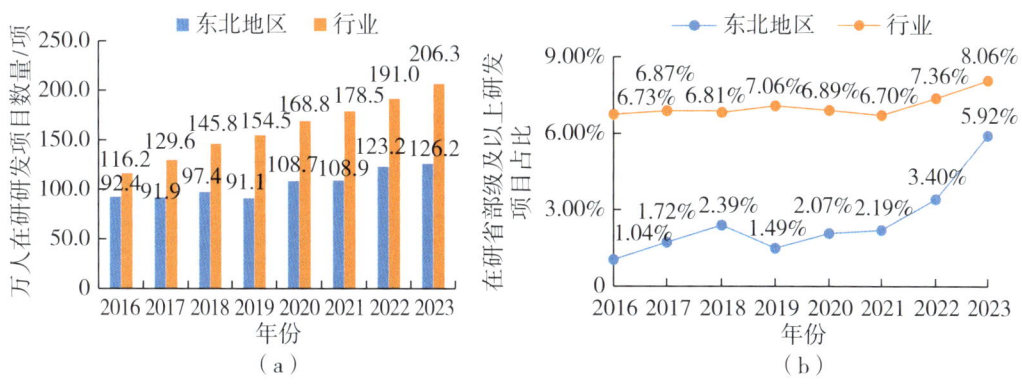

图 7-4-6　东北地区企业科研课题情况（2016—2023 年）

3. 创新成果

（1）专利创造储备

东北地区企业万人拥有有效专利数量高速增长，2023年较2016年增长了448.3%。发明专利占比变化趋势与行业变化趋势相近，两项指标历年数据均低于行业平均水平（图7-4-7）。

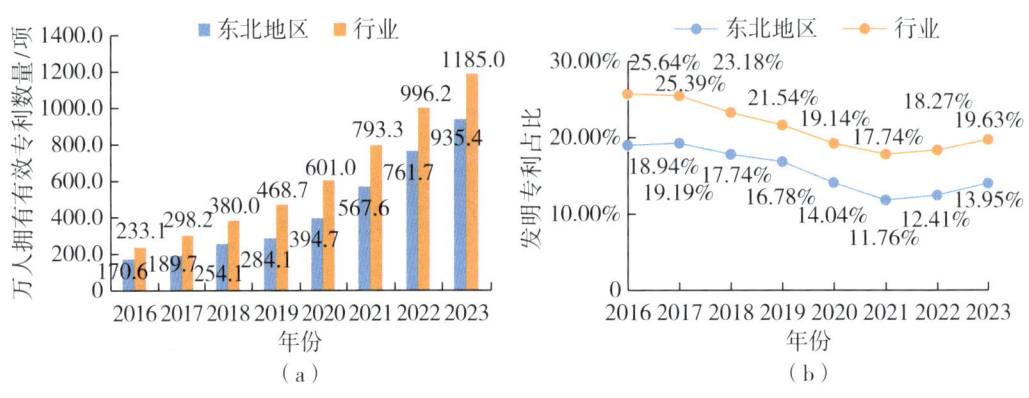

图7-4-7 东北地区企业专利创造储备情况（2016—2023年）

（2）论文和工法

东北地区企业万人当年发表科技论文数量呈下降趋势，2023年较2016年下降了44.1%，从2017年开始低于行业平均水平，表明东北地区企业应加强高质量科研项目研发。万人拥有有效省部级及以上工法数量高速增长，2023年较2016年增长了325.3%，自2019年开始高于行业平均水平，表明东北地区注重工法革新（图7-4-8）。

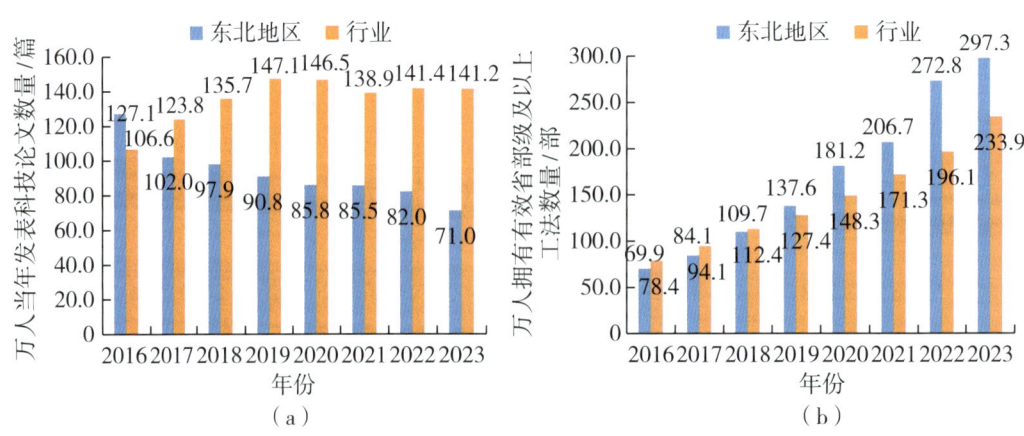

图7-4-8 东北地区企业论文和工法情况（2016—2023年）

4. 创新绩效

（1）创新价值实现

东北地区企业人均新产品（新技术）销售收入增长平缓，2023年较2016年增长了30.2%；人均享受科技创新税收优惠金额快速增长，2023年较2016年增长了170.6%。两项指标历年数据均低于行业平均水平（图7-4-9）。

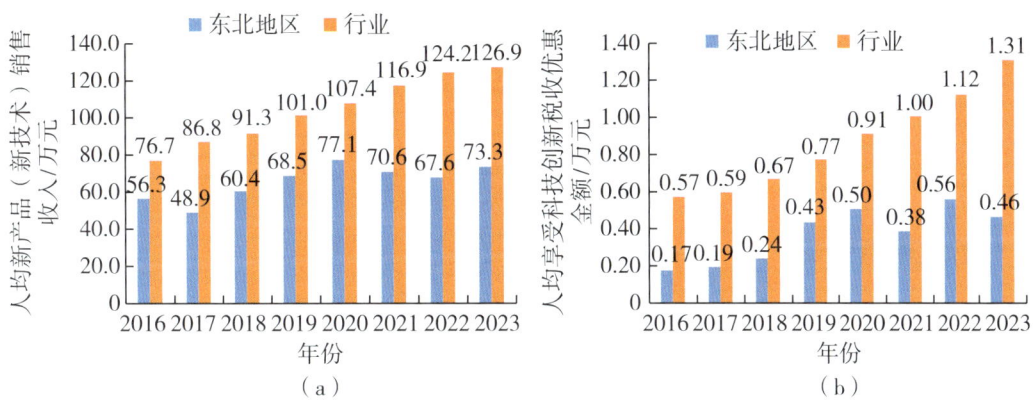

图7-4-9 东北地区企业创新价值实现情况（2016—2023年）

（2）企业经营效益

东北地区企业人均主营业务收入稳步增长，2023年较2016年增长了49.2%。人均利润快速增长，2023年较2016年增长了181.2%，两项指标历年数据均低于行业平均水平（图7-4-10）。

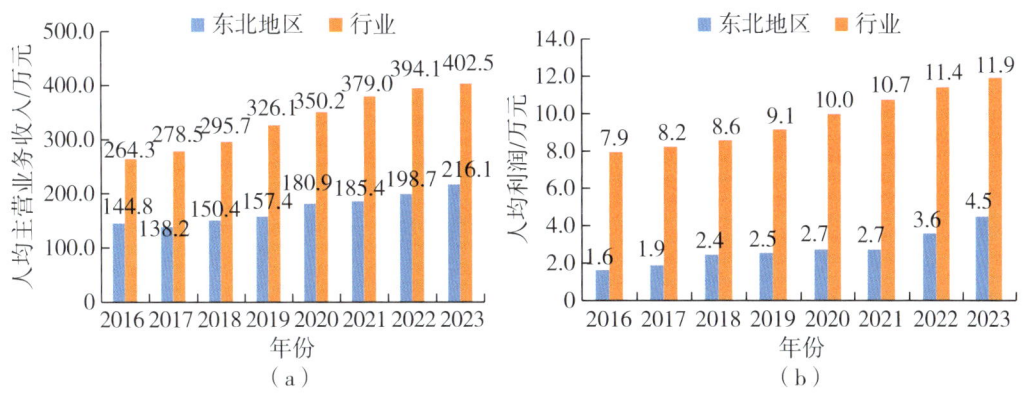

图7-4-10 东北地区企业经营效益情况（2016—2023年）

5. 小结

东北振兴战略对东北地区经济的发展起到了积极推动作用。东部地区企业高度重视科技创新，科技创新投入稳步提升，创新平台建设加快发展，科技创新成果不断涌现，科技创新呈平稳发展态势。但多数指标低于行业平均水平，凸显了东北地区企业科技创新面临的困难与挑战。

东北地区企业应深入贯彻落实东北振兴战略，牢牢把握发展机遇，继续高度重视科技创新，借鉴其他地区的创新经验，积极引进先进的创新范式，营造良好的创新环境，努力走出一条高质量发展、可持续振兴的新路子，奋力谱写东北全面振兴新篇章。

五、重点区域

本节重点分析京津冀地区、长三角地区、粤港澳大湾区、成渝地区双城经济圈4个重点区域的工程建设企业的科技创新情况，并与行业平均水平进行对比。纳入分析的企业中，京津冀地区200家、长三角地区162家、粤港澳大湾区124家、成渝地区双城经济圈69家。

（一）京津冀地区

本部分分析京津冀地区企业的科技创新情况。参与分析的企业共有200家。从企业性质看，中央企业138家、地方国企42家、民营企业19家、外资企业1家；从企业类别看，工程施工企业144家、工程勘察设计企业35家、其他21家。

2023年，京津冀地区工程建设企业有11项科技创新指标高于行业平均水平。在万人主参编标准规范数量、R&D人员占比、万人当年发表科技论文数量、R&D经费支出占主营业务收入的比重、万人在研研发项目数量等方面具有优势，分别达到行业平均水平的129.4%、114.1%、113.4%、110.3%、108.3%（图7-5-1）。

第七章 不同地区工程建设企业科技创新指数分析

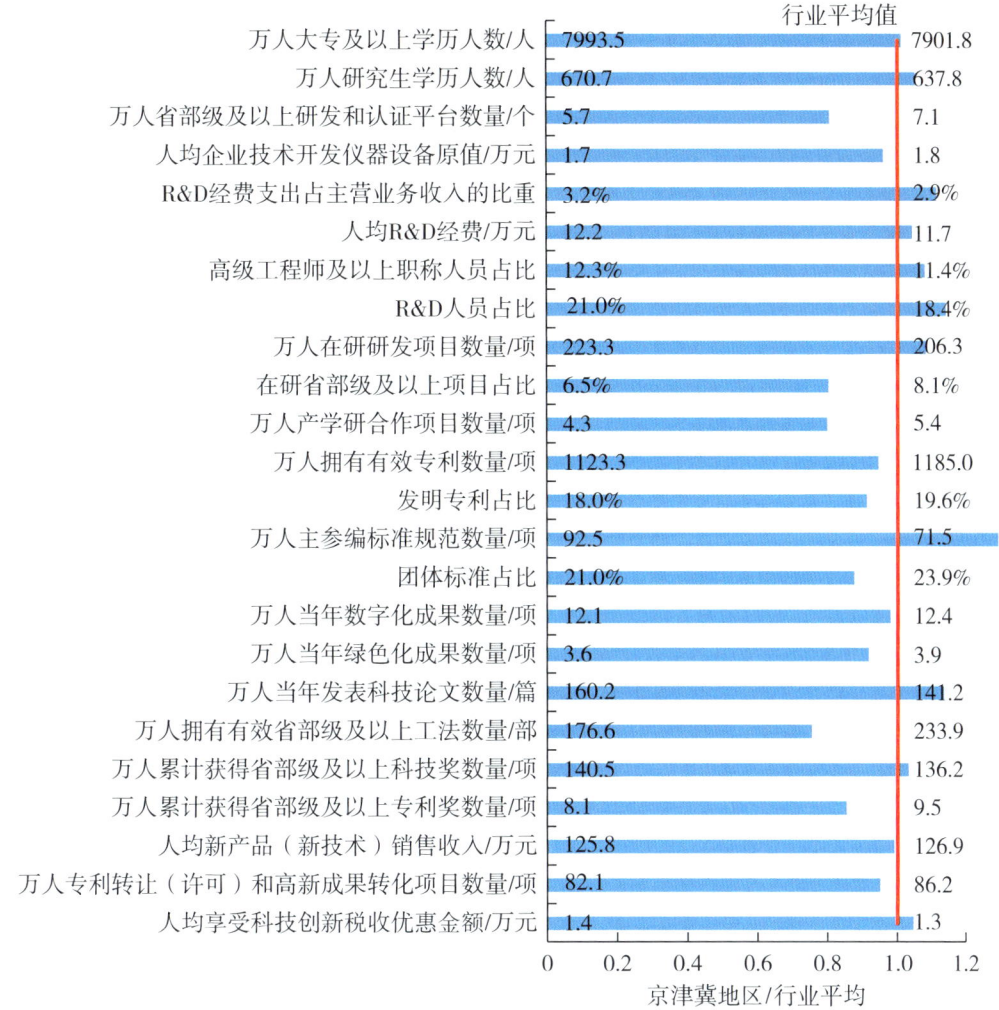

图 7-5-1　京津冀地区工程建设企业创新情况：与行业平均水平对比（2023 年）

京津冀地区工程建设企业有 13 项科技创新指标低于行业平均水平。在万人拥有有效省部级及以上工法数量、万人产学研合作项目数量、在研省部级及以上项目占比、万人省部级及以上研发和认证平台数量、万人累计获得省部级及以上专利奖数量等方面存在不足，分别为行业平均水平的 75.5%、80.0%、80.2%、80.3%、85.3%。

（二）长三角地区

本部分分析长三角地区企业的科技创新情况。参与分析的企业共有162家。从企业性质看，中央企业86家、地方国企34家、民营企业41家、外资企业1家；从企业类别看，工程施工企业119家、工程勘察设计企业15家、其他28家。

2023年，长三角地区工程建设企业有18项科技创新指标高于行业平均水平。在万人产学研合作项目数量、万人累计获得省部级及以上科技奖数量、万人拥有有效省部级及以上工法数量、万人当年数字化成果数量、万人拥有有效专利数量等方面优势明显，分别达到行业平均水平的181.5%、166.4%、145.4%、145.2%、141.5%（图7-5-2）。

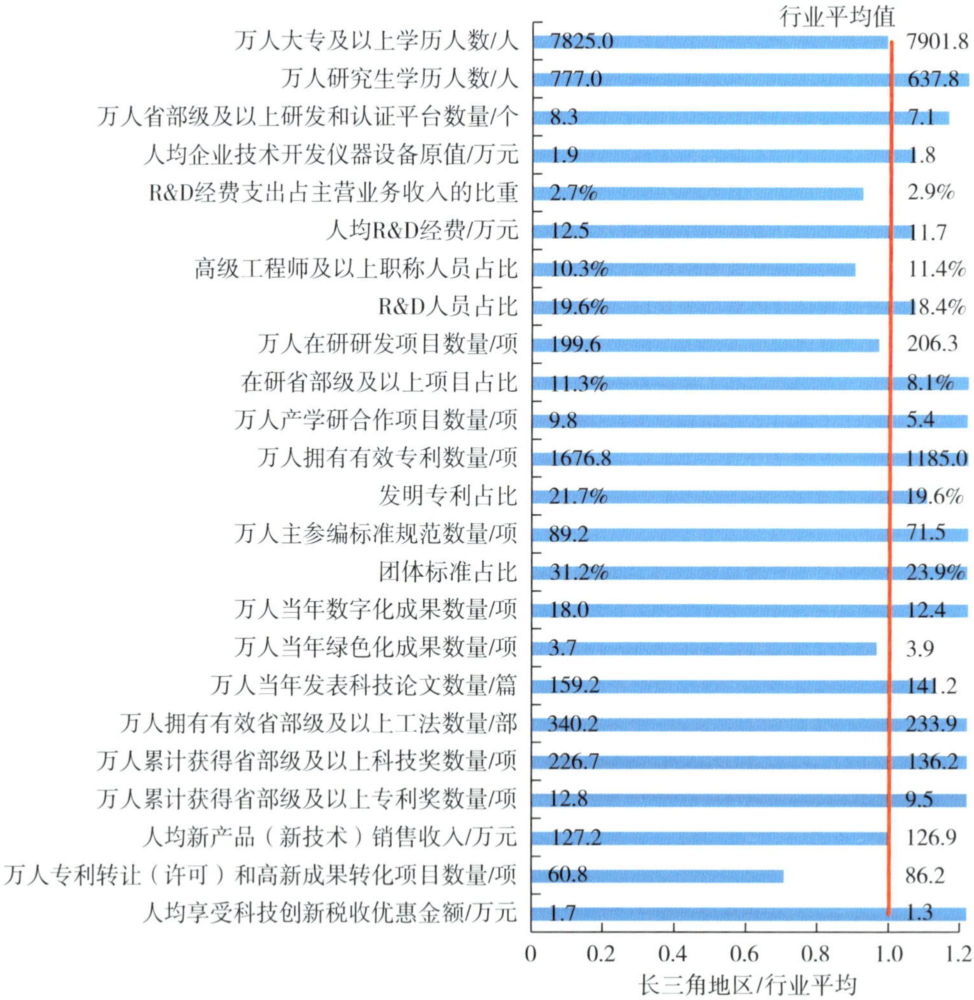

指标	长三角地区	行业平均值
万人大专及以上学历人数/人	7825.0	7901.8
万人研究生学历人数/人	777.0	637.8
万人省部级及以上研发和认证平台数量/个	8.3	7.1
人均企业技术开发仪器设备原值/万元	1.9	1.8
R&D经费支出占主营业务收入的比重	2.7%	2.9%
人均R&D经费/万元	12.5	11.7
高级工程师及以上职称人员占比	10.3%	11.4%
R&D人员占比	19.6%	18.4%
万人在研研发项目数量/项	199.6	206.3
在研省部级及以上项目占比	11.3%	8.1%
万人产学研合作项目数量/项	9.8	5.4
万人拥有有效专利数量/项	1676.8	1185.0
发明专利占比	21.7%	19.6%
万人主参编标准规范数量/项	89.2	71.5
团体标准占比	31.2%	23.9%
万人当年数字化成果数量/项	18.0	12.4
万人当年绿色化成果数量/项	3.7	3.9
万人当年发表科技论文数量/篇	159.2	141.2
万人拥有有效省部级及以上工法数量/部	340.2	233.9
万人累计获得省部级及以上科技奖数量/项	226.7	136.2
万人累计获得省部级及以上专利奖数量/项	12.8	9.5
人均新产品（新技术）销售收入/万元	127.2	126.9
万人专利转让（许可）和高新成果转化项目数量/项	60.8	86.2
人均享受科技创新税收优惠金额/万元	1.7	1.3

图7-5-2 长三角地区工程建设企业创新情况：与行业平均水平对比（2023年）

长三角地区工程建设企业有 6 项科技创新指标低于行业平均水平。在万人专利转让（许可）和高新成果转化项目数量、高级工程师及以上职称人员占比、R&D 经费支出占主营业务收入的比重、万人当年绿色化成果数量、万人在研研发项目数量等方面存在不足，分别为行业平均水平的 70.5%、90.3%、93.1%、94.9% 和 96.8%。

（三）粤港澳大湾区

本部分分析粤港澳大湾区工程建设企业的科技创新情况。参与分析的企业共有 124 家，从企业性质看，中央企业 60 家、地方国企 41 家、民营企业 22 家、外资企业 1 家；从企业类别看，工程施工企业 92 家、勘察设计企业 21 家、其他 11 家。

2023 年，粤港澳大湾区工程建设企业有 8 项科技创新指标高于行业平均水平。在团体标准占比、万人产学研合作项目数量、发明专利占比、在研省部级及以上项目占比、人均 R&D 经费方面优势明显，分别达到行业平均水平的 125.9%、122.2%、111.2%、111.1%、106.8%（图 7-5-3）。

粤港澳大湾区工程建设企业有 16 项科技创新指标低于行业平均水平。在万人当年绿色化成果数量、万人当年数字化成果数量、万人拥有有效省部级及以上工法数量、万人主参编标准规范数量、人均享受科技创新税收优惠金额方面存在不足，分别为行业平均水平的 59.0%、62.1%、67.5%、68.3% 和 69.2%。

（四）成渝地区双城经济圈

本部分分析成渝地区双城经济圈工程建设企业的科技创新情况。参与分析的企业共有 69 家，从企业性质看，中央企业 52 家、地方国企 8 家、民营企业 9 家；从企业类别看，工程施工企业 47 家、勘察设计企业 14 家、其他 8 家。

2023 年，成渝地区双城经济圈工程建设企业有 15 项科技创新指标高于行业平均水平。在人均企业技术开发仪器设备原值、万人省部级及以上研发和认证平台数量、万人在研研发项目数量、万人拥有有效专利数量、万人产学研合作项目数量方面优势明显，分别达到行业平均水平的 155.6%、138.0%、128.6%、124.2%、122.2%（图 7-5-4）。

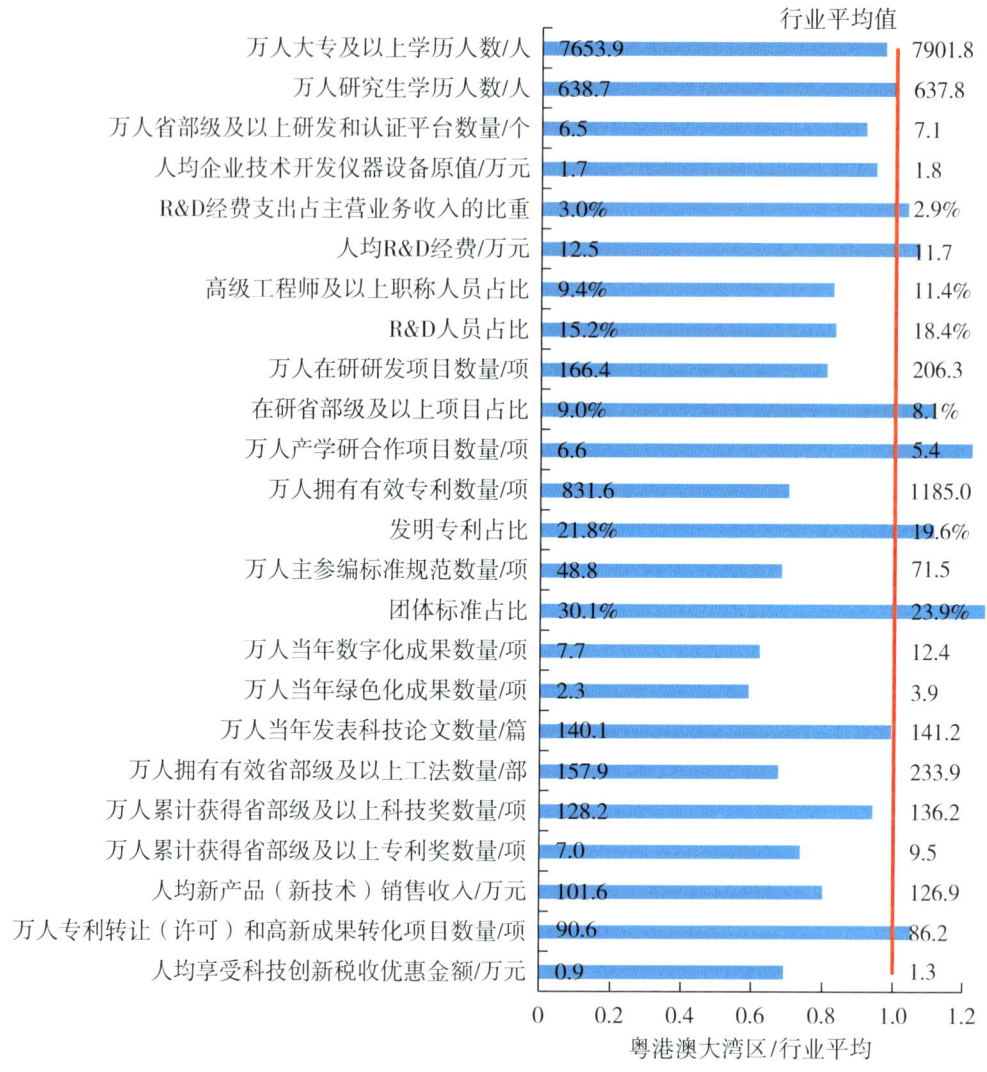

图 7-5-3　粤港澳大湾区工程建设企业创新情况：与行业平均水平对比（2023年）

第七章 不同地区工程建设企业科技创新指数分析

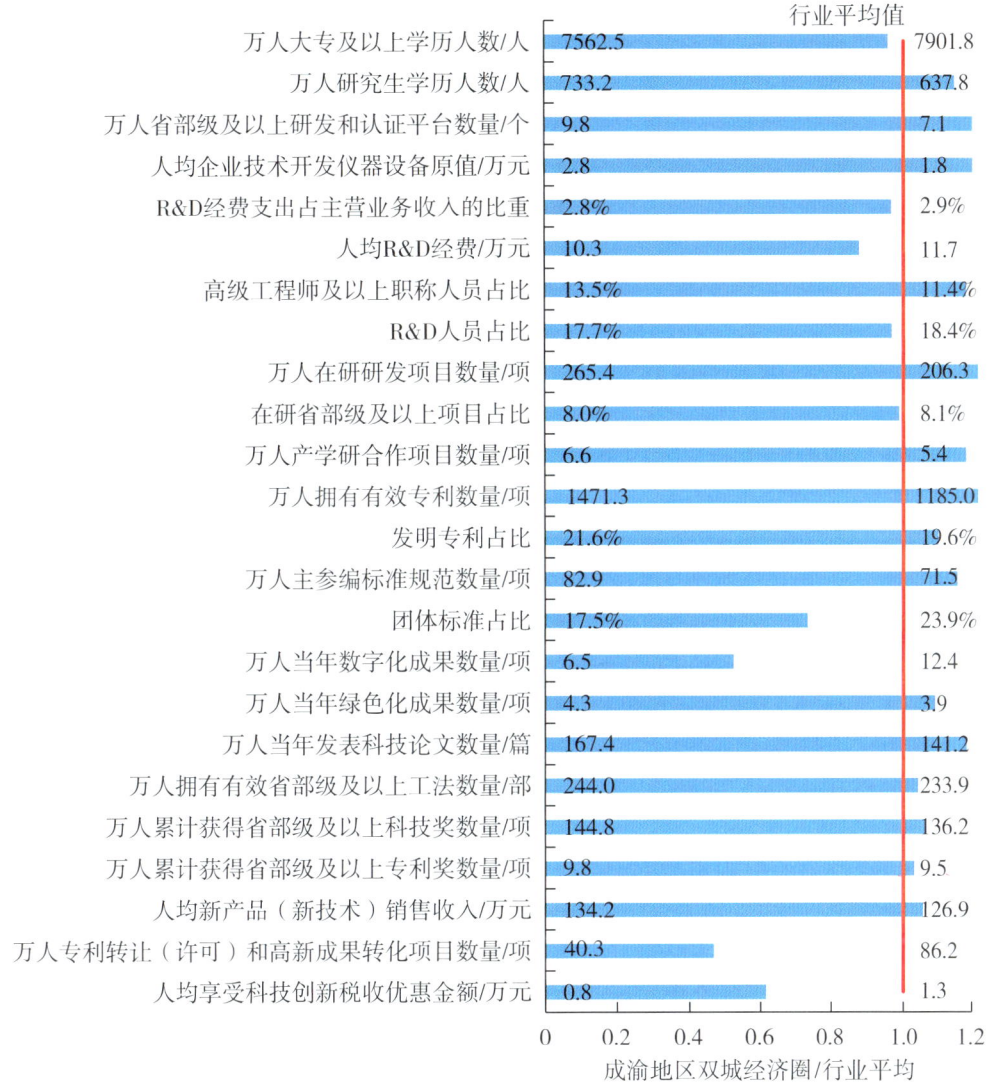

图7-5-4 成渝地区双城经济圈工程建设企业创新情况：与行业平均水平对比（2023年）

成渝地区双城经济圈工程建设企业有9项科技创新指标低于行业平均水平。在万人专利转让（许可）和高新成果转化项目数量、万人当年数字化成果数量、人均享受科技创新税收优惠金额、团体标准占比、人均R&D经费方面存在不足，分别为行业平均水平的46.8%、52.4%、61.5%、73.2%和88.0%。

第八章
结论与建议

一、总体评价

2023 年，工程建设企业全面贯彻落实党的二十大精神，深入实施科教兴国战略、人才强国战略和创新驱动发展战略，深入推进科技体制改革，强化科技创新主体地位，不断完善科技创新体系，持续加大科技创新投入，聚焦颠覆性技术和前沿技术攻关，大力培育和发展新质生产力，科技创新呈现良好发展态势。

（一）创新资源进一步汇聚

在党中央统一领导和系统布局下，工程建设企业的科技创新资源进一步被优化整合，为提升科技创新体系整体效能提供了有力支撑。

1. 人力资源结构不断优化

人才是第一资源，科技创新力的根本源泉在于人。纳入统计计算的企业中，万人大专及以上学历人数稳定增长，2016—2023 年保持年均 3.8% 的增长速度；万人研究生学历人数增长较快，2023 年较 2016 年增长了 55.6%；2023 年企业职工平均年龄 34.8 岁，较 2016 年降低了 0.5 岁，且呈逐年下降趋势；2016—2023 年企业技能人才占比提高了 2.1 个百分点，且呈逐年上升趋势。工程建设企业持续推进人才队伍年轻化，打造高素质专业化团队，为企业的科技创新发展提供了人才保障。

2. 创新平台建设稳步推进

科技创新平台作为集聚创新要素、汇聚创新人才和开展科技创新的重要载体，是科技创新体系的重要组成部分。工程建设企业获得认定的省级及以上企业技术中心数量

第八章 结论与建议

逐年增多，2023年较2016年增长了155.6%。纳入统计计算的企业中，有78.9%的企业设置了技术中心，技术中心职工数量呈逐年增长态势，占企业职工数量的比重也在逐渐上升；国家级和省级研发平台数快速增长，2023年较2016年分别增长了62.0%和136.5%，省部级及以上认证平台数量稳步提升，2023年较2016年增长了58.5%。工程建设企业不断加强技术中心建设，持续打造各类研发和认证平台，有力支撑了企业在科技创新中的主体地位。

3. 国家高新技术企业快速增长

国家高新技术企业是发展高新技术产业的重要基础，在调整产业结构、增强国家竞争力方面扮演着举足轻重的角色。工程建设行业的国家高新技术企业认定数量快速增长，2023年较2016年增长了856.0%，同时国家高新技术企业中工程建设企业所占比重提高了1.9个百分点，达到了4.1%。纳入统计计算的企业中，2023年国家高新技术企业R&D经费占比达3.4%，绝大多数科技创新指标高于行业平均水平，在科技成果产出和转移转化方面优势明显。工程建设企业通过国家高新技术企业认定工作，增强了自主创新意识，完善了科技创新体系，逐渐形成了以科技创新推动产业创新的发展方式，促进了企业转型升级和高质量发展。

4. 固定资产投资持续提升

投资仍然是中国经济增长不可或缺的驱动力。工程建设行业的发展高度依赖国家的固定资产投资。根据国家统计局数据，2023年我国全社会固定资产投资（不含农户）为50.30万亿元，较上年增长3.0%。其中，基础设施投资（不含电力、热力、燃气及水生产和供应业）较上年增长5.9%。2023年水利建设完成投资11 996亿元，创历史最高纪录。我国固定资产投资持续平稳增长，为工程建设企业提供了良好的发展环境。

（二）创新投入进一步增长

创新投入是科技创新活动的基石，是科技创新的"助推器"。工程建设企业不断加大科技创新投入力度，充分激发了企业科技创新活力，为企业的科技创新注入了强大动力。

1. 研发经费投入不断增加

研发经费是科技创新的源头之水，是科研活动顺利推进的必要条件。纳入统计计算的企业，研发经费总量快速增长，2023年较2016年增长了123.5%；R&D经费支出占主营业务收入的比重持续增长，2023年达2.92%，较2016年提高了0.44个百分点；2023年人均R&D经费为11.74万元，人均研发人员R&D经费为64万元，较2016年分别增长了80.6%、58.4%。工程建设企业持续加大研发经费投入，为科技创新活动提供了重要物质基础，有力保障了新质生产力的培育和发展。

2. 研发人员队伍持续壮大

研发人员是企业开展科技创新的核心，更是推动企业技术进步、产业升级和产品创新的关键力量。纳入统计计算的企业中，2023年研发人员数较2016年增长了41.0%，研发人员占比从2016年的16.1%提高到2023年的18.3%；研发人员年龄结构持续优化，2023年研发人员平均年龄为34.8岁，较2016年降低了0.3岁；2023年高级工程师及以上职称人员占比为11.39%，其中正高级工程师占比为1.49%，均呈逐年增长趋势。工程建设企业研发人员队伍逐年壮大，人员结构不断优化，综合素质不断提高，深入践行科学家精神和工匠精神，为我国建造技术的持续突破做出了积极贡献。

3. 研发项目数量持续增长

开展科技研发活动是推动企业科技进步和创新的重要手段。纳入统计计算的企业中，2023年万人在研研发项目数量为206.26项，较2016年增长了77.6%，其中企业自主立项的万人在研研发项目数量为178.2项，较2016年增长了75.9%。从项目等级看，2023年企业在研国家级研发项目占比为1.0%，较2016年提高了0.2个百分点，万人在研国家级研发项目数量从0.9项增长至2.1项；在研省部级研发项目占比为7.0%，较2016年提高了1.1个百分点，万人在研省部级项目数量从6.9项增长至14.5项。从企业性质看，2023年中央企业、地方国企、民营企业万人在研研发项目数量分别为195.7项、246.4项、216.7项，较2016年分别增长了82.9%、70.5%、72.8%。工程建设企业坚持"四个面向"，大力开展科技研发活动，不断提高自主创新能力和核心竞争力，努力实现高水平科技自立自强。

4. 产学研合作广泛开展

产学研合作可以促进资源共享、成果转化和人才培养，是提升科技创新能力的有效方式。纳入统计计算的企业中，万人产学研合作项目数量2023年较2016年增长了436.0%；2023年，开展产学研合作的企业占比为50.0%，较2016年提高了26.3个百分点。本次行业调查显示，产学研合作的形式多种多样，主要为共同完成科研项目、聘请高校或研究机构人员到企业兼职、与高校或研究机构联合建立研发机构，其中共同完成科研项目是最主要的合作形式，占比达到91.1%。从企业性质看，2023年中央企业、地方国企、民营企业万人产学研合作项目数量分别为5.0项、3.9项、17.0项，较2016年分别增长了614.3%、225.0%、269.6%。工程建设企业高度重视产学研合作，积极探索产学研合作的新模式，推动创新链、产业链、资金链、人才链深度融合，提升了创新体系的整体效能。

（三）创新成果进一步丰富

随着工程建设企业创新资源的逐步优化完善和创新投入的持续增加，专利保护、标准化建设、数字化建设、绿色低碳技术、基层创新等工作成效显著，创新成果加速产出。

1. 专利保护持续增强

专利是科技成果的重要载体。加强专利保护是鼓励创新、保护成果、促进转化的重要手段。纳入统计计算的企业中，万人拥有有效专利数量快速增长，由2016年的233.1项增长至2023年的1185.0项，增长了408.4%；万人有效发明专利数量也持续增长，由2016年的59.8项增长至2023年的232.7项，增长了289.1%。其中，地方国企显著加大了专利保护工作力度，万人拥有有效专利数量由2016年的167.9项增长至2023年的972.5项，增幅为479.2%，万人有效发明专利数量由2016年的40.0项增长至2023年的181.4项，增幅为353.5%。此外，本次行业调查显示，64.1%的企业设置了知识产权管理部门，85.5%的企业申请了发明专利，84.5%的企业申请了实用新型专利或外观设计专利。工程建设企业的专利工作取得了明显成效，通过加大专利的创造、运用、管理与保护，促进了企业科技创新，推动了科技成果转移转化，为新质生产力的培育和发展保驾护航。

2. 标准化建设稳步推进

标准是重要的战略性创新资源，是科技创新成果产业化、市场化的重要桥梁。纳入统计计算的企业中，2023年万人拥有有效团体及以上标准规范71.5项，较2016年增长270.4%。2023年万人拥有有效国际、国家和行业标准规范31.8项，较2016年增长151.7%；万人拥有有效地方标准规范22.6项，较2016年增长311.3%；万人拥有有效团体标准17.1项，较2016年增长1325.0%，团体标准占比由2016年的6.1%提升至2023年的23.9%。工程建设企业稳步开展标准化工作，推动新技术新产品加快走向市场，以标准编制带动高新技术的创新与应用，引领行业向高质量迈进。

3. 数字化建设步伐加快

数字化建设对工程建设企业的转型升级具有重要的推动作用。纳入统计计算的企业中，万人拥有软件著作权数量快速增长，由 2016 年的 23.5 项增长至 2023 年的 135.0 项，增长了 474.5%。从 BIM 技术应用来看，万人当年全国性学协会 BIM 大赛获奖数量高速增长，由 2016 年的 1.2 项增长至 2023 年的 12.4 项，增幅高达 933.3%。本次行业调查显示，有 72.1% 的企业设立了专职数字化建设机构，55.7% 的企业数字化建设的人员投入占职工总数的比例在 0.5% 以上，59.0% 的企业数字化建设的经费投入占总产值的比例在 0.1% 以上。工程建设企业持续推进数字化建设，积极运用数字化技术改造升级传统业务，有效提高了企业工作效率和工程项目管理水平，为数字中国建设贡献了行业力量。

4. 绿色低碳技术创新有序开展

绿色化是工程建设企业发展的长期任务。纳入统计计算的企业中，万人当年绿色低碳成果数量稳定增长，由 2016 年的 1.1 项增长至 2023 年的 3.9 项，增长了 254.5%。本次行业调查显示，89.0% 的企业进行了绿色化科技创新，50.0% 的企业绿色化建设的人员投入占职工总数的比例在 0.5% 以上，51.8% 的企业绿色化建设的经费投入占总产值的比例在 0.1% 以上。工程建设企业积极践行绿色发展理念，加大顶层设计力度，持续增加资金、人才等创新资源投入，在工程建设过程中积极开展绿色低碳技术创新与应用，促进了行业绿色发展。

5. 基层创新蓬勃发展

基层创新是企业技术进步和创新发展的基石。科技论文是企业创新成果的重要组成部分。纳入统计计算的企业中，万人当年发表科技论文数量在 2016—2019 年快速增长，2023 年较 2016 年增长了 32.5%。施工工法是工程建设企业开发应用新技术工作的重要内容。纳入统计计算的企业中，万人拥有有效省部级及以上工法数量快速增长，由 2016 年的 78.4 项增长至 2023 年的 233.9 项，增长了 198.3%。2023 年万人当年取得的省部级及以上工法数量为 233.9 项，较 2016 年增长了 198.4%。另外，工程勘察设计企业也在逐步加强施工工法创新，取得省部级以上工法的企业比例由 2016 年的 8.0% 提升至 2023 年的 18.6%。工程建设企业持续加强基层创新，瞄准市场需求和工程建设难题，创造大量实用性强、技术水平高、推广价值大的创新成果，有力促进了企业技术进步和项目管理水平的提升。

（四）创新绩效进一步提升

创新绩效是衡量企业科技创新质量和效益的重要指标。近年来，工程建设企业在科技创新奖项、享受税收优惠政策、技术转移转化方面取得了明显成绩，促进了企业高质量发展。

1. 科技创新奖项数量大幅增长

高水平科技奖和专利奖是企业科技创新实力的重要标志之一。纳入统计计算的企业获得省部级及以上科技奖和专利奖的数量显著提升。从科技奖看，2023年万人累计获得省部级及以上科技奖136.17项，较2016年增长了125.3%。其中，万人累计获得国家科学技术奖3.80项，较2016年增长了16.2%；万人累计获得省部级科技奖80.20项，较2016年增长了95.5%；万人累计获得国家奖励办公室备案的社会力量科技奖42.5项，较2016年增长了163.0%。从专利奖看，2023年万人累计获得省部级及以上专利奖9.5项，较2016年增长了1273.9%。其中，万人累计获得中国专利奖1.4项，较2016年增长了358.9%；万人累计获得省部级及全国性学协会专利奖（含大赛）8.1项，较2016年增长了1995.5%。工程建设企业高水平科技创新成果竞相涌现，科技创新实力显著增强。

2. 税收优惠激励作用明显

税收优惠政策是政府激励科技创新的重要手段。纳入统计计算的企业中，2023年人均享受科技创新税收优惠金额1.3万元，较2016年增长了128.9%。其中，人均享受高新技术企业减免税额0.74万元，较2016年增长了137.3%；人均享受加计扣除减免税额0.55万元，较2016年增长了120.6%；人均享受其他政策减免税额0.01万元，较2016年增长了62.8%。享受科技创新税收减免优惠的企业占比，由2016年的58.0%提高到2023年的84.0%。近年来，国家不断加大对科技创新的政策支持，在降低企业研发成本和激发创新活力方面发挥了重要作用，有力推动了工程建设企业科技创新工作高质量开展。

3. 技术转移转化实现新突破

通过技术服务、技术转让、技术许可等方式，可以有效促进科技成果转化为现实生产力。纳入统计计算的企业中，2023年人均技术合同成交额为7.8万元，较2016年增长了192.4%；2023年万人专利转让（许可）和高新成果转化项目数量为86.2项，较2016年增长了103.9%，其中，万人高新技术成果转化数量为74.30项，较2016年增长了132.3%，万人专利所有权转让及许可数量为11.85项，较2016年增长了15.5%。工

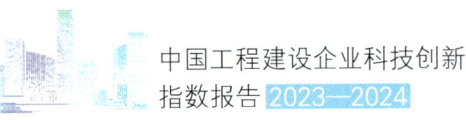

程建设企业积极开展技术转移转化，推动了先进技术的推广应用和价值实现，为企业高质量发展注入新动能。

4. 经济效益平稳增长

创新是引领发展的第一动力。根据国家统计局数据，2023年按建筑业总产值计算的建筑业企业劳动生产率为47.56万元/人，较2016年增长了41.1%。纳入统计计算的企业中，2023年人均主营业务收入为402.5万元，较2016年增长了52.3%；2023年人均新产品（新技术）销售收入为126.9万元，较2016年增长了65.4%；2023年人均利润为11.90万元，较2016年增长了50.6%。根据经济学基本原理，技术进步对企业的经营发展具有显著的促进作用，工程建设企业科技创新的快速发展，为企业经济效益增长提供了有力支撑和强劲动力。

二、存在问题及原因分析

（一）缺乏对创新管理理论的系统性研究

1. 对创新管理缺乏全面的认识

党的二十大报告明确提出"深化科技体制改革，形成支持全面创新的基础制度"。创新作为一个系统工程，其内涵丰富，包括科技创新、产业创新、模式创新、制度创新及管理创新等多个维度。当前，工程建设企业对创新管理缺乏全面的认识，主要精力集中在科技研发上，忽视了从领导决策、战略规划、组织管理、制度保障、商业模式等方面对创新进行全面系统的管理。本次行业调查显示，有40%的企业仍未开展创新管理研究，表明企业尚未充分认识到创新管理在提升核心竞争力、激发内生发展动力方面的关键作用。

2. 对创新管理的理论研究与实践探索不足

创新管理理论作为指导企业进行创新活动的基础理论，在高科技企业与制造企业已经应用并取得成效，但工程建设企业在创新管理方面的研究和实践相对滞后。通过对487位工程建设行业专家进行问卷调查，结果显示行业内缺乏创新管理方面的成功案例和成熟经验。当前，工程建设企业的创新管理实践呈现局部和点状的特征，仅有部分企业在某些方面进行了创新尝试。本次行业调查显示，仅有35.0%的企业实施了组织创新，25.4%的企业尝试了模式创新。同时，工程建设企业的创新管理探索往往是简单地对政策进行响应，缺乏主动的创新机制和动力。

（二）原创性技术研发能力欠缺

1. 原创性技术研究意识薄弱

原创性技术研究投资大、风险高、周期长、见效慢。工程建设行业作为传统产业，企业原始创新意识相对薄弱，对通过原创性研究获得关键性技术突破的信心不足、积极性不高、实质性投入少。本次行业调查显示，有40.7%的企业认为不需要进行原始创新。近年来，尽管专利数量明显提升，但授权发明专利占比却有所下降，从2016年的25.6%降至2023年的19.6%。在一定程度上反映出科技创新成果"多而不优"的问题，特别是关键核心技术领域的高质量创新成果产出能力有待提升。此外，企业与高校、科研院所合作不紧密、不深入，也限制了原创性技术研发能力的提升。

2. 创新方式尚未取得实质性的转变

工程建设企业依靠"引进消化吸收再创新"和"集成创新"，实现了从跟跑、并跑到部分领域关键技术领跑的跨越。在超高层建筑工程、超大跨度桥梁工程、复杂地质条件隧道工程、特大型水电站工程、特高压输变电工程、高速铁路建设工程等领域，中国工程建造技术研究已迈入"无人区"，需要在创新方式上进行实质性的转变。与世界一流企业相比，工程建设企业在原始创新水平、创新效率方面仍存在差距，唯有改变创新方式、提高自主创新能力，才能加快实现高水平科技自立自强。

3. 支持原创性技术研究的机制尚未完善

完善的机制是原创性技术研究坚实有力的保障。大多数企业针对原创性技术研究的统领性战略缺失，对原创性技术科技成果评价机制和奖励体系尚未完善，鼓励创新、宽容失败的容错机制尚未形成，限制了原创性技术研究的持续性，影响了颠覆性成果的产出。原创性科技创新主要源于长周期持续性跟踪研究，通常研究周期在8～10年。工程建设企业普遍存在"求稳"心态，长周期持续性资助体系尚未健全。据统计，工程建设企业对科技创新项目的支持周期为1～3年，难以支撑重大原创性科技成果的产出。

（三）科技创新经费管理水平不高

1. 企业落实国家政策不到位

为激发企业加大科研投入，国家出台了一系列科研经费支持政策。然而，企业对相关政策研究不足、理解不透彻，导致政策执行存在偏差。本次行业调查显示，有26.9%的企业对相关政策一无所知。政策在企业的落地实施需要多部门的协同配合，实

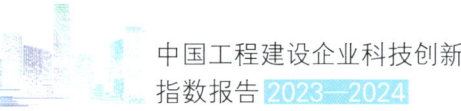

际执行中存在沟通不畅、配合不力、消极抵触等现象，导致政策在传递与落实的过程中遭遇"中梗阻"，阻碍了政策的有效执行。此外，部分企业只注重追求短期利益，选择性地执行相关政策，导致国家政策的整体效能未能充分发挥。

2. 科研经费管理制度不完善

我国科研经费管理制度不断完善。但是，企业对科研经费管理重视程度不够，导致经费管理制度未能得到及时有效更新。本次行业调查显示，仅有13.5%的企业将科研经费管理纳入自身的科技创新体系建设中。当前，企业的科研经费管理在预算、监督、核算、评价等方面，依然存在不完善的问题。近年来，"揭榜挂帅""赛马制"等新型科研项目组织方式不断涌现，很多企业简单沿用旧的科研经费管理办法，无法适应新组织方式的要求，影响了科研活动的顺利开展。

3. 科研经费使用效率不高

科研经费的重要性不言而喻，应确保每一笔资金得到高效合理的使用。但是，由于企业缺乏对科研经费的系统谋划，往往造成资金分配不均衡、不合理的现象。企业在科研项目经费使用上缺乏精细化管理，预算编制不科学，费用执行粗放，过程缺乏有效监督，导致经费使用效率不高。同时，科研项目的经费管理大多由研发人员兼任，但研发人员往往缺乏必要的财务知识和经验，而企业财务人员又对科研项目的具体需求和进展不了解，导致经费使用不畅。此外，科研工作具有研发风险高、不确定性强的特点，也导致企业存在科研经费不敢花的问题。

4. 科研经费筹措能力弱

目前，企业科研经费仍然高度依赖自有资金。纳入统计计算的企业中，2023年创新经费中企业自有资金占98.8%，政府财政资金占研发经费的比重也在下降。本次行业调查显示，获取外部资金支持的企业中，有67.7%的企业经费来源渠道仅为1种；创新资金来源于银行贷款和风险投资的占比分别为1.0%和0.4%。企业获取外部资金支持的渠道单一，不利于企业科技创新长期稳定发展。

（四）科技人才队伍建设缓慢

1. 行业人力资源形势严峻

建筑业属于劳动密集型产业，工作环境艰苦。随着经济社会的发展，新产业、新经济组织不断涌现，建筑业对人才的吸引力正在下降。根据国家统计局数据，2023年全国各行业规模以上企业就业人员年平均工资中,建筑业就业人员年平均工资为7.52万元,排在倒数第4位,低于各行业的平均值,行业的薪酬水平不具备竞争优势。年轻人对土木行业的热情不断降温,进入建筑业的意愿正在降低。2023年,我国大部分高校的土木工程专业本科录取分数都出现下滑,部分高校甚至撤销了土木工程专业。根据麦可思研究院发布的《2024年中国本科生就业报告》,2019届到2023届毕业生中,选择从事建筑行业的比例逐年下降,且降幅为46个职业类别之首。行业人才流失严重,人力资源形势面临严峻的考验。

2. 高水平科技人才短缺

当前,工业化、数字化、绿色化已成为行业发展趋势,企业对高水平科技人才的需求急剧增加,科技创新战略领军人才短缺,复合型专业人才储备不足的问题日益严重。纳入统计计算的企业中,2016—2023年博士学历人数占企业职工总数的比重仅增长了0.05个百分点,2023年占比仅为0.16%。本次行业调查显示,在工业化升级和绿色低碳发展方面,分别有49.4%和63.5%的企业认为缺乏专业人才是阻碍发展的重要因素。行业转型升级所需的高水平科技人才短缺,已成为制约行业进一步发展的重要问题。

3. 专职研发人员不足

工程建设企业R&D人员投入强度逐渐进入瓶颈期。纳入统计计算的企业中,2023年,R&D人员所占比重较上年仅增长了0.16个百分点,且增速逐年放缓。本次行业调查显示,约75%的企业专职研发人员数量低于20人;近40%的企业研发机构工作人员不到5人;超过半数的企业在工业化、数字化、绿色低碳发展方面的人员投入占职工总数的比重在0.5%以下;49.8%的企业认为研究开发人员不足是制约新质生产力发展的重要因素。研发人员投入不足对企业科技创新发展的制约已成为行业的共识。

4. 科技人才激励措施落实不到位

有效的激励措施能激发人才的创新活力。纳入统计计算的企业中,2023年研发人员人均科技创新奖励金额仅为0.34万元,远低于高校与科研院所;2023年人均科技培训投入金额仅为0.06万元,较2016年仅增长了31.8%,且科技培训投入金额占研发经费的比重呈逐年下降趋势。此外,由于研发工作的特殊性,项目研发周期较长,投入与产出存在不确定性,工作价值难以量化,使得研发人员的薪酬设计较为复杂,企业往往采取统一的薪酬体系,研发人员的薪酬与贡献不匹配。随着企业科技创新重要程度越来越高,专职研发人员越来越多,研发人员薪酬管理体系不完善的问题日益突出。

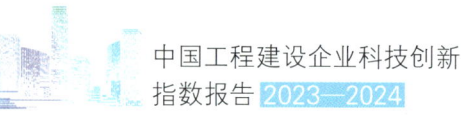

(五)科技成果转化能力薄弱

1. 科技成果转化支持力度不够

党中央对科技成果转化高度重视。近年来,国家陆续出台了一系列鼓励激励的政策措施,涵盖了成果转化、产学研合作、知识产权保护等多个方面,为科技成果转化提供了有力的制度保障。但在企业层面,成果转化往往停留在口头和文件上,未能充分落实国家科技成果转化政策。与此同时,还面临资金支持力度不够、评价标准体系不完善、专业转化人才短缺等问题,导致成果转化"最后一公里"难以打通,制约了科技创新成果转化为现实生产力。

2. 科技成果转化体系不健全

科技成果转化能够促进科研与市场的有效对接,推动技术革新,加速产品更新换代,提升产业竞争力。成果转化需要科技、市场、法律、金融等各方面共同发力。当前,工程建设企业存在科技成果转化战略规划缺失、转化组织不健全、转化流程不完善、科技成果与市场需求失配、多元创新主体利益分配不协调等问题,导致科技成果转化不畅、效率不高。本次行业调查显示,仍有43.6%的企业未设置专职负责科技成果转化工作的组织机构。

3. 科技成果转化评价考核机制不完善

工程建设企业存在科技成果转化意识不强、主动性不足的问题,评价考核机制不完善是其中的重要原因。当前,企业科技成果转化评价方法简单、考核指标单一,难以形成科学的评价意见。评价过于注重短期经济效益,忽视了技术领先带来的长远价值和溢出效应,阻碍了科技成果的深度挖掘与有效运用。科技成果转化激励制度落实不到位,激励的时效性和持续性不足,导致企业员工对推动科技成果转化的积极性不高,影响了科技成果转化效率。

4. 缺乏专业的科技成果转移转化人才

缺乏从事科技成果转移转化的专业队伍,是企业科技成果转移转化为生产力的最大障碍。目前,科技成果转移转化专职人才队伍建设较为缓慢。一方面,技术经理人队伍建设仍处于发展初期,其规模、质量尚难满足科技成果转移转化的现实需求;另一方面,企业内部专业的成果转移转化人才严重缺乏,往往由研发人员兼职负责科技成果转化工作,研发人员缺乏市场、法律、金融等相关知识,无法满足成果转移转化和产业化的需要,影响了科技成果的转化进程。

（六）科技研发机构实体化建设进展缓慢

1. 实体化建设重视程度不够

高水平研发机构对于提升企业的技术创新能力、实现产业转型升级和增强核心竞争力有重要的支撑作用。然而，工程建设企业对于研发机构实体化建设的重视程度仍显不足。本次行业调查显示，有48.1%的企业尚未设立企业技术中心，且已设立企业技术中心的企业人员规模普遍偏小；10人以下的占比高达49.4%。部分企业未能将研发机构实体化建设纳入企业长期发展战略，导致对研发机构的持续资源投入和政策支持力度不足，研发机构实体化运行面临诸多困难。

2. 研发机构管理水平不高

研发机构的运行管理需要科学、系统、高效的管理体系作支撑。工程建设企业在研发机构管理体系与制度建设方面不够深入，多沿用传统的管理方式，难以适应科技创新发展。管理不够科学，导致研发资源分配不合理，项目进度难以把控，研发成果质量参差不齐。考核机制不完善，缺乏科学合理的评价指标和激励措施，导致研发人员的积极性和创新能力难以得到充分激发。研发机构与企业内部其他部门沟通机制不畅，信息共享和协作机制不健全，难以形成有效合力。

3. 研发机构人员投入不足

充足的研发人员是企业研发机构实体化建设的必要条件。工程建设企业对研发人员队伍的建设不够重视，研发机构专职人员投入严重不足。本次行业调查显示，有73.5%的企业从事科技研发的工作人员数量在20人以下。此外，研发人员的专业技能与研发机构建设需求不匹配、专业互补性不强的问题也很突出，导致项目推进不畅、研发质量不高。由于缺乏有效的激励机制和良好的工作环境，优秀研发人员的流失问题难以解决，进一步加剧了研发人员不足的问题。

4. 科研基础设施建设缓慢

科研基础设施是开展科技研发活动的必备条件，是研发机构实体化建设的重要组成部分。工程建设企业对购置技术开发仪器设备缺乏足够重视，相关经费支出占比较低且增长缓慢。纳入统计计算的企业中，技术中心（研究院）技术开发仪器设备原值占研发经费的比重由2016年的19.2%提升至2023年的22.8%，仅增长了3.6个百分点。工程建设企业在科研基础设施上的投入增长缓慢，制约了研发机构的实体化建设，对自主创新能力提升带来不利影响。

（七）科技创新统计工作薄弱

1. 对科技统计工作的重视程度不够

科技数据是对科技活动进行定量分析和科学评价的基础。然而，工程建设企业科技统计工作往往被边缘化，投入和支持力度较小。大部分企业没有将科技统计工作融入企业科技管理体系，导致科技数据统计口径、标准不统一，数据的时效性和准确性受到影响。科技统计工作缺乏培训，工作人员对科技统计工作的认识不到位，标准不清晰，方法不得当，导致统计工作质量不高。本次行业调查显示，大部分企业未系统开展科技数据统计工作。

2. 科技数据统计工作机制不完善

科技创新活动产生的数据纷繁复杂，统计标准和数据格式各不相同，统计难度很大。大部分工程建设企业未建立科技统计制度，统计工作的职责和分工不明确，工作延续性差，人员稳定性不足。缺乏跨部门的沟通协调工作机制，无法高质量完成企业科技数据统计工作。企业对科技统计数据的分析应用不足，无法为企业科技决策提供有效支撑，未能充分体现科技统计工作的价值。

3. 科技统计工作的数字化水平不高

科技统计贯穿企业科技管理工作的整个过程，涉及范围广、收集难度大、耗费时间长。目前，大多数企业在进行科技数据统计时，仍然沿用传统的统计报表归集方式和分散的管理模式，缺乏高效便捷的数字化收集、存储和处理平台，数据质量参差不齐，"数据孤岛"现象普遍存在，影响了科技统计的准确性与效率，制约了科技创新的进一步发展。

三、发展建议

（一）坚持党对科技创新的全面领导

中国共产党领导是中国特色科技创新事业不断前进的根本政治保证。工程建设企业必须深入学习贯彻习近平总书记关于科技创新的重要论述，始终坚持党对科技事业的全面领导，加快实现高水平科技自立自强，以科技现代化支撑中国式现代化。

1. 坚持党中央对科技工作的集中统一领导

党的二十大报告指出，要坚决维护党中央权威和集中统一领导，把党的领导落实到党和国家事业各领域各方面各环节，完善党中央对科技工作统一领导的体制。工程建设企业的科技创新发展必须坚持党的全面领导，主动服务国家战略，把满足人民对美好生活的向往作为落脚点，加强关键核心技术攻关，加快培育和发展新质生产力。

2. 完善党对企业科技工作的领导制度

制度建设对保障党对科技工作的领导具有重要作用。工程建设企业应切实将党的领导落实到各项科技制度中，构建布局合理、功能清晰、具有中国特色的科技管理制度体系。明确党组织在决策、执行、监督各环节的责任、权力和工作方式，使党组织发挥作用组织化、制度化、具体化，确保党的领导在制定企业科技发展战略规划、战略科技任务和重大科研项目等具体工作中得到充分体现。

3. 推动党建工作与科技创新深度融合

企业应推动党建工作与科技创新有机融合，以扎实的党建工作成效为企业科技创新保驾护航。要充分发挥党组织凝心聚力作用，引导带领科技工作者以强烈的宗旨意识和责任意识投身科技创新事业，运用组织优势推动企业科技创新能力快速提升。围绕创新链进一步筑牢、建强基层党组织，以党建赋能科技创新，引领企业高质量发展。

（二）完善企业科技创新体系

当前，我国工程建设企业面临的国际国内形势正发生着重大而深刻的变革。企业必须深化科技体制机制改革，完善企业科技创新体系，构建与新质生产力发展相匹配的创新管理模式，增强企业内在的、可持续的创新能力，推动企业实现高质量发展。

1. 用创新管理理论指导企业科技创新

企业必须从根本上认识到对"创新"本身的管理至关重要，用科学的管理理论指导企业所有与创新相关的活动，进一步完善现代企业管理体制机制。在实践过程中不仅要重视科技层面的创新，更要注重生产方式、管理模式和制度机制的变革，推动管理创新与科技创新有机结合，积极探索构建既符合时代发展趋势又贴合企业实际情况的创新管理模式。吸收其他行业典型案例的成功经验，丰富企业的创新管理手段，推进组织进化、制度完善和效率提升，确保企业拥有内在的、可持续的创新动力，推动企业转型升级。

2. 建立高效的科技创新组织体系

企业应成立科技委员会，并由企业主要负责人担任科技委主任，加强对企业科技工作的集中统一领导，统筹推进企业创新体系建设和科技体制改革，统筹解决科技创新的战略性、方向性、全局性重大问题。根据科技管理、科技研发、成果转化及产业发展的全链条职能需求，优化企业组织架构，明确部门及机构的管理职责。加快研究院、中试平台、产业基地、科创公司等机构的建设，科学布局并持续强化企业战略科技力量；加大技术开发仪器设备投入，强化企业科技基础能力；强化科技战略咨询，提高企业科技决策的科学性，提升企业创新体系整体效能。

3. 加快形成支持全面创新的基础制度

深化科技体制改革，加强科技创新的顶层设计，制定企业科技发展重大战略、重大规划、重大政策，健全科技创新制度体系。围绕科技项目管理、科技成果转化、科技人才培养、科技奖励激励、知识产权保护、产学研合作等创新链的各个环节，进一步完善创新管理制度，确保科技创新活动有章可循、有序进行。深化科技评价改革，坚持科技创新质量、绩效、贡献为核心的评价导向，充分发挥科技评价的"指挥棒"作用，激发企业科技创新活力，提高科技供给质量和效率。

4. 营造良好的创新生态

培育尊重创新的企业文化，大力弘扬科学家精神，培养良好学术风气，营造有利于创新的环境。改善科研软环境与微生态，减轻研发人员的非科研负担，保障研发人员把时间和精力用于潜心钻研和技术研讨，构建求真务实、鼓励创新的科研氛围。鼓励原创性研究，宽容失败，激发科研人员的探索热情。树立典范，表彰和宣传在科技创新方面做出突出贡献的个人和团队，发挥其模范带头作用。大力推动基层创新，通过"五小"成果微创新、创新创业大赛、创新工作室等多种形式，激发企业一线人员的创新活力。

（三）加大科技研发机构实体化建设力度

实体化是研发机构建设的本质要求，是研发机构发挥创新效能、提升企业创新能力的关键一步。企业应高度重视研发机构实体化建设，加大资源投入，在发展战略、管理体系、激励制度、队伍建设等方面优化提升，不断探索高水平研发机构建设的成功路径。

1. 提高对科技研发机构实体化建设的重视程度

工程建设企业应将研发机构视为推动企业技术进步、产品创新和市场拓展的核心驱动力。应加强顶层设计，提高研发机构的地位，明确研发机构的任务和作用。行业龙头企业应建立具有一定人员规模、经费投入稳定、科研基础条件完备的技术研究院，强化对关键核心技术的研发。加大政策支持力度，不断丰富和完善企业推进研发机构实体化建设的各项制度，确保研发机构长期稳定运行。加大资金、人才、场地等资源的投入，保障研发活动的高效开展。打造尊重创新、重视科研的企业文化，为研发机构实体化建设营造良好环境。

2. 完善研发机构管理与运行机制

研发机构的管理水平直接影响科技研发的质量和效率。研发机构应建立战略决策机制，负责发展方向和重大问题的决策，制定机构的长期发展战略。建立完善的研发管理制度，保障项目立项审批、研发质量管控、知识产权保护、科技成果转化等全流程的高效运转。建立科学合理的考核评价机制，围绕科研投入、创新产出、成果转化、人才培养等方面，制定有利于研发机构实体化建设和发展的评价标准，激发研发机构的创新动能。

3. 加大对研发机构的资源投入

充足的资源投入是企业研发机构实体化建设的根本保障。企业应加大研发经费投入力度，寻求多元化融资渠道，为研发机构的健康运转提供坚实的资金支撑，确保各项重大科研项目能够顺利实施。加大专职研发人员投入力度，通过引进高端人才、优化人才结构，提升团队研发实力，确保研发工作的质量和水平。深入开展产学研合作，积极开展技术交流，引进、吸收高新技术成果，加快提升研发机构科技实力。

4. 加强科技研发与业务需求的紧密结合

工程建设企业科技研发工作必须与业务需求紧密结合，才能有效发挥科技创新对企业高质量发展的驱动作用。研发机构应构建与企业各部门的长效沟通协调机制，打破信息壁垒和数据孤岛，推动科技研发与业务发展之间的有效对接、相互促进。根据企业业务需求，及时对市场变化和技术趋势进行深入调研，准确把握科研方向，科学制订研发计划，发挥科技研发对市场经营的支持作用。加强研发机构与业务部门之间的人员流动，促进业务融合与人才培养，厚植企业创新土壤。

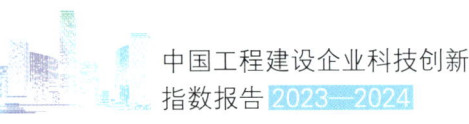

5. 加强原创性技术研发

企业应坚持以用促研、研用结合，持续强化产学研用深度融合，牵引原创性、颠覆性科技创新成果及时转化为先进生产力。应充分发挥工程建设行业应用场景丰富的优势，主动开放，融合创新，以应用带动技术进步，推动原创性技术迭代升级。同时，主动服务国家战略和行业发展需求，瞄准产业发展方向，在人工智能、高端装备、高性能材料等方面超前布局，打造原创技术应用场景，推动原始创新持续突破，加快实现新质生产力。

（四）提高科技创新经费管理水平

经费管理是科研管理的关键环节。科研经费作为科研活动的资金保障，提高科研经费管理水平，对激发科研人员积极性、促进科技创新具有重要意义。

1. 加大国家相关政策执行力度

企业要深入学习和研究国家关于科研经费管理的政策文件，准确把握其核心要义和实践要求。制定落实政策的时间表和路线图，明确政策执行的责任部门和责任人，保障政策措施有效落地。加强与政府部门的沟通联系，建立常态化的交流机制，积极争取政府部门的政策解读与指导。同时，加强与行业同仁的交流，学习借鉴先进企业的成功经验和成熟做法，提高政策执行力。

2. 完善科研经费管理制度

随着科技体制改革向纵深推进，企业要不断完善科研经费管理制度。根据企业自身实际，优化科研经费的申请、审批、使用、报销等管理流程，确保经费的使用有规可依、有章可循。还应建立企业研发准备金制度，为企业研发活动提供稳定、可持续的资金支持。建立科研经费使用的监督和反馈机制，进行全过程监督，及时发现并纠正问题，确保经费使用透明与合规。定期组织科研经费管理制度宣贯培训，提升研发人员制度执行的水平。

3. 提高科研经费管理使用效率

企业应根据自身的科技创新发展规划，充分考虑科研活动实际需求，科学编制年度经费预算，合理分配科研资金，保障科研工作顺利开展。建立预算执行情况的定期评估与适时调整机制，及时发现并纠正预算偏差，确保经费使用的灵活高效。搭建科研经费管理的信息共享平台，使得研发人员、财务人员能够实时了解经费使用状况，提高科研经费使用效率。赋予项目负责人更大的经费自主权，简化预算编制，下放预算调剂权，探索实行经费包干制，激发创新活力，加速科技成果转化。

4. 拓展多元化科研经费来源

企业应密切关注政府发布的金融服务科技创新政策，通过争取政府贷款贴息、贷款担保、资本金补助和奖励等方式扩大科研经费融资渠道。逐步构建"以政府资金为引导、企业资金为主体、银行贷款等其他融资方式为补充"的多元化科技经费筹集体系，解决资金来源单一的问题。建立开放的科技创新合作机制，设立科技创新基金，主动引进社会资本，实现风险共担、收益共享，降低企业创新成本。

（五）强化科技创新人才队伍建设

科技人才是提升企业创新能力的核心要素。企业应高度重视科技创新人才队伍建设，制定有针对性的人才发展规划，完善人才引进、培养、使用、评价、激励机制，为企业高质量发展提供人才支撑。

1. 提高对科技人才的重视程度

人才是第一资源。企业应充分认识人才的重要性，树立人才至上的理念，营造重视人才的氛围。要把人才工作摆在企业发展的突出位置，与企业深化改革、转型升级、高质量发展一体谋划、统筹推进。高度重视科技人才的发展需要，在职业规划、后勤保障、薪酬待遇等方面加大支持力度，营造良好的工作环境，激发科技人才的创新活力。企业要用心培育人才、凝聚人才、经营人才、成就人才，为企业高质量发展提供充足的人才支撑。

2. 完善高水平科技人才的引进和培养机制

企业应根据发展方向和战略目标，制定长期的人才发展规划，汇聚高水平科技人才，为长远发展奠定坚实的人才基础。完善高水平人才引进制度，明确标准、简化流程、缩短时间，提升人才引进的效率和质量。建立高水平人才培养体系，结合企业需要和人才特点，制定科学的培养计划和实施方案，建设一支稳定、有活力、可持续发展的高水平人才队伍。促进高水平人才跨部门、跨领域、跨专业的流动与使用，加快人才培养进程。形成正确的用人导向，确保人尽其才、才尽其用，最大限度地发挥高水平人才对企业发展的支撑作用。

3. 加大对研发人员的激励力度

企业应认真贯彻落实国家关于研发人员的激励政策。完善科技人才激励制度，通过薪酬、股权、荣誉等多种激励方式，充分调动研发人员的创新积极性。为研发人员提供清晰的职业发展路径，打造多元化的发展道路，在职位晋升、职称评聘、转岗任职等方面加大支持力度，打破制约研发人员职业发展的障碍。完善研发人员评价体系，以创新能力、质量、实效、贡献为导向，改进评价方式和考核指标，激发研发人员创新创造活力。

4. 加强青年科技人才培养

青年是最富活力、最具创造力的群体。企业应高度重视青年科技人才队伍建设。建立有利于青年科技人才成长的长效机制，下大力气为他们提供资源、创造机会、搭建平台，努力创造良好的发展环境。制订青年人才长期培养计划，落实主体责任，明确培养目标，优化措施方法，确保青年科技人才在不同成长阶段都能获得针对性的培养和支持。采用内部培训、外部研修、联合培养等方式，提升青年科技人才在创新思维、团队协作及专业技术等方面的能力。放手大胆使用青年人才，支持青年人才挑大梁、当主角，推动更多的项目向青年人才倾斜，促进青年科技人才在实践中快速成长。

（六）提升科技成果转化能力

科技成果转化是催生新产业、新模式、新动能，发展新质生产力的重要形式，是将科技创新"势能"转化为经济发展"动能"的重要路径。工程建设企业应加大科技成果转化力度，使科技创新成为驱动企业高质量发展的重要引擎。

1. 健全科技成果转化工作体系

企业应高度重视科技成果转化工作体系建设。充分发挥市场主体优势，加强顶层设计，制定符合企业实际的科技成果转化发展战略和制度体系，为科研成果转化提供保障。设立专门的科研成果转化机构，连接研发与市场、科技与金融、创新与产业，加强企业内部各部门协同合作，共同推动科技成果的高效转化与应用。积极参与行业科技成果转化平台建设，探索组建专利联盟，建立专利池，打造专业化转化平台，构建转化工作网络，促进企业内外深度交流与合作，高效配置技术、资金和人才资源，提升科技成果转化效率。

2. 完善科技成果评价考核机制

企业应坚持问题导向，结合行业发展和市场需求，综合考虑经济效益、社会效益、生态效益，建立多元评价指标体系。引用收益法、成本法、市场法等评估方法，制定适合企业实际的评估标准，全面、客观地评估科技成果的转化效果。加强过程评价，在中试、产业化等不同阶段设置明确的评价节点，保证评价结果科学合理。建立成果转化智能评价系统，借助大数据、人工智能等先进信息技术，评估科技成果的先进性，预测成果的商业化前景，降低转化成本和风险。完善科技成果权益分配机制，创新激励措施，激发科研人员科技成果转化动力。

3. 加强科技成果转移转化人才的培养和引进

人才是推动科技成果转移转化的桥梁和纽带。企业应加强科技成果转移转化人才队伍建设，制定转化人才发展规划，吸引高素质转化人才。引入技术经理人制度，设立技术经理岗位，加快职业技术经理人的引进，充分发挥其专业技能，提高企业科技成果转移转化工作水平。建立科技成果转移转化人才培养体系，培育"知政策、精技术、会管理、懂金融、明法律、通市场、擅转化"的复合型人才，打造一支专业化、职业化、国际化的科技成果转移转化人才队伍。加大科技成果转移转化人才激励力度，畅通其职业发展和职称晋升通道，激发其工作热情。

4. 加强科技成果的中试与熟化

中试验证是科技成果转移转化的关键环节。企业应高度重视科技成果的中试与熟化，发挥应用场景优势，加强中试平台建设，补齐工程化到产业化的缺失环节。结合行业特点建设中试场地，搭建应用场景和试验环境，带动科技研发和验证试验，满足企业成果转化需求。加大资金支持力度，广泛吸纳地方财政资金、社会资本和金融资本等参与建设投资。培育专业人才队伍，重点培养懂产品、懂制造、懂试验、懂设备、懂安全的复合型人才。探索协作共享机制，推动仪器设备、试验场地等资源对外开放。

（七）深化科技创新的国际交流合作

国际交流合作有利于提升我国科技创新能力和全球影响力。企业要以更加开放的态度和举措参与国际交流合作，加快形成多渠道、全方位、多层次的国际科技合作体系，推动国际科技合作不断走深走实。

1. 积极组织和参加国际科技交流活动

企业应增强国际合作意识，积极参与全球科技治理。一方面，要"走出去"，主动参加国际性科技会议和交流活动，收集最新的科技信息，了解国际前沿技术发展动态；

另一方面，要"请进来"，组织国际性科技交流活动，促进与国外知名企业和科研机构的交流与合作，学习先进经验和前沿技术，增强企业科技创新能力。

2. 积极开展国际科技创新合作

企业要不断探索和实践国际科技创新合作模式。主动融入"一带一路"科技创新行动计划，强化与沿线国家的科技对接，开展科技创新合作。用好国际创新资源，设立国际科技合作项目，吸引国外优秀科技人才，拓宽企业科技创新的国际视野，增强企业国际科技竞争力。积极发起或参与设立工程建设领域国际性科技组织，提升我国企业在全球科技领域的影响力和话语权。

3. 努力推动中国工程建设标准国际化

标准在国际贸易和市场准入等方面发挥着重要作用，中国工程建设标准国际化，是实现技术、产品和服务输出的最有效方式之一。大力推广中国标准，充分利用国际工程场景丰富的优势，促进中国标准在国际工程中的认可与应用。积极申请国际专利，加大知识产权在海外的保护力度，助力中国标准国际化。积极主持或参与国际标准制定，将我国标准技术融入国际标准体系，提升中国工程建设标准的国际影响力。

（八）加强科技创新统计工作

科技数据是企业的重要数据资产。科技统计可以客观反映科技工作的数量、质量及开展成效，为企业制定科技创新发展战略和规划提供数据支撑。

1. 提升科技统计工作地位

企业应充分认识科技统计工作的重要性和必要性，加强对科技数据统计工作的组织和领导，建立健全科技统计管理制度，明确管理流程、责任分工和任务目标，形成工作合力，提高统计水平。加大对科技统计的支持力度，提升科技统计工作地位，提供必要资源，为企业科技统计工作创造良好条件。

2. 完善科技统计工作机制

企业应根据国家科技统计工作相关要求，结合企业实际情况，完善科技统计工作机制，持续优化科技统计指标体系，统一数据统计口径和标准。构建跨部门沟通协调机制，促进各部门间信息共享与协同合作。加强统计业务培训，提高科技统计工作能力。建立统计数据的核查机制，通过定期检查和不定期抽查，确保统计数据的准确性，为企业的决策提供坚实的数据支撑。

3. 发挥数字技术在科技统计工作中的作用

工程建设企业数字化建设为高质量完成科技统计工作奠定了基础。企业应加大数字化基础设施建设的投入，积极运用最新的信息技术，逐步构建和完善科技统计信息系统，实现数据的全面收集、高效传输、精确处理、深入分析、便捷共享和安全存储，提升科技统计工作的效率和准确性，为企业及时、全面掌握科技创新的发展动态提供数据支撑。